顾问：欧阳淞　靳尚谊
主编：林宏伟　高永中

中国共产党历史画典

中共党史出版社

目录

4 红军不怕远征难

5 在民族危亡的时刻

6 中流砥柱

7 延安火炬

8 为新中国而奋斗

9 百万雄师过大江

10 中国人民站起来了

11 抗美援朝

12 创造新生活

13 向社会主义过渡

14 奋发图强

15 曲折中前进

16 改革开放创新路

17 昂首迈进新时代

18 科学发展铸辉煌

序 1

历史风云激荡，江山如此多娇。如果将中华民族的历史比作一幅壮丽的长卷，那么近现代中国的历史特别是中国共产党的历史无疑是其中最为气势磅礴而又绚丽多彩的部分。在党的历史中，那些影响党和国家前途命运的重要党史人物、重大党史事件，更是引人入胜，催人奋进，需要通过多种形式加以再现，使他们走进读者的视野，扎根读者的心中。

《中国共产党历史画典》就正是一部这样的经典之作。它不同于常见的党史读物，也不同于一般的美术作品集成。它以画为体，以史为魂，通过一幅幅精美的画作，辅之以精当的美术点评和党史解读，艺术地再现了中国共产党 90 多年波澜壮阔的伟大历程。翻开这部画典，决胜千里的战争场面，热火朝天的建设场景，日新月异的改革华章，顿时扑面而来，使我们倍感亲切和自豪，也使我们在触摸历史的同时，得到一种崇高的美的享受。它们生动地告诉我们一个不可争辩的事实：没有共产党就没有新中国，就没有民族的独立、人民的解放，就没有国家的富强和人民的富裕；我们要不断夺取中国特色社会主义的新胜利，就必须坚定不移地跟着党走！

编辑出版《中国共产党历史画典》是更好地开展党史宣传教育，发挥党史资政育人作用的一次有益尝试，是美术工作者和党史研究人员献给党的十八大和广大读者的一份心意。因为是用心做的，所以我们有理由相信，它能够受到读者的欢迎。同时也相信，在读者的悉心呵护和编者、作者的不断努力下，《中国共产党历史画典》一定会越编越好！

是为序。

2012 年 8 月 10 日

欧阳淞：中共中央党史研究室主任

序 2

“没有共产党，就没有新中国。”这是当代中华民族亿万子孙的共同心声，也是广大艺术家的重要创作题材。

中国共产党自 1921 年成立以来，领导中国人民推翻三座大山，实现民族独立、国家富强、人民富裕、社会和谐发展，不但创造了世纪辉煌，树立起历史丰碑，也为广大书画艺术家提供了丰富多彩的创作素材，并成就了一大批具有不朽艺术魅力和深远历史意义的红色经典作品，为现当代中国美术史增添了辉煌灿烂的一页。《中国共产党历史画典》这本书就是以中国共产党从创立到不断发展壮大的这一伟大历史进程为切入点，对现当代各个时期的历史画创作进行梳理和研究，并结合党史的发展脉络把现当代众多书画名家名作介绍给读者，非常有意义。

优秀艺术作品往往是艺术家思想境界和艺术情趣的真情流露。翻读《中国共产党历史画典》一书，我们可以看到许多熟悉的画家创作的熟悉作品。这些脍炙人口的艺术作品，都是艺术家们满怀对中国共产党及其领导的革命事业无比崇敬的心情去创作的，是带着对美好的人类理想、非凡的历史壮举和令人难忘的革命历史人物无比景仰与向往的情感创作的。它构成了一条多彩多姿的时代人物群像和革命历史长廊，不仅记录了一个时代的辉煌史实，也是一种对人性之美和人文精神的充分展示，使我们得以徜徉其中，感受昨日的历史风云和鲜活的人物音容，值得我们认真学习和珍藏。

《中国共产党历史画典》既是一本具有收藏价值的美术画册，也是一本富有艺术特色的党史读物，其创意构思精心独特，内容选择、组织编排精致独到，图文并茂，脉络清楚，可读性强。特此推荐，是为序。

2012.5.22

冯远：著名画家、中国文学艺术界联合会副主席

序 3

《中国共产党历史画典》是一本以中国共产党成立 90 年来不断发展壮大的历史为主线，将许多我们熟悉的艺术名家的书画名作收集在一起，并结合中国共产党发展历史进行点评解读的历史读本，它从一个新的视角对中国近现代美术发展历史进行了梳理和研究，同时又借助艺术的手段展示中国共产党的辉煌历史，十分可喜。

笔墨丹青，精品纷呈，百年辉煌在画面上流光溢彩；藏珍纳史，名家荟萃，时代精神在画笔下神采飞扬。以重大革命历史题材为主旨创作的经典美术作品，是建国以来几代艺术家的特殊情感记录。这些魅力无穷的艺术作品，凝聚着艺术家们非凡的人格魅力和执着艺术追求，以及崇高的理想和信念，是中国共产党领导下的革命战争和建设时期的精神文化产物，是主旋律，是艺术进行曲，传递着深刻的革命道理。它们记载了历史的进程，是中国特有的一种文化现象；它们是中国人民的精神财富，能使广大观众在欣赏、回顾、感悟中更加坚定理想信念，凝聚奋进力量；更加热爱共产党、热爱祖国、热爱人民。

经典艺术作品之所以能够流传，是因为它具有独特的艺术表现力，丰富的思想内在力和强烈的教育感染力，散发着不朽的艺术魅力。《中国共产党历史画典》一书收录的许多作品，都是在 20 世纪中国美术史上产生广泛影响的脍炙人口的艺术作品，如罗工柳的《前仆后继》、陈逸飞的《攻占总统府》、董希文的《开国大典》、靳尚谊的《毛主席和亚非拉朋友在一起》、周思聪的《人民和总理》等等。由于种种原因，这些作品大多分散收藏在国内多家博物馆、美术馆和艺术机构，平时很少对外展出。《中国共产党历史画典》一书的可贵之处，就是将这些创作于不同时期且分藏在不同地方的经典艺术作品，结合中国共产党的发展历史汇编成册，既是一本艺术读本，也是一本党史读本，把两者有机地结合在一起，让读者在艺术的阅读中学习党的历史，是一本颇有创意的党史艺术普及读本，希望能获得读者的喜欢。

2012.5.21

王明明：著名画家、国务院参事室副主任

开天辟地

01

辛亥革命失败后，帝国主义列强在中国加紧争夺，国内军阀的割据混战愈演愈烈。沉重的失望代替了原先的希望。旧的路走不通了，就会寻找新的出路。五四运动标志着中国新民主主义革命的开端。运动中出现了一批接受马克思主义的先进分子，建立新型的工人阶级革命政党的任务被提上日程。中国共产党的成立，给灾难深重的中国人民带来了光明和希望。它像光芒四射的灯塔，指明了中国人民的斗争道路。自从有了中国共产党，中国革命的面目就为之一新。

周令钊：《五四运动》（油画 · 1951 年）

美·术·点·评

周令钊的油画《五四运动》描绘了北大学生走上街头，在天安门前与反动政府军警对峙的场面。画面中的五色旗以及“废除二十一条”等条幅，将观众的视野拉回到1919年那个特定的历史时代。画家截取了学生振臂高呼正与军警对峙这一场面，具有强烈的艺术感染力，历史真实与艺术真实在作品中得到完美结合。

党史解读

1919年1月，第一次世界大战获胜的27个协约国，在巴黎召开“和平会议”。中国作为战胜国之一，派出代表参加。但是，操纵会议的列强把德国在青岛及山东的特权，全部转让给日本。

5月初，巴黎和会上中国外交失败的消息传到国内，久积在中国人民胸中的怒火，像火山一样爆发出来了。5月4日下午，北京大学、北京高等师范等十几所专科以上学校的3000余名学生，从四面八方汇聚到天安门前，举行抗议集会，随后高呼“还我青岛”、“取消二十一条”、“外争国权，内惩国贼”等口号，举行示威游行。反动政府出动军警逮捕了一批学生。这激起了社会各界义愤。北京、天津、上海多所院校行动起来，声援北京学生。6月5日，上海工人阶级投入反帝爱国斗争的行列，发起影响深远的“六五”政治大罢工，标志着中国工人阶级以独立的姿态登上政治舞台。此后，学生罢课，商人罢市，出现了声势浩大的“三罢”高潮，并迅速波及全国各地。参加巴黎和会的中国专使，最终拒绝赴会签字。五四运动取得了重大胜利。

五四运动是中国近代史上划时代的里程碑，它标志着中国旧民主主义革命的结束和新民主主义革命的开端。五四爱国运动促进了中国人民新的觉醒，促进了马克思主义在中国的传播及其与工人运动相结合，从而在思想上和干部上为中国共产党的建立准备了条件。中华人民共和国成立后，5月4日被定为中国青年节。

胡伟：《陈独秀和〈新青年〉》（国画 · 2009 年）

美 · 术 · 点 · 评

《陈独秀和〈新青年〉》的画面，由七块画板组成。两端的两块用来点题，中间的五块画板承接了 18 个人物形象，而他们又分别处于五个“天地”之中。画面中的人物甚至素未谋面，但他们的信仰和文化上的联系却使他们在历史中上演了一场“风云际会”。在画面中，陈独秀处于金字塔构图的正中，左侧为李大钊，右侧为胡适，鲁迅和毛泽东站在后侧，每个人物形象的姿态、表情的描绘都参考了相关史料，他们或前或后，或进或出，或聚或散，虽似历史会晤，却又处于不同的时空。在人物形象的处理上，并不注重形象表现惟妙惟肖，而是以神写形，即通过其特定的姿态和表情，表现出画中人物在历史中的形象。整幅画面充盈着朦胧而厚重的历史感，似遥远，却又似穿越时空来到了近前。

党史解读

画作反映了陈独秀树起一面新思想的旗帜后，一群先进知识分子共同探求救国救民新出路的历史真实。“北大红楼两巨人，纷传北李与南陈，孤松独秀如椽笔，日月双悬照古今。”这是五四时期一首很流行的诗。其中，“北李”指的是李大钊；“南陈”指的是陈独秀；“如椽笔”生动地点出了陈独秀创办《新青年》及其在新文化运动中的重要作用。

1915年，袁世凯为实现复辟帝制的逆行，妄图继续利用封建思想禁锢人们的头脑，并与日本签订了卖国的“二十一条”。严酷的现实，引发当时中国先进分子的反思。他们认为，辛亥革命由于忽视了思想文化战线上反对封建主义的斗争，致使革命的成果遭到严重的破坏，因此，为了完成改造社会的历史使命，必须“冲决过去历史之网罗，破坏陈腐学说之囹圄”。刚从日本归国的陈独秀，以极大的爱国热忱和革命勇气，在上海创办了《青年杂志》，并从第二卷起改为《新青年》。

1917年，陈独秀被特聘为北京大学文科学长，《新青年》编辑部也随之迁到北京。以《新青年》为阵地，陈独秀、李大钊、鲁迅、胡适掀起了一场以民主和科学为旗帜的新文化运动，有力激发了广大青年的蓬勃朝气和进取精神，为马克思主义的传播创造了有利条件。陈独秀凭其在这场激烈的思想文化斗争中的突出贡献，后来被赞誉为“新文化运动中的主将”、“五四运动的总司令”。

王明明：《松风——李大钊》（国画·1991年）

美·术·点·评

王明明的国画《松风——李大钊》是为《咱们共产党人——庆祝中国共产党成立八十周年特展》而创作的作品。作品选取了中国共产党的创建者之一——李大钊为表现对象。画面构图处理并没有采用肖像画的方式，而是将李大钊的形象同若干茂盛耸立的松树安排在一起，以松树象征李大钊坚贞不移的人格境界。李大钊的形象只写其神，背景大量的留白和氤氲的墨色更使其具有一种历史的厚重感。李大钊与茂盛耸立的松树又相互对照，也暗喻了李大钊参与创建的中国共产党的发展壮大。

党史解读

傲然屹立、不畏风霜的松树，总使人油然而生敬意。《松风——李大钊》这幅画，借松树风格比喻李大钊的革命精神，是非常贴切的。与此同时，也传达了这样一层含义，即每一个具有共产主义风格的人，都应该具有像松树那样的崇高品质，永不被困难吓倒，永不屈服于恶劣环境，永远洋溢着革命的乐观主义的精神。

“铁肩担道义，妙手著文章”这副对联，是李大钊书写的名句，也是他光辉一生的真实写照。他积极投身新文化运动，宣传民主、科学精神，抨击旧礼教、旧道德，向封建顽固势力展开猛烈斗争。在俄国十月革命影响下，他从一个民主主义者转变为一个马克思主义者，成为我国最早的马克思主义传播者。他热情投入并参与领导了五四运动，领导建立了北京的共产党早期组织，积极推动建立全国范围的共产党组织，对中国共产党的创建作出了至关重要的贡献。他还受党的委托，同孙中山商谈国共合作，为建立国民革命统一战线、实现第一次国共合作作出了重大贡献。

“试看将来的环球，必是赤旗的世界！”对马克思主义指导下的中国革命，李大钊满怀信心，矢志不移，并在实践中真正做到自己所说的“勇往奋进以赴之”、“断头流血以从之”。正因为有这样的境界，面对北洋军阀的严刑拷问，他坚贞不屈、大义凛然，从容地选择了为他认定的主义和事业献出生命，在中国革命史上谱写了壮丽的篇章。

周树桥：《湖南共产主义小组》（油画 · 1974 年）

美 · 术 · 点 · 评

《湖南共产主义小组》带有鲜明的“文化大革命”时期的样板画的风格特征，由于其独特的题材和高超的艺术表现力，至今仍有着很强的艺术感染力。作品描绘了青年毛泽东创建湖南共产主义小组的场景，青年们正在聚精会神地倾听毛泽东的演讲，正面木板墙上张贴的一幅马克思的画像，表明了在场诸位的身份和毛泽东讲话的内容，画面的红色与青年们火红的革命热情融为一体，增强了色彩的凝聚力。既突出了毛泽东的主体地位，又以毛泽东的姿态与左右两组倾听的青年构成金字塔结构，平衡了人物之间的关系。这是一幅在“三突出”美术创作原则下，尊重审美规律创作出的成功作品。

党史解读

在传播和实践马克思主义的过程中，陈独秀和李大钊认识到，要走十月革命的道路，就必须像俄国那样，建立一个无产阶级政党。在共产国际的帮助下，1920 年 8 月，上海共产主义小组成立。它是中国第一个共产主义小组，担负了“中共发起组”的历史任务，帮助各地建立共产党和社会主义青年团组织。

这期间，毛泽东先后在北京、上海与“南陈北李”有过接触和联系，受到很大影响。1920 年 7 月，毛泽东回到长沙后，立即从传播马克思主义和寻找志同道合的“真同志”入手，先后成立文化书社、俄罗斯研究会等团体，并与新民学会的中坚分子蔡和森等人讨论建党的问题。

1920 年 8 月，蔡和森在给毛泽东的信中说：“我认为先要组织共产党，因为它是革命运动的发动者、宣传者、先锋队、作战部，以中国现在的情形看，须先组织党，然后革命运动、劳工运动才有神经中枢。”毛泽东对他的主张表示深切的赞同。对其他一些会员主张用和平手段和教育方法，毛泽东则说：“理论上说得通，实际上做不到。”从画作中可以看到当时新民学会里的热烈讨论场面，以及毛泽东坚定地走俄式道路的神采。

1920 年 10 月，毛泽东就开始在湖南建立共产党的预备队社会主义青年团。这年初冬，在毛泽东、何叔衡等人的积极活动下，长沙的共产党早期组织在新民学会的先进分子中秘密诞生。在反动军阀的残暴统治下，长沙党组织的建立和活动都十分隐蔽。1921 年 7 月，毛泽东、何叔衡作为长沙党组织的代表，参加了开天辟地的中共一大。

陈逸飞：《在党的一大会议上》（油画 · 1977 年）

何红舟、黄发祥：《启航——中共一大会议》（油画 · 2009 年）

美·术·点·评

油画《启航》采用写实主义的手法，再现了中共一大南湖会议的历史瞬间：毛泽东、董必武、何叔衡、张国焘、李达等一大代表正在登船。在画面中，毛泽东处于构图的中心，身着蓝色长衫，肩挎包袱，正站在船头回首眺望，显得意气风发。这种安排和描绘使他成为人物组群的视觉焦点。压顶的乌云意味着山雨欲来，也暗喻了当时黑暗的社会环境；而远处东方的曙光，又与游船上的中共一大代表们融为一体，暗喻了革命曙光的显现。黑暗与光亮，乌云的压迫力与代表们的坚强意志，形成了鲜明的对比，从而进一步表现出了革命的艰难和党的创建者们英勇无畏的精神。

画家陈逸飞是一位浪漫的写实主义者，他的油画作品常用写实主义的笔法书写中国的传统美感。画作《在党的一大会议上》是表现党的一大的重要作品，也是陈逸飞的经典之作。画面截取了毛泽东发表演讲的一个瞬间，表现了年轻毛泽东在一大会议上指点江山的场景。画中人物的目光都集中在毛泽东右手所指方向，展示了对中国美好明天的向往。陈逸飞用写实的技法表现这一历史时刻，呈现的画面是浪漫的，是艺术家根据历史材料进行的艺术再创作，作品在艺术表现手法与历史主题再现方面达到完美统一。

党史解读

1920年夏至1921年春，随着马克思主义在中国的广泛传播，中国工人运动的蓬勃兴起，作为两者结合产物的中国共产党早期组织，在上海、北京、武汉、长沙、济南、广州以及赴日、旅欧留学生中相继成立，建党条件基本成熟。

经过筹划准备，1921年7月23日晚，中国共产党第一次全国代表大会在上海法租界望志路106号（今兴业路76号）正式开幕。出席者有上海的李汉俊、李达，北京的张国焘、刘仁静，长沙的毛泽东、何叔衡，武汉的董必武、陈潭秋，济南的王尽美、邓恩铭，广州的陈公博，留日学生周佛海以及陈独秀委派的包惠僧。7月30日晚，会议刚开始几分钟，法租界巡捕房密探突然闯入，会议被迫中断。

7月31日清晨，代表们分两批乘火车前往嘉兴，会议在缓缓划行的南湖画舫上继续召开。会议通过了《中国共产党的第一个纲领》，确定了党的名称、奋斗目标、基本政策，提出了发展党员、建立地方和中央机构等组织制度，兼有党纲和党章的内容。还通过了《中国共产党的第一个决议》，对今后党的工作作出安排部署。最后选举中央领导机构，建立三人组成的中央局，陈独秀任书记，张国焘为组织主任，李达为宣传主任。

"革命声传画舫中，诞生共党庆工农。"这是1964年一大代表董必武重回嘉兴南湖时留下的诗句。中共一大的召开，是开天辟地的大事变。它标志着中国共产党的正式成立，犹如一轮红日在东方冉冉升起，照亮了中国革命的前程。自从有了中国共产党，中国革命的面目就焕然一新了。

方增先：《唤起工农千百万》（油画 · 1968 年）

美 · 术 · 点 · 评

方增先的油画《唤起工农千百万》创作于 1968 年，也是少见的方增先的油画作品。这幅画人物造型非常写实，画面构成和人物姿态具有明显的舞台效果。作者创作这幅作品虽然使用的是油画材料，但在轮廓、色彩以及明暗关系的处理中，却运用了不少国画的表现手法。画面有许多留白，人物显得十分突出，道具和一些次要的细节被大胆地省略；加之青年毛泽东处于画面构图的中心位置，白色上衣和光线的关系，使得所有的目光都聚集在青年毛泽东的身上。画家对于青年毛泽东形象的塑造十分精彩传神，犹如一座伟岸的纪念碑一般矗立在工农大众面前，指引着他们前进。人物的精神面貌和画面的光彩融为一体，相得益彰。

党史解读

中国共产党成立后，把发动工农运动作为自己的主要工作。李大钊、毛泽东、邓中夏、刘少奇等人，脱下长袍马褂，深入到农村、工厂，并向群众宣传革命思想和理论，建立和发展党团组织，积极开展工农运动。

在中国共产党的领导、组织、推动下，从1922年1月香港海员罢工到1923年2月京汉铁路工人罢工，中国掀起了第一个工人运动的高潮。在13个月的时间里，全国发生了包括安源路矿工人罢工、开滦五矿工人罢工等在内的大小罢工100余次，参加者在30万人以上，扩大了中国共产党在全国的政治影响。

与此同时，中国共产党也开始从事发动农民的工作。1921年9月，经过共产党人的努力，浙江萧山县衙前村成立了中国第一个农民协会，开展反抗地主压迫的斗争。1922年6月，彭湃来到家乡广东海丰县赤山约，经过艰苦的工作，成立了农会。次年元旦，召开海丰全县农民代表大会，海丰总农会宣告成立，全县范围的农民运动轰轰烈烈地开展了起来。

刘春华:《毛主席去安源》(油画·1967年)

美·术·点·评

《毛主席去安源》是以 1921 年秋毛泽东到安源组织工人运动为表现题材的油画。该画曾被称为“开创了无产阶级美术创作的新纪元”，“文革”期间在中国美术界具有和样板戏一样的地位。该画的单张彩色印刷数量累计达 9 亿多张（不含转载），被认为是“世界上印数最多的一张油画”。画面描绘了器宇轩昂的青年毛泽东形象，他身着蓝色长衫，左手握拳，右手持一把雨伞，正在崎岖的山路中阔步前行，背后是连绵的山脉和滚滚白云。毛泽东的形象居于整幅画面构图的中心，坚毅的面庞和姿态又与被山风吹起的衣褶和崎岖难行的山路相交融，背景的连绵山脉和滚滚白云更衬托了青年毛泽东形象的英伟。

《刘少奇和安源矿工》是一件令人不堪回首的伤心之作。尽管在 20 世纪 60 年代初此画以极富感染力的构图和表现方法，为革命历史画的创作树立了榜样。但是因为“文革”中刘少奇的命运，此画受到了批判，作者亦遭受磨难。后来在“文革”中，为了“将功补过”，侯一民又画了《毛主席和安源工人在一起》，表现了毛泽东到安源组织工人运动并举行安源路矿工人大罢工时的场景，成功地刻画了毛泽东青年时代的光辉形象和革命实践，也成了一幅不可多得的艺术珍品。

侯一民：《毛主席和安源工人在一起》（油画·1961 年）

侯一民：《刘少奇和安源矿工》（油画 · 1961 年）

美 · 术 · 点 · 评

侯一民的《刘少奇和安源矿工》表现了中国年轻的工人阶级在中国共产党的领导下走上了政治舞台的历史场景。作品把对领袖的描写与对群众的描写有机地结合起来，既表现了工人参与罢工的声势，又突出领导者给予工人的精神力量，烘托出工人领袖严肃又从容的特点。

党史解读

安源路矿，是安源煤矿和株萍铁路的合称。因路矿工人多是湖南人，安源又离湖南很近，中共中央将安源工人运动划归湖南支部领导。这几幅画作，着重表现年轻的毛泽东、刘少奇，怀着理想、信念和激情，成功发动、领导了安源路矿工人大罢工。其中，《毛主席去安源》在中国可谓家喻户晓。

1921 年秋，毛泽东考察安源，深感工人中蕴藏着巨大的革命力量，立即派李立三到安源开展工作，举办工人补习学校，建立青年团和中共安源支部，创建安源路矿工人俱乐部。1922 年 9 月初，毛泽东再次到安源，认为罢工时机已经成熟，要求抓紧做好罢工准备。毛泽东确立了“哀而动人”的策略，并增派刘少奇到安源协助领导。

1922 年 9 月 14 日，在李立三、刘少奇的具体领导下，安源路矿 17000 名工人举行大罢工。工人高呼“从前是牛马，现在要做人”，提出了保障工人权利、增加工资、改善待遇、发清欠饷、废除封建把头制等 17 项政治、经济要求。长沙的《大公报》、上海的《申报》、北京的《晨报》等全国有影响的报纸，纷纷给予报道，各地的工团也致函电声援。

经过五昼夜艰苦激烈的斗争，党组织领导工人迫使路矿两局承认工人所提条件。安源路矿工人大罢工取得了完全的胜利，充分显示出组织起来的工人阶级的力量。这是湖南第一次工运高潮中的首次胜利，也是党第一次独立领导并取得全胜的工人斗争，对全国工人运动产生了重大影响。

刘健、黄骏、花俊：《二七风暴》（国画 · 2009 年）

美 · 术 · 点 · 评

国画《二七风暴》描绘了中国共产党领导下第一次工人运动的高潮。作品中工人如洪水般熙熙攘攘，手持横幅前进，面对反动军阀的淫威，丝毫没有惧色。画面的背景是已经停产了的工厂，工人们互相勉励，高喊着口号，形成排山倒海的效果。画面背景用墨色渲染，暗示出在军阀的破坏下这次运动的命运。艺术家用线条和墨色晕染等绘画语言把人物刻画得栩栩如生，块状构图使得工人队伍具有不可撼动的力量。

党史解读

京汉铁路纵贯河北、河南和湖北三省，是连接华北和华中的交通命脉，有重要的经济、政治和军事意义。1923 年 2 月 1 日，党领导下的京汉铁路总工会筹备会在郑州召开成立大会。但是，军阀吴佩孚派全副武装的军警包围会场，强行解散会议，捣毁总工会和郑州分会会所，驱赶代表。当晚，京汉铁路总工会执委会秘密召开会议，提出“为自由而战，为人权而战”，决定全路自 2 月 4 日起举行总罢工。

2 月 4 日，全路两万多工人举行大罢工，1200 公里铁路顿时瘫痪。2 月 7 日，在帝国主义势力的支持下，吴佩孚调动两万多军警在铁路沿线血腥镇压罢工工人，制造了震惊中外的二七惨案。京汉铁路总工会江岸分会委员长、共产党员林祥谦和京汉铁路总工会与湖北省工团联合会法律顾问、共产党员施洋等先后被杀害。二七惨案发生后，各地军阀也都对工人运动采取了高压政策，全国工人运动暂时转入低潮。

京汉铁路工人大罢工是中国共产党领导的第一次工人运动高潮的顶点。它进一步显示了中国工人阶级的力量，扩大了党在全国人民中的影响。罢工虽然失败了，但是工人的生命和鲜血进一步唤醒了中国人民，认识到帝国主义和封建军阀是中国人民的敌人，必须与之斗争到底，才能获得真正的自由和解放。

在大革命的洪流中

02

“打倒列强，除军阀！”1924年至1927年，中国大地上爆发了一场席卷全国的革命运动，其声势之浩大，发动群众之广泛，在中国近代历史上是前所未有的。它基本上推翻了北洋军阀的统治，给帝国主义和封建势力以沉重打击。这场大革命的胜利开展，是国共两党合作的结果。但是，由于帝国主义和封建势力的联合力量太强大，国民党背信弃义地对共产党及其领导的工农群众发动突然袭击；加之共产党还处在幼年，缺乏斗争经验，犯了右倾错误，这场大革命最后失败了。但是，通过胜利和失败的反复，党经历了深刻的锻炼和严峻的考验，积累了经验，从而成为中国革命继续前进的新起点。

赵建成：《国共合作 1924 · 广州》（国画 · 2009 年）

美 · 术 · 点 · 评

赵建成的国画《国共合作 1924 · 广州》，采用了合影的方式来处理画面。画面中囊括了参加国民党“一大”的国、共双方的所有代表，他们一字排开的队形，人物的面部表情坚毅而结构分明，表现了一种“用血肉之躯筑成新的长城”的大无畏精神；人物的衣着变化，既符合历史又使画面增添些许动势，墨色浓淡干湿渗化，飞白虚实互衬，布局严整中求变化，主次分明；画面既客观再现历史，又恰如其分地烘托出主题。在这里，情节性叙述和人物的“角色性扮演”不再是支撑画面的主导因素，历史的细节也被隐去，而符号化的形式倾向和象征性的寓意特征得到强化，整个画面呈现的是统摄于民族大义之下的坚毅而凝重的历史表情，一个担当大义的群体肖像，浓烈的历史情绪和民族情感藉此弥漫画面，静穆而神圣。

党史解读

辛亥革命后，孙中山坚持民主主义的立场，在反对封建军阀的道路上苦斗着。俄国十月革命的胜利，马克思主义在中国的传播，中国共产党的诞生，使他受到思想启迪，决心学习俄国革命的经验和方法，联合共产党，对国民党进行改组，以振兴国民党进而振兴国家。

在孙中山、廖仲恺等国民党人和李大钊、陈独秀等共产党人的共同努力下，在共产国际的帮助下，1924 年 1 月，孙中山在广州主持召开了国民党第一次全国代表大会，讨论通过了《中国国民党第一次全国代表大会宣言》等重要议案。大会在政治上重新解释了三民主义，接受了中国共产党反帝反封建的民主革命纲领，制定了联俄、联共、扶助农工的三大政策，成为国共两党和各革命阶级联合的基础；在组织上承认共产党员和青年团员以个人身份加入国民党，使国民党成为一个工人、农民、小资产阶级和民族资产阶级结成的统一战线的组织形式。大会选举了国民党中央执行委员会，共产党员李大钊、毛泽东、林伯渠、瞿秋白等当选为中央执行委员或中央候补执行委员，约占委员总数的四分之一。

国民党一大的召开，标志着国民党改组的完成和第一次国共合作的正式建立。此后，在国共两党的共同努力下，中国革命运动有了初步的发展。特别是在中国共产党的宣传和组织下，工农运动得到蓬勃发展，从而为新的革命高潮的到来奠定了基础。

张培成：《五卅运动》（国画 · 2009 年）

美 · 术 · 点 · 评

五卅运动是一次在中国共产党所领导下的伟大群众性反帝爱国运动，它显示了工人阶级的领导力量和革命统一战线的作用。画家选择了用传统水墨国画的艺术语言，去阐述描绘这段历史，带给我们不一般的视觉和情感体验。

《五卅运动》的创作，画家从史实出发，将画面定格在事件矛盾冲突的爆发点上：一方是手无寸铁的抗议者，另一方是荷枪实弹正在屠杀工人、学生的帝国主义爪牙，二者近距离对峙，在枪口的硝烟中倒地的青年让整个画面气氛剑拔弩张，矛盾瞬间爆发。整个画面中画家充分发挥了中国画线与墨的表现力和自由度，在人物刻画和造型方面略加夸张变形，表现出抗议人群压抑、激愤之极的情感，“沉着”、“痛快”又极富表现力的线条让画面既有历史感，又具有现代的审美意味；整体的黑灰色调更烘托出当时高压、黑暗的政治形势，让画面在磅礴大气中呈现出强劲的视觉冲击力。

党史解读

1925年党的四大以后，工人运动迅速复苏和发展。这年的5月15日，上海内外棉七厂的日本资本家枪杀工人代表、共产党员顾正红，打伤十多名工人。暴行激起上海工人、学生和广大民众的愤怒。中共中央紧急要求各地党组织号召工会等社会团体，一致援助上海工人的罢工斗争，并决定发动反对帝国主义的游行示威。

5月30日，上海学生2000余人涌上街头，举行抗议示威。以英国为首的租界当局拘捕学生。当天下午，游行群众要求英国巡捕释放学生。英国捕头竟下令向手无寸铁的群众开枪，实行血腥屠杀，制造了震惊中外的“五卅”惨案。

惨案发生后，中共中央决定由瞿秋白、蔡和森、李立三、刘少奇等组成行动委员会，组织全上海民众罢工、罢市、罢课，抗议帝国主义屠杀中国人民，号召人民废除一切不平等条约，取消帝国主义在华的一切特权。在中国共产党的领导下，以上海为中心的五卅运动很快波及全国，从工人发展到学生、商人、市民、农民等社会各阶层，形成了一场全国规模的反帝运动。

这次运动继五四运动之后，进一步唤醒了中国人民的反帝精神，大大提高了中国人民的觉悟，并且成为第一次国内革命战争时期全国大革命风暴的序幕。中国共产党在领导五卅运动的斗争中受到很大锻炼，培养造就了一大批干部，为以后党领导大规模的群众斗争奠定了基础。

杨之光、欧洋：《激扬文字》（国画 · 1973 年）

美 · 术 · 点 · 评

《激扬文字》作品一问世，就被当作样板画而大为流行。作品描绘了 1925 年毛泽东年轻时代的形象，但因这一时期毛泽东并没有作品照片留存，所以对毛泽东青少年时期形象的表现完全是依靠画家对毛泽东的理解和形象特点的把握。画面描绘了青年毛泽东 1925 年在广州主编《政治周报》时，正襟危坐，手执毛笔，刚刚书写完痛击国民党右派的文章一瞬间。青年毛泽东表情凝重，目光深沉，姿态伟岸，再与遒劲的笔法相结合，具有很强的艺术感染力。虽然我们并未看到“激扬文字”的内容，但我们却已经通过画面的描绘受到了激励和感染。

党史解读

这幅充满书生意气的画面，生动反映了毛泽东在青年时期就开始对革命问题的深刻探索。“谁是我们的敌人？谁是我们的朋友？这个问题是革命的首要问题。”这是1925年毛泽东在《中国社会各阶级的分析》一文的开头提出的。围绕着这个问题的解答，毛泽东将中国社会各阶级分为五大部分：地主阶级和买办阶级、民族资产阶级、小资产阶级、半无产阶级、无产阶级。接着，他分析了各阶级的经济地位和政治态度。通过阶级分析，毛泽东初步阐明了中国新民主主义革命的基本思想：无产阶级团结占全国人口绝大多数的一切半无产阶级（主要是贫苦农民）、小资产阶级（主要是中农），争取中产阶级（主要是民族资产阶级）的左翼，以打倒帝国主义、军阀、官僚、地主、买办阶级，建立各革命阶级的联合统治，反对在中国建立民族资产阶级的一阶级统治的国家，争取非资本主义的前途。这就初步阐明了中国革命的对象、动力、领导权和性质、前途等一系列重大理论问题，正确解决了革命中最主要的同盟军问题，是中国新民主主义革命思想发端的重要标志。

后来，毛泽东把《中国社会各阶级的分析》一文作为开卷篇收入《毛泽东选集》，并亲自写了这样一个题注：“此文是反对当时党内存在着的两种倾向而写的。当时党内的第一种倾向，以陈独秀为代表，只注意同国民党合作，忘记了农民，这是右倾机会主义。第二种倾向，以张国焘为代表，只注意工人运动，同样忘记了农民，这是‘左’倾机会主义。这两种机会主义都感觉自己力量不足，而不知道到何处去寻找力量，到何处去取得广大的同盟军。”

杨之光：《毛主席在农民运动讲习所》（国画 · 1959 年）

詹建俊：《毛主席在农民运动讲习所》（油画 · 1961 年）

美·术·点·评

杨之光的国画《毛主席在农民运动讲习所》创作于1959年，属于运用中国画语言创作领袖画像比较早的作品，具有鲜明的开拓价值，它对杨之光后来的艺术创作产生了深远影响。画面选取了青年毛泽东正在同几位农民谈话的场景。毛泽东站在农民们中间，而几位农民则正在聚精会神地倾听。作品构图成熟，画家将毛泽东在农民运动讲习所的场景置于中国传统的建筑环境之中，体现出一种现代和传统、守旧和革命的对立。尽管作品水墨语言淡雅，但其中却蕴含着激情澎湃的革命激情。

詹建俊在构思创作油画《毛主席在农民运动讲习所》时将注意力集中在环境与人的心境的关联上。作者企图表现波澜壮阔的革命运动即将来临的气氛，虽然广州农民运动讲习所的环境并不具有狼牙山或北大荒那样的表现性特点，詹建俊在人物和树木、建筑的关系上做文章，将天空云影和树木枝叶的动势与人的激情联系起来，造成风云突变的预感。仰视的构图提示着革命者心境的崇高，让人感受到这不是寻常的生活场面，而是酝酿着巨大历史变革的聚会。这种周密的艺术处理使这幅画同样具有以境写情的特色。

党史解读

1924年1月，国共合作的实现，推动了农民运动的开展。为培养农运干部，在中国共产党倡议下，从1924年7月到1926年9月，广东革命政权在广州先后举办了六届农民运动讲习所，培训了700多名农运骨干，有力地促进了全国农民运动的发展。

1926年7月，北伐战争的胜利进军，进一步推动了全国农民运动的蓬勃发展。1926年9月，毛泽东发表《国民革命与农民运动》一文，指出："农民问题乃国民革命的中心问题。"为加强对农运的领导，1926年11月，中共中央决定成立由毛泽东任书记的中央农民运动委员会。1927年1月，国民政府从广州迁到武汉。毛泽东在武汉主办了中央农民运动讲习所。1927年3月正式上课，学生来自全国17个省，共800余人。毛泽东亲自担任《农民问题》和《农村教育》等课程的教学，并作了著名的《湖南农民运动考察报告》的专题报告。周恩来、董必武、瞿秋白、恽代英、方志敏、彭湃和郭沫若等人也都在农讲所讲课、作报告。1927年6月，农讲所举行毕业典礼。大多数学生被委任为农民协会特派员，深入农村开展农民运动。在长期艰苦卓绝的中国革命斗争中，农讲所师生作出了不朽的贡献。

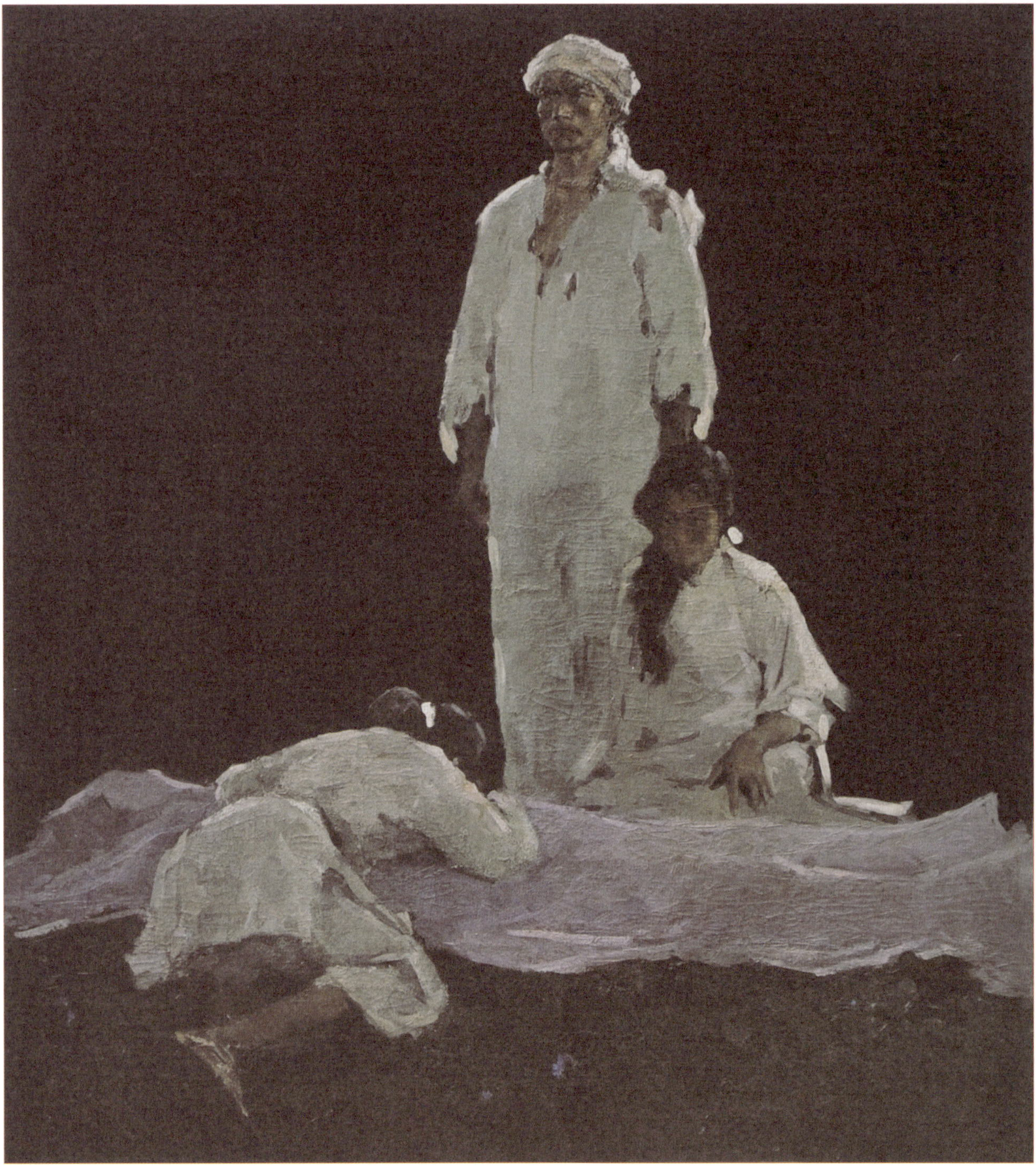
罗工柳:《前仆后继》(油画 · 1959—1983 年)

美·术·点·评

罗工柳的油画《前仆后继》是一件经典历史作品，画作表现了国民党白色恐怖时期，大批革命党人被杀害，但革命事业后继有人，一代又一代革命人士不畏艰难，前仆后继的悲壮场面。画作采用了黑白对比的简约语言来表现，色彩沉稳厚重，笔触凝练有力，强烈叩击观众的心灵。

党史解读

北伐战争的胜利进军和工农运动的高涨，沉重地打击了帝国主义和封建军阀在中国的统治。国内外反动势力逐渐以国民党右派代表蒋介石为中心进行集结，蒋介石加紧同帝国主义、封建买办阶级勾结，密谋举行反革命政变。

4月上旬，蒋介石和汪精卫、白崇禧等人举行一系列的秘密反共会议。接着，他收买帮会流氓集团，以对抗上海总工会。他又指使吴稚晖、陈果夫等组织“上海临时政治委员会”，篡夺上海人民的政权。

1927年4月12日，早就做好准备的大批青红帮武装流氓从租界冲出，身着蓝色制服，袖佩“工”字臂章，向分驻上海总工会等处的工人纠察队发动突然袭击。当工人群众奋起抵抗时，国民党第26军强行解除了上海2700名工人纠察队的全部武装。驻在上海的帝国主义军队也纷纷出动，帮助蒋介石屠杀革命群众。

4月13日，上海工人举行总罢工，并有十万余工人、学生和市民集会抗议。当请愿队伍行至闸北宝山路时，突然遭到反动军队开枪射击，死亡100多人，伤者无数。接着，蒋介石下令解散上海总工会，查封革命组织，捕杀共产党员和革命者。在事变的三天中，遭杀害者300多人、被拘捕者1000多人、流亡失踪者5000多人。18日，蒋介石在南京成立了代表帝国主义和地主买办阶级利益的国民政府。这次政变标志着大革命的部分失败，是大革命从胜利走向失败的转折点。

星火燎原

03

在腥风血雨的考验面前，年青的中国共产党揩干净身上的血迹，掩埋好同伴的尸首，高举起革命的大旗，进行武装抵抗。南昌起义像一声春雷，震动寰宇，党领导下的人民军队从此诞生。八七会议确定了土地革命和武装反抗国民党反动派的总方针，给思想混乱、组织涣散的党指明了新出路。秋收起义部队转道向农村进军，成为具有决定意义的新起点。大革命失败后，毛泽东、朱德领导的井冈山革命根据地的斗争，在建立革命武装、深入土地革命、加强政权建设等方面，给革命者新的希望。以毛泽东为代表的中国马克思主义者，为中国革命探索出了农村包围城市、武装夺取政权这样一条前人没有走过的正确道路。

莫朴：《南昌起义》（油画 · 1957 年）

黎冰鸿：《南昌起义》（油画 · 1958 年）

美·术·点·评

莫朴和黎冰鸿的《南昌起义》都藏于军事博物馆。两件作品相同的是，起义的五位主要领导人周恩来、朱德、贺龙、叶挺、刘伯承，都相对集中地出现在画面的主要部位，尤其是周恩来的画面空间位置，都被处理在画面宽度的黄金分割位置上。

其不同的是，莫朴的作品创作在先，画面视点居右，选择的画面瞬间是起义官兵在中共前敌委员会书记周恩来的带领下群情激昂、高呼口号、红旗挥舞、枪支高举的一刻，画面总体呈现动荡感，气氛异常热烈。黎冰鸿作品视点居左，起义军的集会地——江西大旅社的建筑的结构和环境透视表现得更加准确，而光源选择了相对较弱的既有现场光——旅社外墙门框两盏壁灯的逆光照明，时间处于黎明破晓时分，具体瞬间则是起义官兵聚精会神地听中共前敌委员会书记周恩来训话的一刻，这一刻有利于刻画人物严谨、冷峻的一面，相对使画面总体感觉呈现出箭在弦上，一触即发的紧张气氛。

党史解读

1927 年 4 月和 7 月，国民党内的蒋介石集团和汪精卫集团，先后在上海和武汉发动反革命政变，残酷屠杀共产党人和革命群众，使大革命遭到失败。血的教训擦亮了人们的眼睛：没有革命的武装就无法对付武装的反革命。

1927 年 8 月 1 日凌晨，一声枪响划破了江西南昌城夜空。以周恩来为书记的中共前敌委员会及贺龙、叶挺、朱德、刘伯承等，率领党掌握或影响下的北伐军两万多人在南昌举行起义。经过数小时激战，全歼守敌，占领了南昌城。

南昌起义后，汪精卫急令张发奎、朱培德等部向南昌进攻。中共前委按照原定计划，率起义军向广东进军，计划以广东为基地再次组织北伐。但在大批敌军的围追堵截下，部队受到很大损失。但这次起义却有巨大的历史意义，它打响了武装反抗国民党反动派的第一枪，标志着中国共产党独立地创建革命军队和领导革命战争的开始。它如一声春雷，使中国人民在黑暗中看到了高高举起的火炬，指明了中国革命的方向。后来，8 月 1 日成为中国人民解放军的建军节。

沈尧伊：《八七会议》（油画·2000年）

美·术·点·评

沈尧伊的油画《八七会议》以群像的方式再现了八七会议的场景。构图上突出了毛泽东的形象；会议的场面也根据史实，突出了夏季和白区的特点。毛泽东手扶椅背的站立姿态，显示了他难平的心境，似乎正向与会者阐述“枪杆子里面出政权”的著名思想。会场人物的组合比较生活化，人物的服饰突出了时代性和历史感。瞿秋白、邓中夏、蔡和森等人的形象也刻画得十分传神。与会人物的目光大都集中在毛泽东身上，或专注倾听，或凝神沉思，或专心记录，具有很强的现场感。人物造型吸收了一些版画的表现方式，强调了人物轮廓线的处理，明暗转折分明，色调对比强烈。被风掀动的窗帘，既使静止的画面有了些微动感，又对当时的局势做了巧妙的暗示。技法上采用厚涂法，虽然白色、浅色是主调，但画面却显得肌理丰富，质感很强。

党史解读

1927年8月7日，中共中央在湖北汉口秘密召开紧急会议。这就是在中国共产党历史上有着重大转折意义的八七会议。这次会议的主要目的是总结大革命失败的经验教训，确定今后革命斗争的方针。

在会议讨论中，许多同志批评中央在处理国民党问题、农民土地问题、武装斗争问题等方面的右倾错误。有的同志还批评了苏联顾问、共产国际代表的一些错误。毛泽东在发言中，从国共合作时不坚持政治上独立性、党中央不倾听下级和群众意见、抑制农民革命、放弃军事领导权四个方面批评陈独秀的右倾错误。毛泽东着重讲了军事工作，指出“须知政权是由枪杆子中取得的”，这是一个对中国革命有着极其重要意义的论断，这个论断提出了以军事斗争作为党的工作重心的问题。

会议正式确定了实行土地革命和武装起义的方针，并把领导农民进行秋收起义作为当前党的最主要任务。从而使全党没有在白色恐怖面前惊慌失措，指明了今后革命斗争的正确方向，为挽救党和革命作出了巨大贡献。中国革命从此开始由大革命失败到土地革命战争兴起的历史性转变。

何孔德等：《秋收起义》（油画 · 1973 年）

美 · 术 · 点 · 评

油画《秋收起义》用写实与象征相结合的艺术手法，表现了伟大的历史事件。在造型和色彩的运用上充满了时代气息。场面恢宏、气势雄伟、主题人物高大突出、画面明亮，具有鲜明的时代特征。

党史解读

“军叫工农革命，旗号镰刀斧头。匡庐一带不停留，要向潇湘直进。地主重重压迫，农民个个同仇。秋收时节暮云沉，霹雳一声暴动。”这是毛泽东《西江月·秋收起义》的词句。这霹雳一声暴动，就是他领导的湘赣边界秋收起义。

南昌起义胜利后，中共中央决定在工农运动基础较好的湖南、湖北、广东、江西四省发动秋收起义。八七会议开完后，主持中共中央工作的瞿秋白，向毛泽东征求意见，准备让他到上海中央机关去工作。毛泽东回答：我不愿去住高楼大厦，我要上山结交绿林朋友。随即毛泽东以中央特派员的身份回湖南，传达八七会议精神，改组湖南省委，发动和领导湘赣边界秋收起义。

1927 年 8 月 18 日，改组后的湖南省委在长沙市郊的沈家大屋召开会议，讨论制订秋收起义的计划。毛泽东在会上着重阐述了枪杆子出政权的思想。会议确定在湘东赣西发动以长沙为中心的武装起义。9 月 9 日，三路部队分别在修水、安源、铜鼓发动起义，但由于敌强我弱，起义部队均受挫。毛泽东当机立断，改变了攻打长沙的计划，通知各部队到浏阳县文家市集结，决定向敌人统治力量薄弱的农村中去坚持武装斗争，发展革命力量。10 月 27 日，起义部队到达罗霄山脉中段井冈山的茨坪，开创了中国共产党领导下的第一个农村革命根据地。

高泉：《支部建在连上》（油画 · 1977 年）

美 · 术 · 点 · 评

该画用写实的手法再现了毛泽东提出的“支部建在连上”这一重要思想的历史瞬间。毛泽东形象的刻画有别于以往历史画中突出领袖形象的方法，而是通过一盏马灯，将红军战士自然地围拢在毛泽东的身边。听众聚精会神、若有所思的表情；毛泽东的神态和手势，显得更加亲切平易。夜晚室内的时间与环境，使构图显得更加紧凑而充实，平起平坐的人物设置，与作品的主旨非常贴切。画面强烈的明暗对比和光影效果，既巧妙地突出了主要人物，又增添了画面的神圣感和隐喻性，同时油画材料的质感和特性也得到了充分的体现和发挥。扎实传神的形象刻画，层次丰富的视觉效果，使这个历史的瞬间显得真实可信。

党史解读

湘赣边界秋收起义后，毛泽东率部向罗霄山脉中段转移。由于敌军前堵后追，加上长途跋涉的艰苦，以及组织上存在的问题，导致部队一路上损失很大。1927 年 9 月 29 日，毛泽东率部到达江西永新县的三湾。这时，原本 5000 多人的队伍，只剩下不足千人。当晚，毛泽东主持召开中共前敌委员会扩大会议，讨论部队现状及其解决的措施，决定对部队实行整顿和改编，这就是著名的三湾改编。

毛泽东认为，关键是要把这支以农民为主体的革命武装，建设成党领导下的完全新型的人民军队。根据这个指导思想，三湾改编的主要内容是：把部队由一个师缩编为一个团。在部队内部实行民主制度，官兵平等，待遇一样。最重要的措施，则是改变支部建在团上的部队党组织建设，把党的支部建在连上，让党的组织系统扎根基层。为此，在各级部队分别建立党的组织：班、排建立党小组，连队建立党支部，营、团建立党的委员会；连以上各级设党代表，由同级党组织的书记担任；全军由党的前敌委员会统一领导。部队的一切重大问题，都必须经党组织集体讨论决定。

通过三湾改编，党的组织在部队形成了系统，党支部掌握了基层，党对军队领导的制度得以确立。在党的领导下，旧式军队的习气得到改变，部队凝聚力、战斗力大大提高。三湾改编是建设新型人民军队的重要开端，在人民军队建设史上，具有里程碑的意义。

何孔德:《广州起义》(油画 · 1962 年)

美·术·点·评

油画《广州起义》再现了1927年中国共产党所领导的广州起义队伍占领广州军政府的场景。画面视点聚焦在画面中心几位战士正举起象征着胜利的"广州苏维埃"的牌子。高举牌子的士兵们英勇的姿态和在他们周围迎风飘扬的红旗都昭示了火热的革命激情，表现出革命取得胜利后革命群众欢欣鼓舞的情景。

党史解读

1927年11月中旬，粤、桂军阀之间为争夺地盘爆发战争。中共中央要求广东省委扩大工农群众在城市、在乡村的暴动，以取得全省政权。

12月11日，在张太雷、叶挺、黄平、周文雍、叶剑英、杨殷等领导下，共产党所掌握的第4军教导团全部、警卫团一部和工人赤卫队七个联队和两个敢死队共3000余人，分数路向广州市各要点发起突然袭击。广州市郊芳村、西村等地的农民约两万人同时举行起义。起义军民经过十个多小时的战斗，歼灭市区守军大部，攻占市公安局、国民党广东省政府等重要机关。当日上午，成立广州市苏维埃政府。12日，张发奎所部三个多师和在市区的残部，在英、美、日、法等帝国主义的军舰和陆战队支援下，向起义军反扑。因众寡悬殊，起义军遭到严重损失，撤出广州转移到其他地区参加革命活动。

广州起义，是在城市建立苏维埃政权的大胆尝试，在国内外都引起了很大的震动。这次起义虽然失败了，但起义军民英勇顽强、不怕牺牲的精神，给了中国人民以新的鼓舞。

王明明、蔡玉水：《刑场上的婚礼》（国画・2009年）

美·术·点·评

国画《刑场上的婚礼》以水墨人物画所特有的表现形式，塑造了两位忠诚的共产主义战士在慷慨赴难前的凛然形象。画中周文雍步履蹒跚身体前倾但却坚稳地站立，眼睛里充满对敌人的无比蔑视；陈铁军搀扶周文雍，将脸庞轻轻地贴向周文雍肩上的细微动作，则深刻地突出了作品的主旨思想——刑场上的婚礼，讴歌了两位共产主义战士在革命斗争中建立起相互信任、荣辱与共的理想信念和生死相依的爱恋之情。画家在把握人物形象塑造的基础上，利用水墨画可进行大面积泼墨与渲染的绘画表现技法，产生苦涩中透出浪漫的强烈对比效果，使绘画的思想性与艺术性得到了很好的表现。此外，作品将平淡的叙事风格与简洁凝重的表现手法巧妙地寓于作品之中，将革命的浪漫主义与现实主义的思想性巧妙地结合起来，使作品的主题思想得到了凸显与升华。

党史解读

广州起义后，由于叛徒告密，广州起义工人赤卫队总指挥周文雍和广东妇协陈铁军被捕。在狱中，他们互相激励，经受住了敌人的威胁利诱和严刑拷打。敌人无计可施，最后宣判他们死刑。1928 年 2 月 6 日，在广州红花岗畔的刑场上，面对敌人的枪口，他们当众庄严宣布在刑场上举行婚礼。

在五卅运动的影响下，出身华侨商人家庭的陈铁军，积极参加进步活动，并于 1926 年加入中国共产党。四一二反革命政变后，党派她前往白色恐怖中的广州，协助周文雍工作。因为工作需要，党指示周文雍和陈铁军假称夫妻，合租一个房子，建立秘密联络点。工作上的互相帮助，特别是生死与共的革命斗争，把两个年轻人紧紧地联系在一起。但他们都以事业为重，顾不上谈个人的爱情。

广州起义失败后，广州陷入敌人大屠杀的血海之中。在极其艰难的环境中，周文雍和陈铁军坚持地下斗争，即便是被捕入狱，也不屈不挠。在监狱的墙上，周文雍写下了这样的诗篇："头可断，肢可折，革命精神不可灭。壮士头颅为党落，好汉身躯为群裂！"在刑场上，他们态度从容，昂首挺胸，高唱《国际歌》。陈铁军向周围的群众宣布："我们要举行婚礼了，让反动派的枪声来作为结婚的礼炮吧！"一对革命情侣，就以这样的英勇气概慷慨就义了。

王式廓：《井冈山会师》（油画・1959年）

何孔德:《井冈山会师》(油画 · 1980 年)

刘大为、苗再新:《会师井冈——井冈山革命斗争》(国画 · 2009 年)

美·术·点·评

王式廓创作的油画《井冈山会师》，描绘了毛泽东带领着井冈山队伍欢迎朱德率领的南昌起义队伍的情景，整个画面构图富有动感，人物倾斜的姿态和喜悦的表情都再现了当时那个激动人心的时刻。朝霞的余晖也象征着中国红色革命运动虽处于初期，却蓬勃发展。

何孔德的油画《井冈山会师》，画面更加宏大，毛泽东同朱德率领的南昌起义队伍已经来到了井冈山，军民夹道欢迎，红旗挥舞。画面层次分明，纵深感较强。

刘大为和苗再新合作的国画《会师井冈》，融入很多现代国画元素。画面军队从右向左涌动，人物具有钢铁般的质感，毛泽东和朱德位于画面中心偏右，谈笑从容，画家用纪实的手法记录下具有里程碑意义的历史事件。

党史解读

“红军荟萃井冈山，主力形成在此间。”这是朱德为了纪念井冈山会师写的诗句。1928 年 1 月上旬，朱德、陈毅率领南昌起义军余部近八百人从粤北转至湘南，发动了湘南起义。3 月下旬，国民党军七个师向湘南地区反扑。为保存革命力量，避免在不利的条件下同敌人决战，朱德作出退出湘南、上井冈山的重要决策。还在 3 月上旬，当毛泽东得知朱德、陈毅率领的南昌起义军余部正向井冈山方向撤退，当即决定兵分两路去迎接朱德、陈毅部上山。

1928 年 4 月下旬，朱德、陈毅率领由南昌起义部队余部和湘南农军组成的工农革命军，与毛泽东率领的湘赣边界秋收起义后组成的工农革命军在井冈山胜利会师。中国共产党领导的两支具有北伐战争传统和战斗力很强的部队聚集到一起。两军会师不仅大大增强了井冈山革命根据地的军事力量，而且对红军的创建和发展以及井冈山地区的武装割据都有重大意义。会师后，部队合编为工农革命军第四军。朱德任军长，毛泽东任党代表和军委书记。从此，毛泽东和朱德的名字便紧紧地联系在一起。

黄胄:《井冈山第一面红旗》(国画 · 1965 年)

罗工柳:《毛泽东同志在井冈山》(油画 · 1959 年)

美·术·点·评

黄胄以画少数民族人物盛名。《井冈山第一面红旗》是他在解放后创作的表现毛泽东在井冈山时期的优秀绘画作品，描绘了土地革命时期毛泽东和军民在一起的场面。画面中央毛泽东立于山顶，手持卷烟，神态从容。背后左右站一老农和士兵，山下工农红旗飘扬，后面是土改后开垦的土地，花团锦簇的山坡象征军民在党的决策领导下欢愉的心情。

油画《毛泽东同志在井冈山》是罗工柳的艺术创作和探索过程之中极为重要的代表作品之一。画面描绘了井冈山革命时期的毛泽东形象，身着深色红军军服，头戴军帽，一颗红色五角星极为醒目；坐于一小山丘的山石之上，右手扶膝，左手持烟，目视前方。在其左侧的山石之上还放置书籍和纸稿，显示出他正在为中国革命的前途思考和探索崭新的理论。通观画面，毛泽东的形象居于画面的核心，也占据了画面大部分的空间，形象显得极为伟岸，具有强烈的表现力。从远处的青山可以看出，此时正是万物萌发的初春时节，而这也象征了在毛泽东的领导下，中国革命的春天已经到来。

党史解读

1927 年 10 月 3 日，毛泽东率秋收起义部队抵达宁冈县的古城。在这里，毛泽东同袁文才、王佐两支农军建立了联系。27 日进至罗霄山脉中段井冈山的茨坪，从此，这支起义武装在中国共产党和毛泽东的领导下，开始了创建井冈山革命根据地的伟大斗争。

在创建井冈山根据地的初始阶段，毛泽东粉碎了国民党军队的“进剿”，并全力进行党、军队和政权的建设，以宁冈为中心的湘赣边革命根据地有了初步基础。在建设革命根据地的过程中，毛泽东分兵发动农民打倒土豪劣绅，1928 年夏，在边界各县掀起全面分田的高潮，年底颁布了井冈山《土地法》，使根据地逐渐巩固和发展。

朱毛会师之后，井冈山根据地的武装力量得到壮大。1928 年 6 月，毛泽东、朱德、陈毅领导红军粉碎了湘、赣两省之敌的进攻，取得了龙源口大捷，歼国民党政府军千余，取得根据地建立以来最大的一次胜利。根据地扩大到包括宁冈、永新、莲花三个全县，吉安、安福、遂川等各一部分，达到全盛时期。12 月，彭德怀、滕代远率领红五军主力到达井冈山与红四军会合，进一步壮大了井冈山根据地的武装力量。

在革命处于低潮的时候，井冈山根据地的创建，以及在武装斗争、土地革命和根据地建设等方面的成功实践，不仅为各地起义部队实行“工农武装割据”树立了榜样，并且在革命者的心中燃起新的希望。

冯远：《星火》（国画 · 1990 年）

美 · 术 · 点 · 评

《星火》作为冯远的代表作，具有水墨史诗般的艺术气质。亮丽火红的灯火映红了整个画面，一群群衣裳褴褛的人们手执灯火，面黄肌瘦的他们对吃人的旧社会充满仇恨，眼神里射出了对新生活渴望之光。虽然是星星之火，却可燎原。画家冯远通过对火红光亮颜色的处理运用，融进了笔墨于朦胧的人物形象，如同史诗般再现了无产阶级革命的伟大与艰辛，同时表达了无产阶级革命顺应历史潮流，必将取得最终胜利的坚定信念。

党史解读

在开辟和发展井冈山革命根据地的过程中，红军中有人对小块红色政权的存在和发展缺乏信心，提出在四周白色政权的包围之中“红旗到底打得多久”的疑问。1928年10月，在湘赣边界党的第二次代表大会上，毛泽东起草的决议指出，由于中国是帝国主义间接统治的经济落后的半殖民地国家，地方性的农业经济和帝国主义划分势力范围的分裂剥削政策，造成了各派新旧军阀之间的矛盾以至连续不断的战争。红色政权可以利用这种条件坚持下来并得到发展。

1930年1月5日，毛泽东又写出《星星之火，可以燎原》这封著名书信，进一步阐述了农村包围城市、武装夺取政权理论。他科学分析了国内政治形势和敌我力量对比，批判了夸大革命主观力量的盲动主义和看不到革命力量发展的悲观思想，指出："红军、游击队和红色区域的建立和发展，是半殖民地中国在无产阶级领导之下的农民斗争的最高形式"，"是促进全国革命高潮的最重要因素"。

实践证明，毛泽东在井冈山点燃的星星之火，照亮了一条与俄国革命以城市为中心完全不同的道路：在农村开展游击战争，建立革命根据地，保存和发展革命力量，以农村包围城市，最后夺取城市。人们把它称为“井冈山道路”。这条道路代表了大革命失败以后中国革命的正确发展方向。

高虹等:《步调一致才能得胜利》(油画 · 1975 年)

美·术·点·评

油画《步调一致才能得胜利》选取了毛泽东正在向红军官兵们宣讲"三大纪律、八项注意"的场景。毛泽东居于画面构图的核心，他身着浅蓝色红军军服，正站在井冈山地区一村头的石台上向红军官兵讲话，表情亲切，姿态生动。官兵们站成队列，围拢在他的周围，聚精会神地听取他的讲话。人物脸部的色彩和红旗交相辉映，这一方面是正午烈日映照的缘故，另一方面也是革命激情的显现。近景的树木和远处的山林郁郁葱葱，显示出大自然勃勃的生机，也暗喻了红军在毛泽东的"三大纪律、八项注意"的规范和激励下，将不断成长壮大。

党史解读

"革命军人个个要牢记，三大纪律八项注意。第一一切行动听指挥，步调一致才能得胜利……"这首《三大纪律八项注意》是在军营内外广为传唱的歌曲。它言简意赅，深刻体现了人民军队的性质、宗旨和原则。

三大纪律八项注意，是在革命战争过程中形成的。1927 年 10 月红军向井冈山进发时，规定了三项纪律：行动听指挥，不拿群众一个红薯，打土豪要归公。1928 年 1 月，部队分散到农村发动群众时，提出了六项注意：上门板，捆铺草，说话和气，买卖公平，借东西要还，损坏东西要赔。同年 3 月，毛泽东向全体官兵正式宣布三大纪律六项注意。其中，三大纪律将"不拿群众一个红薯"改为"不拿工人农民一点东西"。之后，又根据实践经验，将"行动听指挥"改为"一切行动听指挥"，"不拿工人农民一点东西"改为"不拿群众一针一线"，"打土豪要归公"改为"筹款要归公"，后又改为"一切缴获要归公"。六项注意也逐步修改补充成为八项注意：说话和气，买卖公平，借东西要还，损坏东西要赔，不打人骂人，不损坏庄稼，不调戏妇女，不虐待俘虏。1947 年 10 月 10 日，毛泽东起草《中国人民解放军总部关于重新颁布三大纪律八项注意的训令》，对其内容作了统一规定。

三大纪律八项注意对于加强军队建设，密切军民关系，增强官兵团结，夺取革命战争的胜利，起了重大的作用。人民解放军官兵来自人民，具有高度的革命事业心，自觉地把三大纪律八项注意作为行为规范严格遵照执行，从而获得了全国人民的真诚拥护和欢迎。

何孔德:《古田会议》(油画·1972年)

美·术·点·评

油画《古田会议》描绘了毛泽东在古田会议上讲话时的场景。毛泽东身着浅蓝色红军军服，右手掐腰，挥动左手讲话，表情严肃，姿态英伟，显示出一代领袖的风采。毛泽东身后是朱德等革命领袖，讲台旁边是与会的红军党代表们正在认真记录着，他们身着军服颜色不同，装束也不同，反映出了那个年代战争环境的艰苦。整幅作品色彩古朴厚重，画面气势恢宏。

党史解读

1928 年 4 月，毛泽东与朱德在井冈山胜利会师后，部队合编为中国工农红军第四军。随着形势的发展和革命队伍的扩大，加上环境险恶，战斗频繁，生活艰苦，部队得不到及时教育和整训。因此，极端民主化、重军事轻政治、不重视建立巩固的根据地、流寇思想和军阀主义等非无产阶级思想在红四军内滋长严重。毛泽东曾力图纠正这些错误的思想倾向，但由于当时的历史条件，红四军党内特别是领导层内在创建根据地、实行民主集中等问题上存在着认识上的分歧和争论。

1929 年 12 月 28 日至 29 日，红四军第九次党的代表大会在福建省上杭县古田村召开，即著名的古田会议。会上，毛泽东作政治报告，朱德作军事报告。陈毅传达《中共中央给红四军前委的指示信》。大会经过热烈讨论，一致通过了毛泽东代表前委起草的八个决议案，总称《中国共产党红军第四军第九次代表大会决议案》，即古田会议决议。

古田会议决议是中国共产党及其领导的人民军队建设的纲领性文献。会议解决了如何把一支以农民为主要成分的军队建设成为共产党领导下的新型人民军队的问题，它所确定的着重从思想上建党和从政治上建军的原则，为后来的农村包围城市、武装夺取政权道路思想的形成、发展和成功实践奠定了基础。古田会议因此成为我党我军建设史上的重要里程碑，具有深远的历史意义和重要的现实意义。

尹戎生：《烧地契》（油画·1975 年）

美·术·点·评

尹戎生 1975 年创作的油画《烧地契》，描绘的是土地革命时期党领导下开展的打土豪，废除封建剥削和债务的历史事件。画面中的红军队长高大威武，队长前面火焰熊熊，燃烧着象征剥削的地契。饱受剥削的农民将厚厚的地契扔入火中，翻身做主人。画面天空破晓，即预示着充满希望一天的来临，也预示着中国革命的新时期的来临。作品具有很强的艺术感染力。

党史解读

在开辟革命根据地的过程中，中国共产党开展了轰轰烈烈的打土豪、分田地、废除封建剥削和债务，满足农民土地要求的革命。1931年春，毛泽东总结土地革命的经验，制定出一条完整的土地革命路线。那就是：依靠贫农、雇农，联合中农，限制富农，保护中小工商业者，消灭地主阶级，变封建半封建的土地所有制为农民的土地所有制。这条路线，调动了一切反封建的因素，保证了土地革命的胜利。

为了保证土地革命的顺利进行，县、区、乡各级都建立了土地委员会。分田的大体步骤是：（一）调查土地和人口，划分阶级；（二）发动群众清理地主财产，焚毁田契、债约和账簿，把牲畜、房屋分给贫雇家，现金和金银器交公；（三）丈量土地，进行分配，公开宣布分配方案，插标定界，标签上写明田主、丘名、地名和面积。

土地革命使广大贫雇家政治上翻了身，经济上分到土地，生活上得到保证。为了保卫胜利果实，他们积极参军参战，努力发展生产，为推动中国革命的发展奠定了深厚的群众基础。

崔开玺、郑洪流、张文源、艾轩：《反“围剿”的伟大胜利》（油画·1978年）

美·术·点·评

油画《反"围剿"的伟大胜利》反映的是红军反"围剿"胜利后清理战场的场面。画面近景表现被打败的国民党军士兵和军官如霜打茄子一般，中间部分表现胜利的军民携着丰富的战利品兴高采烈，毛泽东等党和红军的领导人站在高处喜悦地望着凯旋的群众队伍。作品层次分明，国民党军队与红军形成鲜明对比，表现了党和红军大无畏的革命浪漫主义。

党史解读

"万木霜天红烂漫，天兵怒气冲霄汉。雾满龙冈千嶂暗，齐声唤，前头捉了张辉瓒。"这是毛泽东为庆祝第一次反"围剿"胜利写的《渔家傲·反第一次大"围剿"》的上半阕。

1930年11月，蒋介石在结束同冯玉祥、阎锡山的中原大战之后，调集十万兵力，采取"长驱直入，分进合击"的战术，向中央革命根据地发起第一次"围剿"。红一方面军四万人在毛泽东的领导下，采取"诱敌深入"的作战方针，共歼敌一万多人，粉碎了敌人的第一次"围剿"。

1931年2月，国民党当局又调集20万军队，采取"稳扎稳打，步步为营"的战术，对中央革命根据地进行第二次"围剿"。红军三万人在毛泽东的指挥下，仍坚持"诱敌深入"的方针，集中兵力，各个歼灭。红军先在东固大量歼灭敌人，随后连打五次胜仗，歼敌三万人，粉碎了敌人的第二次"围剿"。

1931年7月，蒋介石亲自任总司令，率兵30万人，采用"长驱直入"战术，分三路进攻中央革命根据地。红军依然使用"诱敌深入"的战略方针，"避敌主力，打其虚弱"，前后三个月，歼敌三万人，胜利地粉碎了敌人的第三次"围剿"。

1932年底，国民党调集30个师的兵力，分三路向中央革命根据地发动第四次"围剿"。红军在周恩来和朱德的指挥下，根据毛泽东积极防御的战略思想，采取声东击西，大兵团伏击，集中优势兵力，坚决围歼的作战方针，消灭敌人三个师，取得了第四次反"围剿"的胜利。

黄永玉:《鲁迅先生》(木刻版画 · 1952 年)

汤小铭:《永不休战》(油画 · 1972 年)

美·术·点·评

《鲁迅先生》木刻画像造型准确，虚实相映，对比鲜明。画作背景黑而不实，作者在大片黑色中有意突出鲁迅先生面部，充分展现出鲁迅犀利、坚毅、睿智的性格特征。在面部表情的塑造上，画家刀法细腻而富有节奏感，线条处理细致而不失概括，通过疏密对比表现出黑白的韵律，着重于眼神的刻画，以形写神，让鲁迅先生那“横眉冷对千夫指”的独特精神气质跃然纸上，呼之欲出。全图严谨浑厚，形神兼备，可以说是众多木刻鲁迅像中的经典作品。

1972年，全国美展上那种“红、光、亮”的大氛围下，汤小铭这幅《永不休战》用“冷、灰、暗”的笔调勾勒的鲁迅，显得格外醒目。作品中的鲁迅已是杂病缠身的晚年，作者刻画了一个身体羸弱与精神刚强的鲁迅，突出了他的精神品质。人物整个动态从容稳定，额头、眼神、鼻翼、嘴角和面部肌肉的刻画，鲜明、准确地揭示出人物刚毅不屈的性格。特别是眼神的刻画，似乎是在凝思文路，又好像是横眉冷对一切“怨敌”，把许多复杂的情绪，有机地统一在一个肖像中，通过似乎平静的面部表情，揭示出人物蕴藏在心底的思绪。对手部的刻画引人注目，那双按纸捏笔的手，枯瘦而又坚实有力，对揭示人物内心世界起了重要作用。

党史解读

1936年10月19日，鲁迅逝世。上海各界人民以一面缀有“民族魂”的旗帜为其盖棺。鲁迅是伟大的文学家，他的小说《狂人日记》是新文学的第一声春雷，由它呼唤和开创了中国文学的一个全新时代。此后，他披荆斩棘，辛勤耕耘近二十年，给中国文学宝库留下了丰厚遗产。鲁迅是伟大的思想家，他用血淋淋的事实和深刻的道理揭露封建主义人吃人的本质，唤起人民的觉醒。鲁迅也是伟大的革命家，他早年参加光复会，投身五四运动；四一二反革命政变后，他竭力营救共产党员和革命学生。1930年，他发起组织“中国左翼作家联盟”。在左翼文化运动中，他不顾国民党政府的迫害，积极参加并指导革命文艺运动，以犀利的笔锋揭露国民党的反动统治，批判各种反动思潮，宣传进步思想，赢得了进步文化人的爱戴，成为左翼文化运动的伟大旗手。

毛泽东评价鲁迅说：鲁迅的骨头是最硬的，他没有丝毫的奴颜和媚骨，这是殖民地半殖民地人民最可宝贵的性格。鲁迅是在文化战线上，代表全民族的大多数，向着敌人冲锋陷阵的最正确、最勇敢、最坚决、最忠实、最热忱的空前的民族英雄。鲁迅的方向，就是中华民族新文化的方向，就是新生命的方向。

蔡鸣等：《方志敏——1935.1.29》（油画 · 2008 年）

美·术·点·评

作者尽可能地摈弃了多余的戏剧性场面，只用背景中大片的雪地和硝烟及地上躺着的尸体，渲染了环境的恶劣和战斗的残酷。但他依然很平静，反映了视死如归的心态。该画不仅对叙事尺度作了一定的控制，也力图使叙事回到贴近真实的朴素状态。作者在尊重历史的基础上，力争使画面具有整体的历史可信度和艺术沉厚感。

党史解读

方志敏，1899 年生，江西弋阳人。赣东北革命武装和根据地的创始人之一。方志敏 1924 年加入中国共产党，参与创建江西的中共党、团组织，领导农民运动，建立农民自卫军。1927 年四一二政变后，他潜回赣东北，组织农民武装。1928 年 1 月，方志敏领导弋阳、横峰起义，并在磨盘山区进行游击战争，开展土地革命，组织工农政权，创建了赣东北革命根据地和中国工农红军第十军。此后他曾担任过江西省委书记、闽浙赣省苏维埃政府主席等职。1934 年红军长征前，方志敏奉命率领抗日先遣队北上，途中遭国民党重兵围困，因叛徒出卖于 1935 年 1 月在江西德兴县陇首村被捕。他在狱中坚贞不屈，写下了《可爱的中国》、《清贫》等不朽著作。1935 年 8 月 6 日，方志敏于南昌英勇就义。

红军不怕远征难

04

红军长征，是一部气壮山河的英雄史诗。在两年的时间里，各路红军以百折不挠的革命精神和所向无敌的英雄气概，翻越了终年积雪的座座高山，跨过了激流汹涌的条条江河，穿过了沼泽遍布的茫茫草地，冲出了国民党几十万军队的层层围堵。他们经受了难以想象的艰苦磨难，终于赢得了长征的胜利。长征的胜利，是中国革命转危为安的关键。它保存和锻炼了中国共产党和红军的精华，构成以后领导抗日战争和人民解放战争的主干。伟大的长征精神成为激励共产党人和人民军队前进的强大动力。

李可染：《长征》（国画，1959年）

美·术·点·评

李可染的《长征》是以毛泽东的诗词《七律·长征》为题创作的一幅山水画作品。在画面中，景物横向展现，重山叠积，参差错落，雄奇壮丽。红军队伍沿狭窄山路从左往右横越画面。画家成功地将毛泽东诗词中的革命豪情与浪漫色彩视觉化。画中山体以浓墨重色写成，块面厚实稳重，以留白形成的山路、水道穿插其间。从深色过渡到留白，色调的明暗变化，平衡了画面厚重的体积感。全幅结构规整，笔墨精严，气象万千，将长征的艰难与优美的风景相结合，歌颂了党和人民红军的伟大。

党史解读

1933年秋至1934年秋，由于“左”倾错误指导，中央红军在对国民党军的第五次反“围剿”作战中遭到失败，被迫撤出中央革命根据地，实行战略转移。1934年10月下旬，中央红军八万多人从江西瑞金一带出发西进，开始长征。

长征初期，由于中共临时中央负责人博古和共产国际派来的军事顾问李德的逃跑主义错误，突破国民党军四道封锁线后，红军总人数已减至三万余人。紧要关头，毛泽东力主向国民党统治薄弱的贵州前进。1935年1月，中共中央政治局在遵义召开了扩大会议，确立了毛泽东在中共中央和红军的领导地位，实现了伟大的历史转折。

遵义会议后，中央红军转战贵州、四川、云南边界地区，四渡赤水，强渡乌江，直逼贵阳，乘虚进军云南，抢渡金沙江，摆脱了数十万国民党军的围追堵截。1935年5月，中央红军通过彝民区和突破天险大渡河，随后翻越终年积雪、空气稀薄的夹金山，于6月初到达懋功地区，同红四方面军会合。

红一、红四方面军会合后，中共中央确定北上抗日的方针，并同张国焘的分裂行为进行了斗争。1935年10月，毛泽东等率中央机关和北上部队到达陕甘苏区的吴起镇，随后同红十五军团胜利会合。红一方面军长征历时一年，最远行程约二万五千里，转战11个省，在陕甘地区建立了可靠的立足点和夺取新胜利的出发点。

在中央红军长征前后，其他根据地的红军陆续也向陕甘地区转移。1936年10月，红一、红二、红四方面军主力在甘肃会宁地区胜利会师，成功实现了中国革命重心由东南向西北的转移。

彭彬:《遵义会议》(油画 · 1977 年)

美 · 术 · 点 · 评

彭彬的油画《遵义会议》选取会议闭幕后，以毛泽东为首的领导人步出会场，与等候在门外的战士与群众相见时的情景。作者创造性地将原本较为狭窄的走廊拓宽，将毛泽东刻意安排在领导人的最前面，也居于整幅画面构图的中心，周恩来、王稼祥、张闻天、朱德、刘少奇等人紧随其后。左侧的一组战士颇具戏剧化的造型，表达了红军战士对毛泽东的信赖和拥护。画面的主要光线从毛泽东旁边的拱形空间照射到走廊之内，也照亮了在场几乎所有的人物形象，暗喻了毛泽东的光辉照亮了中国革命的前途。

沈尧伊:《遵义会议》(油画 · 1996 年)

美 · 术 · 点 · 评

沈尧伊的《遵义会议》创作历时两年半，曾四易其稿。作品选取了遵义会议开始前的场景，描绘了参加会议的二十多位参加者，人物形象神态各异，深刻地展示了这场关系到党和中国革命命运的严肃斗争。画面选用了灰暗的色调，表现了当时政治气氛和革命形势的严峻。画家紧紧把握住特定历史时间和情景，将历史真实与艺术真实完美地统一起来，具有很强的艺术表现力和感染力。

刘向平:《一九三五年遵义》(国画 · 1983 年)

美 · 术 · 点 · 评

刘向平的《一九三五年遵义》，选取了遵义会议会场的一个瞬间。画家有意安排警卫员和工作人员“在场”，作为指战员和革命群众的代表符号，是会议场景的纪实性描写。从顺序、间距、姿态和站位来看，毛泽东自然居于遵义会议画面第一要位，周恩来的重要地位和特殊作用也特别得到了强调。此外，画家在造型中采用工笔造型法，但又不呆板，而充满生气和活力，并对人物性格和内心世界都有深刻的表现。刘向平的《一九三五年遵义》体现出“文革”结束后艺术创作的新思考。

党史解读

1935 年 1 月 15 日至 17 日，中共中央政治局在遵义召开扩大会议。会议着重总结了第五次反“围剿”失败的经验教训。遵义会议改组了中央领导机构，增选毛泽东为中共中央政治局常务委员，并决定仍由中革军委主要负责人朱德、周恩来指挥军事，周恩来为下最后决心的负责者。2 月 5 日，在川滇黔交界的一个鸡鸣三省的村子，中央政治局常委分工，决定由张闻天代替博古负中央总的责任；以毛泽东为周恩来在军事指挥上的帮助者。3 月中旬，成立了由毛泽东、周恩来、王稼祥组成的新的“三人团”，周恩来为团长，负责指挥全军的军事行动。

遵义会议是在紧急的战争形势下召开的，集中解决了党内所面临的最迫切的组织问题和军事问题，结束了“左”倾教条主义错误在中央的统治，确立了毛泽东在红军和中共中央的领导地位，中国革命的航船终于有了一位能驾驭其进程的舵手！这些成果，是中国共产党同共产国际中断联系的情况下独立自主取得的，标志着中国共产党在政治上开始走向成熟。这次会议，在极端危急的历史关头，挽救了党，挽救了红军，挽救了中国革命，在中国共产党和红军的历史上，是一个生死攸关的转折点。

钱松喦：《苍山如海 残阳如血》（国画·1965年）

傅抱石：《苍山如海 残阳如血》（国画·1964年）

彭彬：《雄关漫道真如铁，而今迈步从头越》（油画 · 1964 年）

美·术·点·评

两幅同名作品《苍山如海 残阳如血》都取自毛泽东的诗词《忆秦娥·娄山关》。钱松喦的作品中，景物纵向展现，近处山石巍峨险峻，极尽高远；远处层峦叠嶂，极尽深远。山峦之间云气缭绕，不知延向何处，也不知远及何方。红军队伍就在这样的山峦中攀登穿梭。红色队伍中的红旗在这群峰之中极为显眼，似已将整个自然映成了红色，更显示出了人民红军的英勇无畏的革命精神。

傅抱石的作品虽与钱松喦同名，但在表现中加入了更多的中国画的元素，山峦更为苍翠和富有质感，只是在山峰之巅隐现出红军的旗帜，与远处天际的朝霞交相辉映。两幅作品都尽情地赞美了红军的伟大。

彭彬的油画《雄关漫道真如铁，而今迈步从头越》展现的是毛泽东与林彪在娄山关上气势磅礴的风采。该作品情感丰富，在突出领袖形象的同时，也饱含革命激情。这件作品在构图、光的运用方面堪称完美，是一件不可多得的红色经典之作。

党史解读

“西风烈，长空雁叫霜晨月。霜晨月，马蹄声碎，喇叭声咽。雄关漫道真如铁，而今迈步从头越。从头越，苍山如海，残阳如血。”这首毛泽东1935年写的《忆秦娥·娄山关》中，描绘了红军铁血长征中征战娄山关的激烈场景，表现了他面对困难从容不迫的气度和坚持到底的信念。

娄山关位于贵州遵义城北娄山的最高峰上，“万峰插天，中通一线”，是贵州北部进入四川的重要隘口，历来为兵家必争之地。1935年1月7日，红军占领遵义。10日，第一次攻克娄山关。15日至17日，党中央召开了遵义会议。20日，红军翻越娄山关，进军川南。28日，根据毛泽东的提议，红军发起了土城战役。由于情报失误，红军未能实现预期的作战目的。毛泽东认真总结了土城战役的教训，亲自指挥了他最为得意的四渡赤水战役。红军二渡赤水后，于2月25日再克娄山关，2月28日重新占领遵义。这一仗意义重大，毛泽东随中央军委纵队登上娄山关后，极目四望，心情激动，写下这首不朽之作。曾经亲临娄山关战斗的成仿吾回忆说：“经过战斗后，雄关也被我们占领，大家迈开大步通过，在黄昏中向波涛起伏的群山奋勇前进。全词写出雄关也没有什么了不起，我们艰苦奋斗，就能前进，尽管前面有多少艰难险阻。”

傅抱石：《强渡大渡河》（国画 · 1951 年）

美·术·点·评

傅抱石的国画《强渡大渡河》再现了红军长征途中强渡大渡河的场景。在画面构图中，汹涌的大渡河水、礁石、悬崖峭壁几乎占据了画面所有的空间，一艘载满红军战士的小舟正朝对岸驶去。这艘小舟在大自然面前显得极为渺小，似乎马上就要被汹涌的大渡河水吞没，但仍奋勇向前，体现了红军英勇无畏的精神。

党史解读

1935年5月上旬，中央红军长征从云南省皎平渡巧渡金沙江后，沿会理至西昌大道继续北上，准备渡过大渡河进入川西北。蒋介石紧急调兵加强大渡河以北的防御力量，企图凭借大渡河天险南攻北堵，围歼中央红军于大渡河以南地区。

5月24日晚，红一方面军主力在大渡河南岸的安顺场一带开始强渡大渡河。安顺场原是太平天国石达开北渡失败之处，两侧高山，中间河谷，无回旋余地，四川军阀曾扬言红军将重蹈石达开覆辙。红一军团袭占安顺场渡口，歼敌两个连，缴获渡船一只，控制了南岸渡口。25日，刘伯承、聂荣臻亲临前沿阵地指挥。17名勇士组成渡河突击队，冒着敌人密集火力，奋勇渡过大渡河，击退川军反扑，控制了渡口。

红军以第二师沿西岸北进，抢夺上游的泸定桥。这时，桥板已全部被撤，只剩下几根铁索悬在空中，另有两个旅的敌军正向泸定桥急进增援。5月26日起，大渡河东、西两路红军冒雨前进，冲破敌人据险扼守的数道隘口，突向泸定桥。西路第二师抢先占领桥西头，组织夺桥战斗。由第二师第二连22名勇士组成的突击队，冒着敌人密集火力，攀踏着悬空的铁索链冲向对岸，占领了桥东头。后续部队迅即渡河攻占泸定城，歼灭守敌一个团，与东岸第一师一部胜利会合。

艾中信:《红军过雪山》(油画 · 1955 年)

傅抱石:《过雪山》(国画 · 1953 年)

艾中信的油画《红军过雪山》采用宽阔的全景式风景布局，整幅画如严峻的史诗一般展开。人物和景色处理得简洁得当，体现了一种雕塑的整体感。雪原高寒苍凉，衬托出红军战士不屈不挠的意志，生动感人的形象、鲜明强烈的对比，又使两者相得益彰，深刻地表现了形式与主题的和谐统一，将“更喜岷山千里雪，三军过后尽开颜”的诗意表现得淋漓尽致。

傅抱石的国画《雪山》，采用写实的方式来再现红军长征过雪山的情景，画面大面积地表现了雪山的巍峨、雪地的萧疏及环境的恶劣，而只在右下角的小部分区域描绘一支红军长征队伍正在艰难前行。这也是整幅画面的点睛之处，与艾中信的油画《红军过雪山》相比，显然别有韵味。

党史解读

长征途中，红军不仅要突破敌人重兵围追堵截，还要战胜大自然中无数艰难险阻。其中，雪山草地是红军长征中走过的最艰难的路段。据统计，中央红军翻越的雪山主要有夹金山、梦笔山、达古山、亚克夏山、昌德山五座；红二方面军翻越的有玉龙雪山、大小雪山、海子山、马巴亚山、麦拉山、德格雀儿山等十几座雪山；红四方面军在历时一年多的长征中，翻越的海拔4400米以上的雪山就有五座，其中梦笔山、夹金山都是两次经过。

各路红军翻越的一座座雪山，终年积雪，空气稀薄，时常有狂风暴雪，冰雹雪崩，可谓险象环生。1935年6月12日，中央红军一师四团作为全军先遣队来到夹金山下，拉开了过雪山行程的序幕。主峰海拔4950多米的夹金山，被当地藏族同胞视为“连鸟儿也难以飞过”的神山。党岭山是长征路上红军翻越的海拔最高的雪山，它的艰险从民谣中可见一斑：“党岭山，党岭山，上下总有二百三，终年积雪无人烟，十人上山九不还。”

尽管经过长途跋涉和一路作战，已经疲惫不堪，尽管穿着草鞋单衣，食不果腹，红军将士仍以大无畏的革命英雄气概，把酷寒缺氧的雪山踩在脚下，经历了一场又一场生与死的严峻考验。一路“追剿”红军的蒋介石，得到红军进入雪山后，采取了围而不攻的政策，他断定走向雪山的红军正走向死亡。但事实证明，包括皑皑雪山在内的任何困难，全都挡不住英雄的红军将士。

董希文：《红军过草地》（油画 · 1957 年）

高泉：《过草地》（油画 · 1983 年）

美·术·点·评

董希文的油画《红军过草地》，以大面积的黑蓝、普蓝和小面积的橘黄色的对比，浓重地渲染了长征路上严酷的物质环境和红军战士坚毅乐观的精神。

高泉的油画《过草地》，则选择了在敌军追击下红军过草地的场景，有些战士陷于沼泽之中，其他的战士在帮助，战士们相互扶持，艰难前行。泥浆被战火染成了铁浆的颜色，四周硝烟弥漫，远处还有在继续战斗的红军战士，马匹也在嘶鸣，这都极力再现了过草地的艰难。但即便是在这样恶劣的环境下，红军战士的表情却依然坚凝，他们目视前方，毅然前进。

党史解读

草地，其实就是高原湿地，为泥质沼泽，气候恶劣，鸟兽绝迹，人烟荒芜。草地位于青藏高原与四川盆地的过渡地带，纵长500余里地，横宽300余里地，面积约15200平方公里，海拔在3500米以上。红军过的草地主要是现在的川西北若尔盖地区。红军过草地的时候，正好是秋季来临，又赶上雨季，本来就已经积水的沼泽地，大都变成了漫漫泽国，草地上又是野草茂盛，草丛里笼罩着阴森迷蒙的浓雾，难以辨别方向。

1935年8月，党中央在毛儿盖召开政治局会议，决定红军一、四方面军混合编为左右两路军，在中共中央统一指挥下，分别从卓克基和毛儿盖出发进入草地，计划到巴西一带会合，继续北上。21日，右路军由毛泽东、周恩来、徐向前等率领，自四川毛儿盖出发，进入草地。经过七天的艰苦努力，右路军历尽千辛万苦，终于走出了人迹罕至、气候变化异常的茫茫草地，于当年8月27日到达草地尽头的班佑地区，左路军也同时到达阿坝地区。

过草地同爬雪山一样，红军用坚强的意志挑战生命极限，成就了“中外军事史上的一大奇迹”。作为长征史上最艰苦的象征，它们永远铭刻在中国革命的史册上。到达陕北之后，毛泽东决定，经过长征特别是爬雪山过草地的人都可以入党，因为这是最好的考验。事实证明，当年中国共产党领导的红军是钢铁的队伍，不畏牺牲和任何艰难困苦，这也是赢得中国革命胜利的最基本的保证。

崔开玺：《长征中的贺龙与任弼时》（油画 · 1984 年）

美 · 术 · 点 · 评

这是一幅表现长征途中红军将领以苦为乐的革命浪漫主义情怀的画作。与表现红军长征过草地的其他作品不同，这幅作品视点小，角度新，非常生活化，将战争环境里人物的精神面貌和性格表现得自然生动。画面构图平稳简洁，人物神态自然安详，任弼时全神贯注地注视着水面，贺龙饶有趣味地静静观看，白马低首吃草。画家将激越的节奏转化为安静的韵律，让强烈的色彩对比转换为灰色构成的柔美意境，笔触舒展流畅，用质朴的艺术语言将相对刚性的革命历史题材表达得含蓄而又别具韵致。

党史解读

在对中央根据地进行“围剿”的同时，蒋介石还命令军队对其他根据地进行“围剿”。1932年夏，国民党军十万人向湘鄂西革命根据地发动进攻。在湘鄂西，贺龙任总指挥的红二军团，从1930年冬起，取得了反“围剿”的多次胜利。但由于当时“左”倾冒险主义已经在湘鄂西取得统治地位，使部队在作战中伤亡重大，只得退出湘鄂西。经过长期转战，开辟了黔东革命根据地。随后，从湘赣根据地转移出的红六军团，在任弼时等（萧克任军团长、王震任政委）率领下前来会合。重新恢复的红二军团，由贺龙任军团长，任弼时任政委，关向应任副政委。红二、红六军团的会合，力量得到很大增强，到1935年初，共同开创了湘鄂川黔革命根据地。

1935年9月，蒋介石调集大军向湘鄂川黔根据地发动新的“围剿”，形势严峻。11月，红二、红六军团开始战略转移。他们向西急进，渡过金沙江，越过大雪山，历尽艰险，于1936年7月同红四方面军会师于甘孜。中共中央指令红二、红六军团合编为红二方面军，由贺龙任总指挥，任弼时任政治委员。此时张国焘虽然已取消另立的“中央”，但仍企图拉拢刚刚会师的红二方面军支持他的错误活动和主张，遭到红二方面军领导人的坚决抵制。在朱德、任弼时、贺龙等力争下，红二、红四方面军共同北上，同红一方面军分别在将台堡和会宁会师。

古元：《刘志丹和赤卫队员》（版画 · 1957 年）

美·术·点·评

《刘志丹和赤卫队员》是古元木刻艺术发展到一个新高度的标志作品。画面表现的是刘志丹和他所领导的赤卫队员在战斗间隙畅谈的情景，洋溢着军民亲如一家的热烈气氛。作品在构图上采取向心团聚的形式，以刘志丹为核心，人物从四角向核心聚拢，使刘志丹的形象处在人群环绕之中，既自然又突出。画面大块黑白的强烈对比，彼此映衬，虚实相生，巧妙而新奇。人物写意传神，跃然纸上。老羊皮袄、大枪筒等服装道具和背景刻画，寥寥几刀，看似漫不经心，却是甚为精彩，展现了作者深厚的艺术功力与丰富的创作经验。

党史解读

1935年9月，历经千山万水的中央红军到达甘南后，在哈达铺休整，找寻新的方向。毛泽东在缴获敌人的报纸上了解到，在陕甘边和陕北，还有共产党和红军的一块根据地存在着，它的领导人就是刘志丹。毛泽东迅速作出了“到陕北去，同陕北红军会合”的决策。正是这块根据地，成为党中央和各路红军结束长征的立足点和北上抗日的出发点。作为西北根据地的主要创建者之一，刘志丹的功勋永载史册。

这幅画作刻画的是刘志丹创建西北红军时的场景。1928年初，刘志丹根据中共陕西省委的决定，与谢子长等人发动国民党军队，在渭南华县正式举行起义，打出工农革命军的旗帜。渭华起义是中共在西北地区发动的规模最大的武装起义。起义失败后，刘志丹开始创建革命军队。他把分散的群众武装逐步集中起来，先建立游击队，后组织成为正规红军。到1933年11月，他组织恢复了红26军。1935年1月，刘志丹率红26军北上，到达陕北安定县，同谢子长领导的红27军会合。谢子长逝世后，红26、红27军在刘志丹统一领导和指挥下，成长为中国工农红军的一支重要正规力量。

姜银:《南梁曙光》(国画 · 2013 年)

美·术·点·评

《南梁曙光》笔墨饱满，构图新颖，红、黄、黑、白的色彩，对比鲜明，视觉冲击力强。画面中用厚重凝固的方线条表现的刘志丹、谢子长、习仲勋的形象，与陇东大地结合在一起，如同丰碑编织在山川之中，笔调浪漫，带有信天游的表现形式。画面中革命家神态乐观，满怀豪情，对革命充满了必胜的信心。

党史解读

陕甘边区革命根据地，是土地革命战争期间党领导红26军和陕甘边人民创建并坚持下来的一块重要红色武装割据区域。在创建和发展过程中经历艰苦曲折的斗争，几易中心。1933年根据地的中心在陕西照金，1934年转移到甘肃南梁。

1932年秋，刘志丹、谢子长多次率领红军陕甘游击队到照金地区传播革命火种，并派习仲勋等深入群众，开辟地方工作。1932年底，红26军廓清了照金内外环境，逐步建立起革命政权，形成以照金为中心的红色武装割据区域。1933年秋，在国民党军重兵围攻下，根据地失守，根据地中心转移至甘肃南梁。1934年11月，陕甘边工农兵代表大会在南梁荔园堡召开，大会宣布成立陕甘边苏维埃政府，习仲勋任主席。边区重新获得发展壮大。

1935年春，党决定对陕北、陕甘边区两块革命根据地实行统一领导，形成统一的西北革命根据地。它成为中共中央和中央红军长征的落脚点和八路军抗日的出发点。在这块根据地的创建过程中，刘志丹和谢子长作出了杰出贡献。

艾轩：《三军过后尽开颜》（油画 · 1977 年）

蔡亮等：《三大主力会师》（油画 · 1977 年）

美·术·点·评

油画《三军过后尽开颜》描绘的是红军成功翻越雪山后喜庆的场面。整个画面用色鲜亮，描绘出红军克服困难后欢快的心情。红色党旗飘于皑皑白雪之间，格外醒目，极具感染力。红军和党的领导人立于山顶，表现出不畏艰难险阻的气魄。画面构图结构稳定而不失动感，喜悦之情也跃然纸上。

《三大主力会师》的作者用壮阔的画面，表现了红军三大主力胜利会师这一令人激动的历史时刻。画面以挥舞旗帜的两队红军奔跑着、相拥在一起的场景为主线展开，人物的表情丰富多彩，有久别重逢后的喜悦，有意外相见的惊喜，有喜极而泣的激动，有兴高采烈的呼喊……前景的陕北赤卫队员兴奋地将红军小号手举在空中。作者扎实的造型功力和精湛的油画技法更增添了画面的艺术感染力，人物组织节奏分明，形态准确生动，表情丰富传神；动态的构图，灰暖的色调，明快的光线，营造了一片欢乐的景象；精准概括的用色，气息贯通的用笔，与画作欢庆的主调十分和谐。

党史解读

这两幅画，立意都取自毛泽东的《七律·长征》。在这首诗中，毛泽东豪迈地描写了红军长征及其表现出来的伟大精神：“红军不怕远征难，万水千山只等闲。五岭逶迤腾细浪，乌蒙磅礴走泥丸。金沙水拍云崖暖，大渡桥横铁索寒。更喜岷山千里雪，三军过后尽开颜。”

红二、红四方面军会师后，张国焘继续进行分裂活动，受到任弼时、贺龙、关向应等抵制和反对。张国焘在南下失败、分裂活动遭到中共中央和共产国际的反对、广大指战员要求北上的情况下，于1936年6月被迫取消第二“中央”，并于10日复电中共中央，表示同意北上。22日，中共中央指示红二、红四方面军北上甘南，取得三个方面军的完全会合。

红二、红四方面军广大指战员克服重重困难，通过茫茫数百里草地，突破天险腊子口，于9月中旬进入甘南。这时，红一方面军主力由宁夏的豫旺堡地区南下，接应红二、红四方面军北上。10月9日，红四方面军在会宁同红一方面军会师。10月22日，红二方面军在静宁以北的将台堡同红一方面军会师。至此，终于实现了三大主力红军大会师，历时两年的红军长征全部结束。

红军长征，转战14个省，冲破国民党军数十万兵力的围追堵截，克服雪山草地的险阻，忍受饥寒伤病的折磨，战胜党内分裂的危机，终于完成了战略转移的艰巨任务。红军长征的胜利，成为中国革命转危为安的关键。三大主力红军在西北会师，为开展抗日战争的新局面创造了重要条件。

陈坚:《南方三年游击战争》(油画·1980 年)

美·术·点·评

《南方三年游击战争》立意以陈毅的著名诗篇《梅岭三章》为参照，采用了竖构图、取局部、突人物的方式。画面主人公的形象刻画得有深度，表现出战争环境的艰苦，指挥员的沉稳和诗人的豪情。在光的处理上也自然、恰到好处，又突出了画面凝重的氛围。用色上以黑色、灰色间穿插着绿色和白色，不但再现了"创业艰难百战多"的残酷环境，而且传达出"人间遍种自由花"的烂漫。

党史解读

从1934年下半年到1937年全国抗日战争爆发，红军主力相继战略转移后，留在长江南北的一部分红军和游击队，在党的领导下，在人民群众的支持下，在江西、福建、广东、浙江、湖南、湖北、安徽、河南八个省的十几个地区，展开了艰苦卓绝的斗争。

中央红军主力撤出根据地时，中共中央决定成立苏区中央分局和中央军区，同时成立以陈毅为主任的中华苏维埃共和国中央政府办事处。留在根据地的部队、地方游击队、机关工作人员等共三万余人。中共中央赋予他们的任务是掩护红军主力转移，保卫中央根据地，开展游击战争，准备将来配合红军主力反攻，恢复和扩大中央根据地。

红军主力长征后，国民党军队向各革命根据地腹地发动进攻，妄图消灭留下来坚持斗争的红军和游击队。面对国民党军队的反复"清剿"和血腥镇压，红军游击队和革命群众一起，进行英勇顽强的抵抗。他们钳制国民党的军事力量，在战略上配合了红军主力的长征，而且保存了革命的种子，坚持了游击根据地。这些根据地后来成为中国人民抗日战争在南方的战略支点，各部队及游击队也成为新四军的一部分。

義勇軍進行曲

05 在民族危亡的时刻

从九一八事变，到华北事变，日本帝国主义一步步把中国推向了灭亡的边缘。神州陆沉的严峻现实，极大地促进了中华民族的觉醒，埋藏在中国人民内心的爱国主义情感，像黄河一样咆哮起来，汇成不可抗拒的救亡图存的历史潮流。不屈的中国人民投身到长达六年的局部抗战中。九一八事变发生后，中国共产党立即发表宣言主张抗日，确立了建立抗日民族统一战线的政策。西安事变的和平解决，成为时局转换的枢纽。它对于推动国共再次合作、团结抗日，起了重大的作用。

高泉：《北上》（油画 · 1996 年）

美·术·点·评

油画《北上》反映的是红二、红四方面军指战员告别甘孜群众，继续北上，向陕甘苏区进发的场景。画面主线是长长的行军队伍呈“S”形延伸至画面深处，近处军民依依惜别，一位老乡握着红军的胳膊不忍离去，后面墙上的“北上抗日”口号赫然醒目。画面远处乌云密布，给人压抑感，与近处鲜亮明快的笔调形成鲜明对比，表现出红军将要担负艰巨的抗日使命。作品寓意深刻，历史感较强。

党史解读

中国工农红军的长征，是在第五次反“围剿”遭到失败，党和红军面临生死存亡的严重危机的情况下发生的；但从更广大的历史背景来看，长征同样也是在抗日救亡成为全民族最紧迫的任务、中国面临民族危亡的情况下发生的。

九一八事变发生后，中国共产党立即发表宣言主张抗日，并派遣杨靖宇等干部赴东北组织抗日。在红军长征出发前三个月，红七军团作为抗日先遣队北上。长征路上，中国共产党虽身处逆境，仍坚定地站在了挽救民族危亡的第一线，及时地把军事上的战略转移和政治上的战略转变紧密联系起来，把红军长征前进的大方向与建立抗日的前进阵地联系在一起。1935 年 6 月，在红一、红四方面军会师后的两河口会议上，党中央确立了北上抗日、创建川陕甘根据地的方针，并克服了张国焘的南下错误主张。

红军长征胜利到达陕北，转移到了民族解放的最前沿，为后来的抗战胜利奠定了重要基础。1935 年 12 月，党中央在瓦窑堡会议上确定了建立抗日民族统一战线的总政策，并提出“准备直接对日作战的力量”，“以坚决的民族战争，反对日本帝国主义进攻中国”。

张江舟:《热血一二·九》(国画·2009 年)

美·术·点·评

国画《热血一二·九》在造型上采用写实水墨人物造型方法，画面的下半部主要由三组人物组成：中间为北平学生游行的队伍，右侧为爱国民主人士，左侧为军警镇压下的学生。三组人物并非同时空下的瞬间再现，而是不同时间、不同地点人物的组合，此种艺术方式，不是真实场景的呈现，却加大了画面的精神容量，人物刻画方面具有激越、义愤、不屈的整体氛围，同时尽可能地突出人物的个性。

党史解读

1935年，日本帝国主义制造了华北事变，妄图将华北从中国分离出去。北平、天津的青年学生悲愤地喊出："华北之大，已经安放不得一张平静的书桌了！"在民族危亡迫在眉睫的时刻，国民党政府依旧软弱退让，丧权辱国，更加助长了日本吞并整个华北进而灭亡中国的侵略气焰。

紧急关头，到达陕北的中共中央发表《抗日救国宣言》，号召停止一切内战，共同对日抗战。1935年11月，中共北平临时工作委员会成立，并领导成立了北平市大中学校学生联合会，领导学生抗日救亡运动。当得知国民党政府准备于12月9日在北平成立"冀察政务委员会"，以实现日本侵略者要求的所谓"华北特殊化"的消息时，北平学联党团果断决定，在这一天发动抗日救国请愿游行。

12月9日，在中共北平临时工委的领导下，东北大学、清华大学、燕京大学、北京大学等高校和部分中学的数千名学生涌上北平街头。学生们的抗日民主要求被当局拒绝后，决定将请愿改为示威游行，又遭到国民党军警的残酷镇压，30多人被捕，几百人受伤。12月10日起，北平各校学生实行全市总罢课。16日，学生们再次发动大规模游行示威，把抗日救亡运动推向高潮。

一二·九运动得到了全国人民的支持和响应。各地学生纷纷举行抗日集会和游行示威，工人罢工，爱国人士和爱国团体成立各界救国会。抗日救亡运动风起云涌，很快扩展为全国规模的群众运动，预示着中国人民抗日救亡民主运动新高潮的到来。

艾中信：《夜渡黄河》（油画 · 1959 年）

美 · 术 · 点 · 评

《夜渡黄河》描绘的是破晓时分八路军强渡黄河的场面。画面中天空蔚蓝，敌人的照明弹将海岸照得有如白昼，炮火打在水面上。八路军英勇无畏，首先抵岸的战士从船上跳下，冲向敌人的碉堡。作品天、水、人表现清晰，富有秩序感，抢滩的战士又给画面增添了生气，整个画面惊心动魄。

党史解读

1935 年 12 月，中共中央召开瓦窑堡会议，确立了建立抗日民族统一战线的政策。中国共产党及时制定了新形势下的军事战略：1936 年准备直接对日作战的力量，猛烈扩大红军，红一方面军的行动，放在打通抗日路线和巩固扩大现有根据地的基础上。

1936 年 2 月 18 日，毛泽东、彭德怀发布东征命令，红一方面军以中国人民红军抗日先锋军的名义进行东征。毛泽东指出东征任务：一是到外线打击军阀阎锡山，粉碎敌人对陕北根据地新的“围剿”；二是配合一二·九运动和全国反内战高潮；三是壮大自己的力量，促进抗日民族统一战线的实现。

红军东征的首要任务是渡过黄河。红一军团、红十五军团主力冒着严寒，冲破了阎锡山的防线，胜利渡过黄河。此后，刘志丹、宋任穷的红 28 军也渡河参战。红军东征后，引起了蒋介石的极大恐慌，立即调集重兵围堵。为了保存抗日力量，促进国内统一战线工作的开展，在取得预期目标之后，中共中央决定及时结束东征。

1936 年 5 月，毛泽东、彭德怀指挥东征军西渡黄河，返回陕北休整。与此同时，发表《停战议和一致抗日》的通电，实际上向全国宣布，党的“抗日反蒋”政策已经转变为“逼蒋抗日”政策。

冯远：《保卫黄河——义勇军进行曲》（国画 · 1984 年）

陈逸飞：《黄河颂》（油画 · 1977 年）

美·术·点·评

冯远的《保卫黄河——义勇军进行曲》具有浓厚的浪漫主义气息。作品采用立轴式构图，画面上半部黄河波涛汹涌，具有震撼人心的气势。中部的船夫赤裸上身，表现出力量的美感。为了护送八路军过河竭力穿过险滩。下方的八路军在船上岿然不动，高歌振奋人心的《义勇军进行曲》。画面上中下抑扬顿挫，富有节奏感，犹如《义勇军进行曲》，气势磅礴。

陈逸飞的油画《黄河颂》以宽银幕式绘画，描绘一位红军站在黄河旁的山岭，眺望天际。作品的形象塑造注重造型的块面处理和笔触表现：战士的腿部及其立足的岩石等受光面，笔刀兼用，积色较厚，刻画既结实又潇洒；画面色彩明亮，有着光芒万丈的金光感。这些都完美地体现了陈逸飞所接受的严格的苏联教学体系的技术性训练。同时，陈逸飞善于吸收和转化的聪敏，也在《黄河颂》的构图经营上得到体现。

党史解读

古往今来，黄河滋养着一代又一代中华儿女，塑造了中华民族自强不息、坚韧不拔、一往无前的民族品格。在中国人的心目中，黄河已经远远超过了一般意义上的自然河流，已经成为中华民族的象征与旗帜。

在抗日战争时期，歌颂黄河就是歌颂我们伟大的中华民族，保卫黄河就是保卫我们伟大的祖国。《黄河颂》、《保卫黄河——义勇军进行曲》两幅画作，都紧紧扣住这个中心思想，将当时全国人民同仇敌忾、保家卫国的伟大精神传达出来。黄河在咆哮，中华民族在怒吼，中国人民在战斗。这就是黄河发出的中华民族的战斗号令。

《义勇军进行曲》是聂耳于1935年创作的，为上海电通公司拍摄的故事影片《风云儿女》的主题歌。这部影片描写了中国优秀知识分子为拯救祖国，投笔从戎，奔赴抗日前线，英勇杀敌的故事。《义勇军进行曲》给观众留下极为深刻的印象，很快就成为中国最著名的抗战歌曲。从前线到大城市，从城市到最遥远的乡村，每一个中国人都熟悉这首歌。中华人民共和国成立后，《义勇军进行曲》成为国歌。

江丰:《东北抗日义勇军》(版画 · 1937 年)

美 · 术 · 点 · 评

版画具有创作快、普及性强的特点，在抗战时期成为极重要的抗日宣传工具。江丰的《东北抗日义勇军》描绘的是在冰天雪地行进的义勇军队伍。长长的队伍从深处蜿蜒至前方，战士不惧寒风，毅然走上抗日前线，保家卫国。作品具有较浓厚的刀刻气息，天地各用白黑两色表现，对比鲜明，特别是大地刻线略呈波浪形，准确地表现出雪地的质感；人物刻画具有剪影式效果，具有雕塑般的坚实感。

党史解读

九一八事变后，东北军政当局执行蒋介石的不抵抗命令，所属19万东北军，除部分爱国官兵参加抗日义勇军外，一部退入关内，一部投敌，致使日军仅用不足半年时间，迅速占领东北三省省会及主要城镇。

在民族危亡之际，中国共产党号召群众进行武装抗日。东北各阶层群众和东北军、警察部队的部分官兵纷纷组成义勇军、救国军、自卫军、大刀会、红枪会等抗日武装，统称为东北抗日义勇军。这些武装部队无统一领导和编制，各自具有相当独立性；军费靠自筹或全国人民捐助；主要用轻武器乃至大刀长矛，以游击战为主要作战方式打击敌人。其中最著名的几支义勇军部队：辽南邓铁梅领导的东北民众自卫军，辽东唐聚五领导的辽宁民众自卫军，辽西郑桂林、耿继周、苏景阳率领的东北民众义勇军，辽北高文斌组织的抗日义勇军，吉东王德林的抗日救国军，原东北军李杜、邢占清、冯占海部组成的吉林自卫军，海拉尔和呼伦贝尔起义的东北军苏炳文、张殿九部等，他们组成了东北抗日义勇军的强大阵容。

在极端艰苦的条件下，义勇军高举“誓死抗日救国”、“还我河山”的旗帜，同日本侵略军展开英勇的武装斗争，大量歼灭了敌人的有生力量，充分体现了中华民族敢于抵御外侮的大无畏的爱国主义精神。东北义勇军的英勇战斗，为建立东北抗日武装统一战线和创建东北抗日联军提供了条件和经验，对中国抗日战争的胜利作出了重要贡献。

袁武：《抗联组画》局部（国画·2009年）

美·术·点·评

袁武的作品常常带有一些结构主义和抽象化的倾向，使得他的作品具有超越于具体形象的特点。《抗联组画》描绘了东北抗日联军在冰天雪地中前行。画面中的留白成为皑皑白雪，抗联战士身背步枪，大半个身体没入雪中，象征了当年恶劣的斗争环境。战士们互相搀扶，前后略呈纵向，极富力度和雕塑感。人物用墨块写出，面部施以赭色，表情略变形，使观者更有身临其境的感觉。作品将抗联战士形象略抽象化，表现出抗联战士的大无畏精神。

党史解读

1933年1月，中共中央提出在东北组织全民族的抗日统一战线策略后，东北地区党组织积极争取团结各种抗日力量，收编和改造各种义勇军。这些游击队伏击日伪军，袭击铁路交通，在白山黑水之间同敌军进行顽强斗争。

1936年2月，直接领导东北党组织工作的中共驻共产国际代表团决定统一全东北抗日军队的名称。2月20日，以杨靖宇、王德泰、赵尚志、周保中等和汤原游击队、海伦游击队的名义发表《东北抗日联军统一军队建制宣言》。据此，东北各抗日武装力量陆续改编为抗日联军的各军。到1937年秋，东北抗联已建立11个军，共三万余人，开辟了东南满、吉东、北满三大游击区，在南起长白山、北抵小兴安岭，东起乌苏里江、西至辽河东岸的广大地区内，开展游击战争，同日伪军进行大小几千次战斗，给敌人以重大打击。

进入1939年，日军实行大规模的军事"讨伐"和严密的经济封锁，抗联部队被迫转移到深山密林。冰天雪地，缺少粮食，部队常以树皮野果充饥，进入极端困难的阶段。到1940年冬，抗联仅剩下不足2000人。后部分抗联部队转移到苏联境内休整。此后，也派出小股部队袭扰敌人。1945年8月，在苏联的抗日联军随苏军反攻回到东北，并配合苏军展开对日作战。1945年10月，东北抗日联军改称东北人民自治军。

东北抗日联军所进行的游击战争，其环境之艰苦，斗争之残酷，时间之长久，牺牲之壮烈，中国革命历史上罕有。他们的英勇斗争，大量消耗和牵制了敌人，为全国抗日战争的坚持和胜利作出了不可磨灭的贡献。

高民生:《西安事变》(国画 · 2009 年)

美·术·点·评

画面中蒋介石瘫坐在沙发上，似乎是作决定前的最后犹豫；站在旁边的其他人神情不一，栩栩如生，特别是周恩来义正词严的动作和神情，具有极深刻的感染力，这也和坐在蒋介石旁边苦苦劝说丈夫的宋美龄形成对比。国画《西安事变》抓住了西安事变中的主要人物进行对比刻画，作品人物和场景塑造多用浓墨，具有较强的历史厚重感。

党史解读

红军长征到达陕北后，蒋介石将张学良指挥的东北军、杨虎城指挥的十七路军调至陕甘一带“剿共”，但屡屡失败。中共中央确立了建立抗日民族统一战线的政策后，加紧对东北军、西北军的统战工作，表示愿与他们实行停止内战、联合抗日，得到了积极回应。从1936年春，红军和东北军、西北军实行了局部停战。12月4日，蒋介石飞抵西安，亲自督战。他向张、杨提出，不剿共就将东北军、十七路军调往南方。这不但破坏了张、杨的联共抗日计划，而且危及了东北军和十七路军的生存。

为了达成停止内战、联共抗日，张学良、杨虎城在西安数次进谏蒋介石，但无不遭到严厉拒绝。在这种情况下，他们在12月12日凌晨实行兵谏，扣留蒋介石，逼蒋抗日，并提出“改组南京政府”、“停止一切内战”等八项抗日主张。这就是震惊中外的西安事变。

12月17日，应张、杨两位将军的邀请，中共中央派出周恩来、博古、叶剑英组成的代表团赶赴西安。经会商，张学良、杨虎城接受中国共产党所提出的和平解决事变的方针、条件及部署。24日，周恩来代表中国共产党和红军，张学良代表东北军，杨虎城代表十七路军，同蒋介石的代表宋子文、宋美龄谈判达成“改组国民党和国民政府”、“停止‘剿共’政策，联合红军抗日”等六项条件，西安事变得以和平解决。

西安事变的和平解决，成为时局转换的枢纽。它对于推动国共再次合作、团结抗日，起了重大的作用。

全国性抗战爆发后，八路军在华北发动的平型关、百团大战等战役，极大振奋了民心。八路军、新四军等深入敌后，创建根据地，开展抗日游击战争，在华北、华中、华南开辟了广阔的敌后战场。抗日军民在山区、丘陵、平原、湖泊水网等地区，开展人民战争，创造出许多行之有效的歼敌方法。全国抗战期间，中国共产党领导抗日武装歼灭日伪军171.4万人，其中日军52.7万人。中国共产党领导的人民革命力量也由小到大，由弱到强，建立了除陕甘宁边区以外的18块根据地，解放区有1亿人口。

中流砥柱

06

任梦璋：《平型关大捷》（油画·1959年）

美·术·点·评

任梦璋的油画《平型关大捷》采用竖幅、俯瞰的角度构图，突出了地势的险要和八路军勇猛顽强的战斗精神。画面上八路军战士居高临下、沿着关口逶迤排开。前景的一组战士大多处在背光的位置，人物神态大、动感强，剪影般的塑造方式，突出了人物外轮廓的力量感和体积的完整性，使人物与背景融为一体，有势如破竹的冲击感。作品注重战争氛围的描绘，远处的崇山峻岭和连绵的古长城，关上形成包围之势的八路军战士，关下硝烟四起，垂死挣扎的日军，层次分明，火药味浓郁。画法颇具写意风范，笔调奔放，阔笔挥洒，充满激情。明快的光线及一气呵成的山景和烟云，既增强了战场激烈火爆的气氛，又展现了油画材质厚重细腻的艺术特色。

党史解读

“集思上寨运良筹，敢举烽烟解国忧。潇潇夜雨洗兵马，殷殷热血固金瓯。东渡黄河第一战，威扫敌倭青史流。常抚皓首忆旧事，夜眺燕北几度秋！”这是聂荣臻元帅在86岁高龄时写下的《忆平型关大捷》。

平型关位于山西省繁峙、灵丘两县邻接处，为内长城重要关隘。1937年9月中旬，为了配合第二战区国民党军作战，阻滞日军的攻势，八路军总部命令第115师进至平型关以西大营镇待机。

9月20日，日军第5师团第21旅团一部，占领灵丘县城，并继续向平型关进犯。23日，八路军总部命令第115师向平型关、灵丘间出动，相机侧击向该线进攻之敌。第115师受令后，决定利用平型关东北的有利地形，以伏击手段歼灭由灵丘向平型关进犯的日军。24日，林彪、聂荣臻组织营以上指挥员进行实地勘察，并确定“拦头、斩腰、断尾”的部署。为隐蔽行动企图，各部队当晚冒雨进入阵地，并于25日拂晓前完成了战斗准备。

25日晨7时许，日军第5师团第21旅团一部和大批辎重车辆，全部进入第115师设伏地域。由于道路狭窄，雨后路面泥泞，车辆人马行动缓慢。第115师抓住有利战机，突然发起攻击，激战至13时许将被围日军全歼，战斗胜利结束。这是全国抗战开始以来中国军队取得的第一次重大胜利，不仅支援了平汉路和同蒲路上的国民党军作战，而且沉重打击了侵华日军的嚣张气焰，振奋了全国的民心士气，提高了中国共产党和八路军的声威。

孙志钧:《新四军军长叶挺将军像》(国画 · 2001 年)

美·术·点·评

画面以写实的手法刻画了叶挺将军一身戎装持缰勒马而立的形象，画家以轻快的笔调和柔和的色彩刻画出叶挺将军飒爽英姿，画风简洁、细腻，没有过多的修饰，背景的留白更使画面的视觉焦点更集中于所表现的人物。在塑造人物形象上，画家以传统工笔画的“尚意”与“尚韵”结合现代的造型手段和审美，以形写神，着重表现将军那坚毅的神态，真实有力地展现出一位有着坚定革命信仰的名将风采！

党史解读

叶挺是闻名国内外的军事家。大革命时期，他率领的国民革命军第四军在北伐中被誉为“铁军”。他参加了南昌起义并出任前敌总指挥，参加广州起义并任起义军工农红军总司令。抗日战争中又出任新四军军长，后在皖南事变中被国民党扣押，他拒绝了蒋介石的威逼利诱。抗战胜利后，叶挺获救出狱后被中国共产党重新接纳为党员，1946 年因飞机失事而不幸遇难。

1937 年下半年，根据全国政局的变化，国共双方就中共中央领导的南方各省红军游击队的改编问题，进行多次商谈。协议中，红军游击队坚持了保持共产党组织和红军游击队的独立性，保持共产党对改编后的红军游击队的绝对领导等原则。在改编后的新四军军长人选问题上，这年 7 月，周恩来会见刚从海外回国的叶挺时表示，希望他能出面集合南方各省的红军游击队进行抗日。叶挺申明完全接受中国共产党的领导。9 月 28 日，蒋介石任命叶挺为国民革命军陆军新编第四军军长。

1937 年 11 月，叶挺开始在武汉正式组建新四军军部。这样，散布于湘、赣、闽、粤、浙、鄂、豫、皖八省的红军游击队（除广东琼崖地区游击队外），随即集中整编为新四军。新四军下辖四个支队，一个特务营，共计 1.03 万余人。军长叶挺，副军长项英，参谋长张云逸，政治部主任袁国平。为了加强党对新四军的领导，12 月，中共中央决定成立中共中央东南分局和中共中央军委新四军分会。东南分局由项英任书记，曾山为副书记。新四军军分会由项英任书记，陈毅任副书记。1938 年 1 月，完成集训的新四军各部队进入长江南北敌后地区开展游击战争，建立敌后根据地。

王迎春、杨力舟：《太行铁壁》（国画 · 1984 年）

美 · 术 · 点 · 评

王迎春、杨力舟的《太行铁壁》以高山寓意不可战胜的人民力量的象征性构图，发挥了国画笔墨和现代造型手法，运用宋人山水大小斧劈皴法，进行了形式探索，达到了空前效果。艺术家强调象征和喻义，将朱德、彭德怀等党的领导人描绘如山石雕刻般耸立，气势撼人。技法上用侧锋、大斧劈皴法表现，用笔奔放，使象征性的手法素描造型与写意笔墨的人物形象塑造有机统一。画面采取纵向式构图，人物排列紧凑有序，极具视觉冲击力。

党史解读

“红日照遍了东方，自由之神在纵情歌唱。看吧！千山万壑，铜壁铁墙，抗日的烽火燃烧在太行山上……”这首由桂涛声作词、冼星海作曲的《在太行山上》，歌唱出了当年八路军将士英勇杀敌的壮烈。在国画《太行铁壁》中，画家则通过另一种艺术表现手法，用一组由将军和农民战士组成的群像，生动地刻画了抗战烽火中巍然屹立在太行山上的民族之魂。

1938年春，八路军总部和129师进驻太行山区。八路军总部的长期驻地之一太行山麓的武乡，成为指挥八路军抗战的中枢。朱德、邓小平、彭德怀、刘伯承等人，都曾在这里长期生活和战斗过。在太行人民的支持下，八路军成为中国抗日战争的一支中坚力量。到1945年抗战胜利，抗日根据地已由晋察冀、晋冀豫、晋绥边区3个发展到19块，抗日军民对敌作战10万余次，歼灭日军43万，伪军90余万，整个解放区人口达1亿多。八路军由出征抗战伊始的4万余人发展到102万之多，成为一支强大的人民武装力量，对夺取抗战的最后胜利以及中国革命的胜利作出了重大贡献。

伟大的实践必然产生伟大的精神。在这块饱受战火考验的热土上，中国共产党领导太行人民在取得抗击侵略者伟大胜利的同时，也孕育了伟大的太行精神：不怕牺牲、不畏艰险，百折不挠、艰苦奋斗，万众一心、敢于胜利，英勇奋斗、无私奉献。这不仅是中国共产党革命精神的一座历史丰碑，也是展现中华民族崇高精神的一面光辉旗帜。

邓澍：《八女投江》（油画 · 1984 年）

王盛烈：《八女投江》（国画 · 1957 年）

美·术·点·评

邓澍的油画《八女投江》中，八位女战士正相互搀扶着往江心走去，她们表情坚凝，显得大义凛然，厚重的油画笔触也似乎将八位女战士塑造成了一座纪念碑，其背后的天空也被染成了红色，整幅作品具有很强的艺术感染力。

王盛烈的《八女投江》突破了国画旧传统的束缚，开拓了用中国画表现历史题材的先河。这幅画在选材、技法上都有特殊意义。画面采取横轴式构图，左侧滚滚江水与右侧仍顽强抵抗的女战士一张一弛，队伍前面的战士已经半身没于江水之中，悲壮感人，整件作品很好地处理了事件的情节表现，具有动人心魄的艺术力量。

党史解读

1938 年夏天，日本关东军纠集日伪军在松花江下游展开了“三江大讨伐”，东北抗联第四、第五军为摆脱困境决定向西南五常地区远征，途中遭到日军多次围追堵截，牺牲了很多抗联战士。10 月下旬，抗联第五军第一师的一支百余人的队伍被乌斯浑河挡住了去路，一千多日伪军将抗联战士包围。

在生死关头，第五军妇女团指导员冷云果断地组织已行至河边准备渡河的八名抗联女战士，毅然放弃渡河，分成三个战斗小组，从背后袭击敌人，吸引日伪军火力，掩护大部队突围。敌人以为中了埋伏，抽出一部分兵力还击，抗联大部队乘机突出了日军的包围圈。由于力量悬殊，冷云，班长胡秀芝、杨贵珍，战士郭桂琴、黄桂清、王惠民、李凤善和被服厂厂长安顺福八位战士，在弹尽粮绝的情况下，拒绝投降，宁死不屈。她们毁掉枪支，高唱着《国际歌》，毅然投入乌斯浑河，壮烈殉国。牺牲时，她们中年龄最大的冷云 23 岁，最小的王惠民才 13 岁。

八女投江的壮举，表现了中华民族同侵略者血战到底的英雄气概，在人民群众中广为传颂。1986 年 9 月，牡丹江市举行“八女投江纪念碑”奠基典礼，时任全国妇联主席的康克清为工程奠基题词：“八女英灵，永垂不朽！”

沈嘉蔚:《红岩》(油画·1979 年)

美·术·点·评

《红岩》以抗日战争时期，中共中央南方局和八路军驻渝办事处设于红岩村作为历史背景。画中描绘了周恩来从巍然屹立的红色山路上拾阶而下，昂首阔步、直视前方，展现出在那时特殊的历史条件下，共产党人坚定的意志。画面采用仰视的角度来描绘人物山势和巨石，远处用虚化的重重笼罩迷雾来衬托前景，增强了画面的空间感与动势，让观者感到强烈的视觉冲击力。真实是历史题材油画的生命，画面左边在灰蒙蒙的雾气中一枝寒梅傲然而开，这枝梅花正是共产党人意志品格的体现。画面右边一个一身黑衣的特务以报纸作掩护，暗中监视周恩来一行人的行踪，点出当时的政治环境。一左一右通过对比、暗示，不仅鲜明地描绘出历史细节的真实，还对深化画面主题起到了不可忽视的作用。

党史解读

南方局是党在抗战时期国民党统治区的红色堡垒。1939 年 1 月，中共中央南方局在重庆正式成立，作为抗战时期国民党统治区和部分沦陷区党的领导机关。南方局以周恩来为书记，周恩来、博古（秦邦宪）、凯丰、吴克坚、叶剑英、董必武六人为常委。

由于国民党政府不允许共产党在其统治区内公开活动，所以南方局始终处于秘密状态，其领导人大多以中共代表或国民参政员的身份活动。南方局在重庆的主要工作地点是红岩、曾家岩和新华日报社。其中，位于重庆近郊的红岩嘴 13 号，既是公开的八路军驻重庆办事处，同时又是秘密的南方局机关。曾家岩对外称“周公馆”，周恩来等南方局领导经常在这里办公和住宿。

从 1939 年至 1946 年，在周恩来等人的领导下，南方局在极其艰难的环境中，贯彻党的抗战、团结、进步的方针，维系了国共合作的局面；通过各种公开和秘密渠道，争取和团结各界抗日进步力量，开展卓有成效的统一战线工作；广交外国朋友，扩大国际反法西斯统一战线；加强抗日民主宣传，提高党在全国人民中的威望；发展壮大党的队伍，提高党的战斗力。南方局在各项工作中取得的成就，不仅保存和发展了党在国统区的组织和力量，团结了更多的进步力量，而且为后来解放战争时期第二条战线的形成，为新中国成立后共产党领导的多党合作和政治协商制度的形成，创造了有利的条件。

刘宇一：《爹娘啊，爹娘》（油画 · 1982 年）

美·术·点·评

《爹娘啊，爹娘》以1938年冬周恩来筹划创办桂林八路军办事处为背景，描绘的是在阴霾低沉的抗战大后方，各界人士同舟共济，高唱抗日救亡曲。此画一反作者油画创作中色彩明快鲜亮、笔触细腻柔和的风格，而是依据画作内容，采用色调晦暗、深沉，笔触粗犷、奔放的表现手法。画作对船上人物与特定背景的处理，尤为值得称道。人物，来自社会各阶层，是中华民族的缩影；背景，是“甲天下”的桂林山水，也是锦绣神州的缩影。画作向人们昭示：中国的秀美河山决不让侵略者肆意蹂躏！牵着战马奔赴前线的小战士给人以人民必胜的信心。

党史解读

1938年冬，日寇逼近武汉，国民党军队仓皇败退。当时，中共中央长江局负责人周恩来、董必武、叶剑英等，分析形势，估计武汉即将失守，蒋介石迁都重庆。而桂林是联系华南各省与海外的交通要道，将成为西南抗战的大后方基地。1938年末，中共中央建立八路军桂林办事处，它既是我党、我军在西南国民党统治区的公开办事机构，又是中共中央南方局的一个秘密派出机关。

抗日战争期间，周恩来、董必武、叶剑英等多次到桂指导办事处的工作。桂林八路军办事处设立期间，在对桂系统战工作、筹运抗日物资、迎送中共重要过往人员、领导桂林抗战文化运动、联系领导香港地区、海外中共党组织秘密活动等方面开展了大量卓有成效的工作。1941年“皖南事变”后，该办事处奉命撤销。

沈嘉蔚:《百团大战》(油画·2000年)

美·术·点·评

《百团大战》描绘的是蜿蜒的长城下浩荡的八路军和日伪军激战的场面。画面左侧八路军将伪军打得落荒而逃，几个伪军被打翻在地。画面右侧军民齐心协力拆毁日军的铁路。整个画面构图安排紧凑，事件交代清楚，用笔厚重，近处色调偏冷，远处灯火通明，画面深处天色欲晓，象征着抗日战争必胜的结果。

党史解读

1940 年夏秋，日本帝国主义在华北加紧推行以“铁路为柱，公路为链，碉堡为锁”的“囚笼政策”，企图摧毁华北各抗日根据地。为争取华北战局更有利的发展，并影响全国的抗战局势，克服国民党妥协投降的危险，八路军总部决心向华北日军占领的交通线和据点，发动大规模进攻战役。战役发起后，共 105 个团 20 余万人参加作战，还有许多地方游击队和民兵配合。由此得名百团大战。

百团大战分为三个作战阶段。第一阶段（1940 年 8 月 20 日至 9 月 10 日），是交通破击战，重点摧毁正太铁路，使日军在华北的主要交通线陷入瘫痪。第二阶段（9 月 20 日至 10 月 5 日），扩大第一阶段战果，重点攻占交通线两侧和深入根据地内的日军据点，打击伪政权组织，进一步扩大抗日根据地。第三阶段（10 月 6 日至翌年 1 月下旬），中心任务是反击日军大规模报复“扫荡”。

历时四个多月的百团大战，是抗日战争中八路军在华北地区发动的一次规模最大、持续时间最长的带战略性的进攻战役。这次战役毙伤日军 20000 余人、伪军 5000 余人，拔除据点 2900 多个，破坏铁路 470 余公里、公路 1500 余公里，缴获各种炮 50 余门、各种枪 5800 余支（挺），迫使日军惊呼“对华北应有再认识”。

百团大战对坚持抗战、遏制当时国民党妥协投降暗流、争取时局好转起了积极作用，进一步鼓舞了全国人民夺取抗战胜利的信心，用事实驳斥了国民党顽固派对共产党、八路军“游而不击”的诬蔑。

施大畏：《永生——1941 年 1 月 14 日皖南》（国画 · 2009 年）

美 · 术 · 点 · 评

施大畏的国画《永生——1941 年 1 月 14 日皖南》采用超现实的象征手法表现皖南事变这一重大事件。画面中的新四军战士如山崖般铸成，具有不可撼动的力量，同时画面中血淋淋的刺刀、表情痛苦的新四军战士，暗示了在皖南事变中国民党残忍的手段所做出令“亲者痛，仇者快”的行为，两侧飞起的象征和平与希望的白鸽更突出血淋淋的事实。作品没有过多情节的描绘，纪念碑性的艺术效果颂扬了新四军在这场事件中为了抗日而做出的隐忍与努力，不禁让观者动容。

党史解读

“千古奇冤，江南一叶，同室操戈，相煎何急！”这是皖南事变后周恩来在《新华日报》上刊登的亲笔题词。

抗战进入相持阶段后，国民党顽固派加紧制造反共磨擦活动。1940 年 10 月 19 日，何应钦、白崇禧以国民政府军事委员会的名义，要求在大江南北坚持抗战的八路军、新四军于一个月内全部开赴黄河以北，并将 50 万人合并缩编为 10 万，并做好了伏击准备。

从维护抗战大局出发，中共中央同意新四军驻皖南部队将开赴长江以北。1941 年 1 月 6 日，奉命北移的新四军军部及其所属皖南部队 9000 余人，在安徽泾县茂林地区，突遭国民党军队 7 个师 8 万余人的包围袭击。部队英勇奋战七昼夜，除约 2000 余人突出重围外，大部壮烈牺牲或被俘。军长叶挺在和国民党谈判时被扣押，政治部主任袁国平牺牲，副军长项英、参谋长周子昆在突围中被叛徒杀害。1 月 17 日，蒋介石反诬新四军“叛变”，宣布取消新四军番号。这就是震惊中外的皖南事变，它是国民党顽固派发动的第二次反共高潮的最高峰。

事变发生后，中共中央提出在政治上取攻势、在军事上取守势的正确方针。周恩来领导南方局向国民党提出严正抗议。针对蒋介石取消新四军番号的决定，中共中央军委于 1 月 20 日发布重建新四军军部的命令。共产党的正义自卫立场，得到了各界人士、民主党派的同情和支持。国民党当局在政治上陷于空前孤立的形势下，不得不收敛其反共活动，第二次反共高潮被打退。

刘大为：《小米加步枪》（国画 · 1987 年）

美·术·点·评

《小米加步枪》构图单纯，立意明确，形象概括，描绘了一老一少两名革命战士，他们身背小米袋，手持或肩扛步枪站在阵地前面。画面以水墨、赭石渲染背景，烘托出两个近似白描的人物，人物形象用线简练准确，只有在衣纹、肌肤处稍加皴染或淡彩。一老一小两个人物形象意味着中国人民反抗日本侵略的彻底性与坚定性。"小米加步枪"寓意战争时期条件的艰难，同时也蕴藏着一种伟大的精神力量。

党史解读

小米加步枪，是人民军队早期物资匮乏、装备落后的真实写照。尤其是抗日战争时期，中国共产党领导的八路军、新四军和其他人民抗日武装，在艰苦的条件下和日本侵略者展开英勇斗争。然而，国民政府却以种种理由不给这些部队配发给养。据统计，1937 年全面抗战爆发，八路军走上抗日前线时，2/3 的人手中握的还是大刀长矛。直到 1945 年，总数超过 90 万人的八路军也只有 37 万支枪，每支枪平均不足 20 发子弹。

尽管条件如此艰苦，但是党依然领导人民军队战胜了一个又一个敌人，取得了革命的最终胜利。从井冈山时期的"红米饭、南瓜汤"，到长征路上的"野菜充饥志越坚"，到抗日战争时期的土窑洞，再到解放战争中的"小米加步枪"打败"飞机加大炮"，中国共产党和她领导的人民军队，始终坚持艰苦奋斗，克服困难，战胜敌人。而且，"小米加步枪"中所蕴含的艰苦奋斗作风，已经成为革命的传家宝，激励着后人不畏艰难，继往开来。

彦涵:《当敌人搜山的时候》(木刻版画 · 1944 年)

美·术·点·评

《当敌人搜山的时候》是彦涵最知名的代表作之一。作品描绘了在敌后战场，农民与抗日战士军民同心同德，相互扶持，打击敌人的场景。画面呈金字塔式构图，底部托举战士的民众构成了金字塔的塔基，塔尖是正在向敌人射击的战士。这幅作品具有强烈的感染力，表现出人民战争的伟大力量。尽管作品并没有刻画出敌人的形象，但是这种暗示性的艺术处理更能够激起人们丰富的想象。

党史解读

画作是20世纪40年代前期画家在太行山区战斗生活中锤炼的作品。

1941年至1942年，是敌后人民抗日战争最困难的时期。1941年，日军把华北作为“彻底治安肃正”的重点。太平洋战争爆发后，日本侵略者为了把中国变成它的后方基地，在中国占领区残酷地进行殖民统治和经济掠夺，并且集中日、伪军反复“扫荡”共产党领导的敌后抗日根据地。1941年至1942年，在“扫荡”华北的根据地时，一次使用兵力在千人以上至万人的达132次，万人以上至七万人的达27次，并且实行烧光、杀光、抢光的“三光”政策，甚至制造无人区。华北平原地区的一些抗日民主政权被摧毁。抗日根据地面积缩小，总人口由一亿人减少到五千万人以下。

严重困难没有吓倒中国共产党人。针对日军对敌后的疯狂进攻，中国共产党认为，必须充分发挥人民战争的威力，开展全面的对敌斗争。这就是在军事、政治、经济、思想文化各方面展开斗争，避免单纯在军事上同敌人硬拼。在极其艰苦的反“扫荡”、反“清乡”斗争中，敌后军民创造了很多极为有效的歼敌方法，如麻雀战、地道战、地雷战、破袭战、水上游击战、武装工作队等等，发展了人民战争的战略战术。1941年至1942年，八路军、新四军和游击队、民兵共作战42000余次，毙伤俘日、伪军331000余人。敌后军民的反“扫荡”斗争，牵制、消灭了大量日军，成为坚持中国长期抗战最重要的因素。

罗工柳:《地道战》(油画·1951年)

美·术·点·评

在罗工柳的名画《地道战》中，画家选择了准备战斗的瞬间，使静默的场面蕴藏着一种紧张的气氛。画面中刚从地道内探出身体的妇女、往房顶运送武器的青年、向屋外眺望的持枪人，都巧妙地拓展了画面的空间，同时也将这特殊的游击战形式表现得十分典型和生动。

党史解读

1941 年秋，冀中平原的抗日斗争进入困难阶段，日伪军“扫荡”日益残酷。为了保存自己的力量，长期坚持平原游击战争，冀中人民抗日武装开始挖掘和利用地道对日伪军进行斗争。起初，在自己家中挖单口隐蔽洞，但很快遭到日伪军的破坏。后来，把单口隐蔽洞改造成能进能出的双口隐蔽地道，仍不能适应战斗需要，多数地道遭到破坏。

1942 年夏季反“扫荡”开始后，中共冀中区委和冀中军区号召冀中人民普遍开展挖地道的活动，地道的构造不断改进和完善，初步形成户户相通、村村相连，既能隐蔽、转移，又便于依托作战的地道网络，成为长期坚持冀中平原抗日斗争的坚强地下堡垒。地道一般宽 1 米、高 1.5 米、顶部土厚 2 米以上；地道内设有瞭望孔、射击孔、通气孔、陷阱、活动翻板、指路牌、水井、储粮室等，形成能打、能藏、能机动的阵地体系。

人民抗日武装依托地道，并与地面工事相结合，采取灵活机动的战术，在多次战斗中给日伪军以沉重的打击。日军惊呼，冀中出现了奇幻战争！在开展地道战的斗争中，涌现出了河北清苑县冉庄、顺义县焦庄户、满城县石井村等典型。这是中国共产党领导的冀中平原抗日军民的一个创造，是坚持平原游击战争的一种有效的作战形式。

彭彬:《地雷战》(油画 · 1959 年)

美 · 术 · 点 · 评

彭彬的《地雷战》以丰富的情节和生动的形象，表现了在中国共产党的领导下全民抗战的景象。作品以“鬼子来抢粮了”作为背景，描绘了民兵在村头紧张地埋设地雷，准备伏击敌人的场面，艺术地展现了他们英勇顽强的风采英姿，将观众带入烽火连天的战争岁月。作者以丰富写实的功底，艺术朴素的语言，沉稳大方的色彩，继承并深化了革命历史画的优良特点和品质，塑造了栩栩如生的人物形象。

党史解读

抗日战争时期，山东、山西、河北等敌后抗日根据地的游击队、民兵和人民群众，创造性地运用地雷武器开展伏击战、破交战、围困战、破袭战、麻雀战，使“铁西瓜”遍地开花，炸得日寇心惊胆战，谈雷色变。

地雷战是晋察冀根据地的民兵在反“扫荡”中创造的。当年，河北安国县民兵无意间将两枚手榴弹埋入地下，炸伤了两个日本兵，群众欣喜之余，纷纷仿效，利用瓷瓶子、瓦罐子等装上炮药或炸药，埋在田边地头、井台路面，打击前来“扫荡”的敌人。之后，各地民兵就地取材，自力更生，创造了铁雷、石雷、绊雷、水雷、夹子雷、连环雷、子母雷、滚雷等不同形式的地雷。这些各式各样的地雷和雷阵，对于打击敌人，保护人民生命财产起到了很大的作用。

地雷战是中国军民同日寇进行斗争的一种有效战法，狠狠地打击了日本侵略者，充分显示了人民战争的巨大威力。其中，山东省海阳县的地雷战威震敌胆，闻名中外。当时流传着这样一首歌谣:“海阳的‘铁西瓜’，威名传天下……直把那日军，打发回老家！”

韦启美：《青纱帐里游击队员逞英豪》（油画 · 1977 年）

关山月：《游击队之家》（国画 · 1939 年）

美·术·点·评

韦启美的油画《青纱帐里游击队员逞英豪》，反映了抗日战争时期，华北地区游击队员英勇抗战的战斗场面。作品选择游击队员冲出青纱帐的激烈时刻为表现主体，他们挥动手中的枪，像神兵天降般地涌出青纱帐，敌人猝不及防地被打得丢盔弃甲、溃不成军。画面洋溢着英雄主义情调，充满了浓郁的情感因素，既是一种写实，又是一种象征。作者将人、情、景有机地结合在一起，追求作品意外之义及形外之韵，不愧是一幅意境深邃、艺术手法完备的革命历史画作。

关山月的《游击队之家》，采用诙谐的手法表现出日军的冷酷笨拙和游击队员的机智勇敢。画面中日军手持明晃晃的刺刀和手无寸铁的抗日人民对峙。为首的日军似乎在盘问有关游击队的秘密，身后的日军露出虎狼般凶狠的眼神，我游击队员临危不惧，作恐惧状机智地骗过了日军的盘问。屋内陈设简单，窗外青纱帐里似乎埋伏着成百上千的游击队员。作品画面气氛紧张，令人印象深刻。

党史解读

国共实现第二次合作后，毛泽东依照抗日战争的敌我情况，指出要坚持“在整个战略方针下执行独立自主的分散作战的游击战争，而不是阵地战，也不是集中作战”。红军正式改编后，经与蒋介石、阎锡山商定，八路军在对日作战中担当战略游击支队，执行侧面战，协助友军，扰乱与钳制日军大部，并消灭其一部的作战任务。

为了坚持敌后的游击战争，毛泽东在著名的《抗日游击战争的战略问题》一文中指出，必须建立起巩固的抗日根据地。这“是游击战争赖以执行自己的战略任务，达到保存和发展自己、消灭和驱逐敌人之目的的战略基地”。“没有根据地，游击战争是不能够长期地生存和发展的。”

在当时历史条件下，人民军队实行运动战向敌后抗日游击战的转变，是充分发挥自己优势的最佳选择，也是实行全面抗战路线的基本途径。在敌后抗日战争中，人民军队一面作战，一面发动群众，武装群众，同战区和敌后的广大人民群众紧密结合，扩大人民武装，开展游击战争，建立抗日民主政权，创建敌后抗日根据地，充分发挥人民战争的伟大力量，在敌人占领的后方开辟广阔的战场。这样，就将从战略上给日本侵略军造成严重威胁和极大困难，并将使自己在这个过程中逐步发展壮大，成为最后战胜日本帝国主义的决定性力量。

詹建俊:《狼牙山五壮士》(油画 · 1959 年)

美 · 术 · 点 · 评

詹建俊的《狼牙山五壮士》是一幅表现抗战的经典之作。画作抓取烈士跳崖之前横眉冷对日伪军的场面。五位壮士呈金字塔式构图，具有纪念碑般的效果，坚实而不可撼动，五个人动作神态各异，或回头怒视，或大义凛然，有的战士紧握双拳，表现出依然想消灭敌寇的愿望。作品中人物描绘惟妙惟肖，具有较强的体积感，整体色调偏冷，演奏出为中华民族献身的壮丽篇章。

党史解读

1941 年 9 月，日本侵略军对河北省西部的革命根据地发动了“围剿”。25 日，日伪军 3500 多人在飞机、大炮的配合下，分几路向转战在狼牙山地区的晋察冀军区红一团进行围攻，企图歼灭该地区的八路军和地方党政机关。晋察冀军区第 1 军分区某部第 7 连奉命掩护党政机关、部队和群众转移。完成任务撤离时，留下第 6 班班长马宝玉，副班长葛振林，战士宋学义、胡德林、胡福才五人担负后卫阻击，掩护全连转移。他们利用有利地形，打退日伪军多次进攻，毙伤 90 余人。

按照上级规定的时间，同敌人战斗了一天的五位战士，已经胜利完成了牵制和掩护任务。9 月 26 日，为了不让日伪军发现连队转移方向，他们边打边撤，将日伪军引向狼牙山棋盘陀峰顶绝路。五位战士英勇阻击，子弹打光后，用石块还击，一直坚持战斗到日落。面对步步逼近的日伪军，他们宁死不屈，毁掉枪支，义无反顾，纵身跳下数十丈深的悬崖。马宝玉、胡德林和胡福才坠落崖底，壮烈牺牲。葛振林、宋学义跳崖后被半山腰的树枝挂住，幸免于难，带伤归队。

五位战士的壮举，表现了崇高的爱国主义、革命英雄主义精神和坚贞不屈的民族气节，用生命和鲜血谱写出一首气吞山河的壮丽诗篇。晋察冀军区领导机关授予三名烈士“模范荣誉战士”称号，并追认胡德林、胡福才为中国共产党党员；通令嘉奖葛振林、宋学义，并授予“勇敢顽强”奖章。从此，“狼牙山五壮士”的英雄事迹便广泛地流传开来，受到人们的崇敬和怀念。

徐芒耀等:《新四军——车桥之役》(油画 · 2007 年)

美·术·点·评

抗日战争后期，中国共产党领导的新四军在江苏淮安东南车桥地区对日伪军进行了一场漂亮的歼灭战，画家以一个纵深感很强的宽阔场面，将战斗的多个场景融入同一个画面中。前景是以捕捉敌俘的场景和远处仍在厮杀的场面，用一个背对观众举枪射击的战士形象连接起来，在二维平面中制造出最理想的三维空间。画家恪守大型历史画是用画笔书写历史的理念，着力展现了最真实的历史感和现场感。通过写实的人物、环境与精心安排的构图，在硝烟弥漫中定格了一个新四军英勇作战、胜利在望的精彩瞬间。

党史解读

车桥战役是1944年春，新四军在江苏省淮安县的车桥地区对日伪军进行的进攻战役。车桥镇是联系苏北、苏中、淮南三块抗日根据地的枢纽。新四军第1师兼苏中军区集中五个多团的兵力，由副师长兼副司令员叶飞指挥，采取攻点打援的战法展开攻击。

战斗于3月5日凌晨打响。担任主攻车桥的第7团远程奔袭，利用夜暗，很快攻入镇内，全歼伪军一个大队。新四军强攻车桥，令淮阴、淮安等地日军极为震惊，纷纷出援。日军第72旅团第60联队等部共700余人，由山泽大佐率领，分批驰援车桥。第一批增援日军，行至芦家滩附近遭到新四军第1团预伏部队的迎头痛击，被迫缩回韩庄固守。日军第二、第三批援军也遭到新四军第1团的正面打击和侧后突击，被迫猬集于韩庄。随后，第1团对韩庄日军发起总攻击，给敌以重大杀伤，击毙日军大队长山泽大佐。6日2时，陷入混乱的日军开始突围，又被第1团切成数段，大部被歼。战役胜利结束。

经过一天两夜战斗，新四军共消灭日军大佐以下465人、伪军480人，攻克车桥及周围据点12处。此役是华中新四军歼灭日军最多的一次歼灭战，实现了苏中抗战形势的根本好转，成为华中敌后战场转入局部反攻的标志。

延安火炬

07

巍巍宝塔山，滚滚延河水，延安是共产党的生聚之地。在延安的13年，共产党奇迹般壮大，长征后留下的三万精英遍地生根，发展为拥有19个解放区，总面积近百万平方公里，人口近一亿的革命力量；党也成长为一个团结、成熟，拥有120万党员的大党。在这片贫瘠的黄土地上演出了一幕幕精彩纷呈、威武雄壮的历史活剧，由此走向全国，走向辉煌。这个奇迹的诞生，在于以毛泽东为首的中国共产党人把马克思主义普遍真理与中国革命实际结合起来，正确地指导中国的革命实践。

沈嘉蔚:《红星照耀中国》局部（油画 · 1987 年）

美 · 术 · 点 · 评

沈嘉蔚的作品《红星照耀中国》（局部）以全景模式再现了延安时期中国革命领袖的风采。画家用现实主义的笔法真实还原了 20 世纪三四十年代中国共产党人的精神面貌和气质——斗志昂扬、坚韧不拔。画中人物性格鲜明，人物组合横向展开，给人一种直面历史的真实感和震撼力。画面全部统一在棕褐色调中，在深沉厚重的基调中展开历史一幕。

蔡亮:《延安火炬》（油画 · 1959 年）

美 · 术 · 点 · 评

蔡亮的《延安火炬》创作于 1959 年。此件作品极好地代表了新中国成立十周年之际油画创作水平。画面描绘了抗日战争胜利以后，延安人民高举火把，敲锣打鼓，连夜庆祝的场面：无数的火炬象征着抗日的烽火，打鼓、唢呐奏响的是人民的喜悦，巍巍宝塔山是延安精神的象征。画面背景的深色处理与前景的红色色块处理形成鲜明对比，衬托出火炬的明亮和人们的喜悦，同时也增强了光亮感和喜庆气氛。

党史解读

1936 年 10 月，红二、红四方面军长征到达陕北，与中央红军胜利会师，陕甘宁革命根据地从此成为中国革命的大本营。1937 年 1 月，中共中央领导机关迁驻延安。此后，延安成为指引中国革命方向、照耀中华民族前程的红星。

卢沟桥事变爆发后，中国共产党根据同国民党谈判达成的协议，按照团结抗日的原则，原陕甘宁革命根据地的苏维埃政府正式改称陕甘宁边区政府，首府延安，林伯渠任主席。在党的领导下，边区军民艰苦奋斗，把边区建设成为一个政治上进步、经济上发展的全国模范抗日根据地。作为中共中央所在地，边区是中国人民抗日战争的政治指导中心，是八路军、新四军和其他人民抗日武装的战略总后方，具有特殊而重要的战略地位。在这里，中国共产党召开了对抗日战争具有重大影响的洛川会议、中共六届六中全会、中国共产党第七次全国代表大会等一系列重要会议，研究制定了抗日战争的总路线和总战略以及各方面的基本方针和政策，中央军委制定了无数的作战指示和命令。

抗战时期，陕甘宁边区处于一个相对稳定的和平环境中，使党中央有条件集中研究和解决中国革命发展的一系列重大理论和实践问题。以毛泽东为代表的中国共产党人把马克思主义的普遍原理同中国革命的实践相结合，指导中国革命。毛泽东集全党智慧撰写的《论持久战》、《〈共产党人〉发刊词》、《中国革命和中国共产党》、《新民主主义论》和《论联合政府》等一系列重要著作，成为领导中国革命走向胜利的思想武器。陕甘宁边区和延安因此被誉为“抗日的灯塔”和“革命的圣地”。

钱松喦:《延安颂》(国画 · 20 世纪 60 年代)

美·术·点·评

钱松喦的《延安颂》记录了革命圣地延安进行社会主义建设的宏大场面。画家在传统绘画表现形式基础上加入时代色彩，意境深邃，浑厚沉着。画法上运用了其独创的“黄土高原皴”手法，使画中的黄土高原具有了江南水乡的意境。画中延安宝塔山是延安精神的象征，在新时期也具有新的时代意义，实现了艺术性与思想性的完美统一。

党史解读

巍巍宝塔山，滚滚延河水。对于中国人来说，提到延安，总会感到分外亲切，敬意油然而生。这不仅因为延安在革命时期是党的指挥中枢和战略后方，为夺取全国政权奠定了坚实基础；还因为这片神奇的土地，孕育了伟大的延安精神。

延安精神的内涵极为丰富，其基本点是：坚定正确的政治方向，全心全意为人民服务的宗旨，实事求是的思想路线，自力更生、艰苦奋斗的创业精神。延安精神是党的性质和宗旨的集中体现，是党的优良传统和作风的集中体现，是中国共产党人崇高品德和伟大情怀的集中体现。可以说，延安精神是中国共产党人特有的精神，是中国共产党为中华民族创造的宝贵精神财富。

罗工柳:《毛泽东在延安干部会议上作整风报告》(油画 · 1951 年)

美·术·点·评

1941 年，毛泽东在延安高级干部会议上作《改造我们的学习》的报告，深刻地批判了主观主义的恶劣作风，罗工柳的这幅画作真实再现了这一会议场景。画面采用水平线构图，通过与会人员的视线将毛泽东带到画面中心位置，突出了领袖形象，显得十分生动、真实。画面色彩处理层次较为单调，油画的笔触肌理也不明显，反映了当时油画的风格。

党史解读

1942 年到 1945 年 4 月党的七大召开前，党在领导敌后抗战的同时，在以延安为中心的全党范围内，开展了一场深入的马克思主义教育运动，这就是著名的延安整风运动。主要内容是整顿“三风”，即反对主观主义以整顿学风，反对宗派主义以整顿党风，反对党八股以整顿文风。

1943 年 12 月，毛泽东特意为中央党校大礼堂落成题词：“实事求是”。整风运动就是要在全党树立一切从实际出发，理论联系实际，实事求是的马克思主义作风，教育全党学会运用马克思列宁主义的立场、观点和方法，研究和解决中国革命的实际问题。整风运动采取的方针是“惩前毖后，治病救人”，即“团结——批评——团结”的方针，从团结的愿望出发，经过批评教育和必要的思想斗争，达到弄清思想、分清是非，在新的基础上达到新的团结。

1945 年 4 月 20 日，党的六届七中全会通过了《关于若干历史问题的决议》，对党内若干重大历史问题作了正式结论。这个决议的通过标志着整风运动结束。整风运动为全党树立了实事求是、理论联系实际、批评与自我批评的优良作风，是党的建设史上的伟大创举，为夺取抗战胜利和民主革命的胜利，奠定了重要的思想政治基础。

吴山明:《延安五老》(国画·2001年)

美·术·点·评

画家吴山明将延安五老（自左至右：谢觉哉、吴玉章、董必武、林伯渠、徐特立）置于一片杂草萧疏的山野中，让“五老”顶天立地的气概与背后空旷的山野形成了强烈的对比。画作将人物与背后毛泽东的题词“实事求是”联系在一起，集中表现了“五老”的鲜明作风。画面以灰淡色调为主，使得整幅作品充满历史感和沧桑感。

党史解读

1942年7月，在大生产运动中，朱德邀请徐特立等革命老前辈同游南泥湾，作诗《游南泥湾》：“纪念七七了，诸老各相邀。战局虽紧张，休养不可少。轻车出延安，共载有五老……”当时，中共中央驻地在延安，大家借此诗为由，尊称徐特立、吴玉章、谢觉哉、董必武、林伯渠五位老同志为“延安五老”，分别称谓徐老、吴老、谢老、董老、林老。

“延安五老”均系建党前后参加革命的老党员，是德高望重的老一辈无产阶级革命家。早在1933年中央苏区革命根据地时，他们就分别担任党和苏区政府的领导工作。1934年10月，除吴老被党派到国外工作外，董、林、徐、谢四老均参加了长征，历经艰险。1937年到延安后，“五老”继续担任党和边区政府的要职。当时他们都是年过六旬的老者，徐老已年近七旬。但他们老当益壮，仍孜孜不倦地工作。新中国成立后，他们以年近古稀之高龄朝气蓬勃地投入新中国的建设事业。

“延安五老”的革命精神和崇高品德，得到全党和广大人民群众由衷的敬仰和爱戴。毛泽东、周恩来、刘少奇、朱德等党中央领导同志对“五老”给予高度的评价，称赞他们是：“坚强的老战士”、“革命第一、工作第一、他人第一”、“中国共产党的光荣”、“人民之光、我党之荣”。他们的革命事迹铭记党史，永远被人传颂，成为学习的楷模。

力群：《丰衣足食》（版画・1944年）

石鲁：《南泥湾途中》（国画・1961年）

美·术·点·评

力群的木刻《丰衣足食》创作于1944年延安文艺座谈会后，描绘了陕北农民秋后丰收的喜悦。在作品中，力群吸收了大量民间年画的美学因素，例如抛弃使用以前的明暗、阴影刻法，改用线刻这一传统表现手法，并吸收了剪纸的表现手法，具有强烈的装饰趣味，深受延安当地百姓的喜欢。这件作品情感真挚、创作手法民间化，是延安时期“大鲁艺”与“小鲁艺”美学的完美结合。

石鲁的《南泥湾途中》是一幅具有历史感的山水画。画面中传统山水画的清幽、秀雅没有了，有的只是蛮荒的土石草木。这与传统山水画表现温雅秀丽的江南山水已全然不同，是对中国画革新的一次突破。画面中的根据地军民与荒蛮之苍山形成了鲜明的对比，表现出了根据地军民自强不息的革命精神。笔墨苍老雄健，又具有历史的厚重感，耐人寻味。

党史解读

1938年10月，日本军队占领武汉后，逐步将主要军事力量转向中国共产党领导下的抗日根据地，实行烧光、杀光、抢光“三光”政策。国民党在日本帝国主义诱降面前，消极抗日，积极反共，破坏抗日统一战线，包围封锁各抗日根据地，停发八路军、新四军经费，加之华北等地连年遭受自然灾荒，致使整个抗日根据地财政经济发生极大困难，军队供给濒于断绝，陷入没粮吃、没衣穿、没被盖、没经费的困境。

为了支持长期抗战，中共中央和毛泽东动员抗日根据地全体党政军民，自力更生，克服困难，渡过难关。1939年2月，中共中央在延安召开生产动员大会，毛泽东号召边区军民“自己动手，生产自给”，要求部队在不妨碍作战的条件下参加生产运动。陕甘宁边区党政机关、部队、学校和群众响应号召，首先开展起大规模的生产运动。毛泽东、朱德、周恩来、任弼时等中央领导人亲自动手，种菜纺纱。

1939年秋，从华北调回陕甘宁边区担负保卫党中央和保卫边区任务的第120师第359旅，在旅长王震率领下于1940年底开赴荒无人烟的南泥湾，实行屯田政策，很快成为大生产运动的一面旗帜。经过几年艰苦奋斗，南泥湾的面貌发生深刻变化，成为“到处是庄稼，遍地是牛羊”的“陕北江南”。

在中国共产党的领导下，大生产运动取得了巨大成绩，边区许多部队粮食、经费达到全部自给，实现了“自己动手，丰衣足食”的目标。这不仅支持了艰苦的抗战，而且积累了经济建设的经验，培养了一批干部。

靳之林:《南泥湾》(油画·1959—1961 年)

美·术·点·评

王震评价说，这幅画是他看到的表现南泥湾大生产的画中最真实的，"生产、战斗、学习，主题明确"。画面通过波澜壮阔的黄土群峦巧妙地分割成一种"S"形的构图，近景处的连长、连指导员和老农等构成一个饱满的圆形，形成整个画面的视觉中心。烧荒的烟气赋予了贫瘠的黄土高坡一派向上升腾的气氛，阳光下金灿灿的笑容昭示着革命的乐观主义精神，只有远方的窑洞不时提醒着观者当时环境的恶劣和收获的艰难。八路军在南泥湾"自力更生、艰苦奋斗"的现实，被恰到好处地升华为"军民团结如一人，试看天下谁能敌"的壮阔气象。

毕建勋：《东方红——杨家岭 1945》（国画 · 2009 年）

刘宇一：《借火》（油画 · 2012 年）

美·术·点·评

《东方红——杨家岭1945》是画家毕建勋为重大历史题材创作工程创作的一件优秀作品。画面将七大前后在延安的主要领导人置于前景；中央大礼堂置于中景，远景为杨家岭山峦起伏的广角地貌，暗合毛泽东在七大所作《愚公移山》讲话之意。主要领导人住的窑洞皆符合实际位置，整个画面有东方欲晓的意境。

油画《借火》画面中主景仅两人，情节亦平常，借火点烟，随处可见。然而就在这样一个看似简单寻常的画面中，蕴含着重大的寓意，那就是中国共产党的革命斗争之所以能够最终形成燎原之势，是借助于亿万人民要翻身、求解放的星星之火。画面中的老农形象乐观而诚挚，毛泽东的形象则敬畏而坚毅。他们气定神闲、亲密无间。在他们的身后，波涛汹涌、巨浪咆哮，预示着革命洪流一泻千里、势不可当。

党史解读

1945年4月23日至6月11日，中国共产党第七次全国代表大会在延安召开。在大会上，毛泽东提交了《论联合政府》的政治报告，朱德作《论解放区战场》的军事报告和关于讨论军事问题的结论，刘少奇作《关于修改党章的报告》和关于讨论组织问题的结论，周恩来作《论统一战线》的重要讲话。七大确定了党的政治路线，即“放手发动群众，壮大人民力量，在我党的领导下，打败日本侵略者，解放全国人民，建立一个新民主主义的中国”。七大通过的新党章指出：“毛泽东思想，就是马克思列宁主义的理论与中国革命的实践之统一的思想，就是中国的共产主义，中国的马克思主义。”

大会选举产生了新的中央委员会和中央领导机构。随后召开的七届一中全会，选举毛泽东、朱德、刘少奇、周恩来、任弼时为中央书记处书记；选举毛泽东为中央委员会、中央政治局主席。这是一个具有很高威信的、能够团结全党的坚强的领导集体。

七大是中国共产党在新民主主义革命时期极其重要的一次代表大会。它总结中国新民主主义革命二十多年曲折发展的历史经验，制定了正确的路线、纲领和策略，克服了党内的错误思想，使全党特别是党的高级干部对于中国民主革命的发展规律有了比较明确的认识，从而使全党在马克思列宁主义、毛泽东思想的基础上达到了空前的团结。这次大会作为“团结的大会、胜利的大会”而载入史册。它为党领导人民去争取抗日战争的胜利和新民主主义革命在全国的胜利，奠定了政治上、思想上和组织上的深厚基础。

邓超华：《胜利的日子》（国画·2005年）

美·术·点·评

《胜利的日子》描绘的是一位伟岸的军人，高举着酒碗的右手停在半空，左手的衣袖空空地别在腰间，剃光了的铁榔头蹙眉低首、凝神沉思，他如铁塔般屹立着，胸中压抑着一团悲愤的火，似乎会随时迸发。这是一件为纪念世界反法西斯胜利 60 周年主题创作的作品，邓超华对战争的描写不是停留在战争场景的截取或造型符号的提炼，而是通过一位经历残酷战火洗礼而幸存下来的军人喝酒的瞬间表情定格，折射出人民对战争的反思和对和平的向往，别有新意。

党史解读

1945 年夏，世界反法西斯战争进入最后胜利的阶段。8 月 6 日和 9 日，美国先后在日本广岛和长崎投下原子弹，震动了日本朝野。与此同时，苏联军队于 8 月 9 日从东、西、北三面进入中国东北，进攻日本关东军。在此形势下，中国解放区军民展开了对日全面反攻作战。由于日军占领的大部分城镇、交通要道和沿海地区早已处在解放区的包围中，对日全面反攻的任务，主要是由解放区军民来承担的。

8 月 9 日，毛泽东发表《对日寇的最后一战》的声明。8 月 10 日，中共中央要求各地立即布置动员一切力量，向敌伪进行广泛进攻，迅速扩大解放区，壮大人民军队，并须准备于日本投降时，能迅速占领所有被我包围和力所能及的大小城市和交通要道。

日军在中国解放区军民的全面反攻下，迅速土崩瓦解。1945 年 8 月 14 日，日本政府正式照会中、美、英、苏四国政府，表示接受波茨坦公告。8 月 15 日日本宣布无条件投降。9 月 2 日，在东京湾的美国“密苏里”号巡洋舰上，日本外相重光葵和日军参谋总长梅津美治郎在投降书上签字。至此，中国人民抗日战争暨世界反法西斯战争胜利结束。

为新中国而奋斗

08

抗战胜利后，面临的是建什么国的问题。中国共产党力图通过和平途径建设一个独立、民主、富强的新民主主义中国；而国民党统治集团则想使中国社会退回到抗战前一党专制独裁的统治。解放战争初期，国民党依仗优势兵力和装备，向解放区发动全面进攻。毛泽东提出："一切反动派都是纸老虎。"党制定了各项方针政策，人民军队在全面内战爆发后的头八个月挫败了国民党的全面进攻，接着又挫败了其对山东、陕北两个解放区的重点进攻。1947 年 6 月，人民军队转入战略进攻，挺进大别山。与此同时，解放区内进行了普遍深入的土地制度改革；党领导的第二条战线也蓬勃发展。1948 年秋，人民军队和国民党军队的战略决战拉开序幕，经过大决战，消灭了国民党的主要军事力量，全国胜利就在眼前了。

赵建成：《一九四五年·重庆》（国画·2011年）

美·术·点·评

《一九四五年·重庆》画中人物以毛泽东、蒋介石为中心依次排开，人物比例被有意地夸大了，这显然是为了突出中心人物。画面中人物表情的凝重也象征了当时政治气氛的凝重。与赵建成的另一幅作品——《国共合作1924·广州》相比较，画中人物的变化体现了历史的变迁，从而也艺术地再现了真实的历史。

党史解读

抗战胜利后，在中国面临着向何处去的历史关头，中国共产党顺应民意，提出了“和平、民主、团结”三大口号。蒋介石于1945年8月三次致电毛泽东，邀请他到重庆“共定大计”，目的一是利用谈判争取调兵时间，二是估计毛泽东不会冒险到重庆谈判，从而把战争的责任推到共产党身上。

1945年8月25日，中共中央政治局决定派毛泽东、周恩来、王若飞为代表，赴重庆同国民党进行谈判。28日，中共代表团乘飞机到达重庆，在国内外引起巨大反响。毛泽东亲赴重庆这一行动，向国内外宣告，中国共产党是真诚地谋求和平的。

从8月29日开始到10月10日结束，国共双方经过谈判，最终签订《政府与中共代表会谈纪要》，即双十协定。国民党政府接受中共提出的和平建国的基本方针。双方协议“长期合作，坚决避免内战，建设独立、自由和富强的新中国”。双方还确定召开各党派代表及无党派人士参加的政治协商会议，共商和平建国大计。这是重庆谈判最重要的两项成果。此外，谈判还达成迅速结束国民党的“训政”，实现政治民主化；党派平等合法；释放政治犯等协议。

重庆谈判的举行和双十协定的签订，表明国民党方面承认了中共的地位，承认了各党派的政治协商会议，使中国共产党关于和平建设新中国的政治主张被全国人民所了解，从而推动了全国和平民主运动的发展。

侯一民：《青年地下工作者》（油画·1957 年）

美·术·点·评

《青年地下工作者》是侯一民在马克西莫夫油画训练班的毕业作品。侯一民曾担任地下党北平艺专支部书记，因此对于题材的处理十分到位，也可以说是画家自己生活的写照。画面中青年学生手持油灯，另有两人在收听电台和印刷传单，表现出一股紧张的工作气氛。背景颜色色调灰暗，一方面是“地下”工作环境的真实写照；另一方面衬托灯光的温暖，也寓意在青年人身上的青春与希望。

党史解读

从 1927 年大革命的失败，到 1949 年解放战争的胜利，国共两党除了在公开战场的较量，还在隐蔽战线进行了激烈交锋。油画《青年地下工作者》真实地展现了地下工作的紧张与危险，也凸显了地下工作的重要性。

1927 年 4 月 12 日，蒋介石发动反革命政变前，中共中央事先已经得到内线零星报告，但缺乏核心情报，行动又缺乏决心，导致上海等地的党组织遭到突然袭击，大批干部和群众骨干遭到捕杀。5 月，从上海脱险的周恩来到达当时的中共中央所在地武汉，汲取惨痛教训，建立了“特务股”，后发展为特科，并在各处建立内线，组织精干队伍和秘密交通网。在斗争实践中，周恩来逐渐摸索出一套行之有效的工作方法，强调组织要隐蔽、精干、少而密、单线联系，在活动中尽量职业化、社会化，以公开身份作掩护。

进入抗日战争时期，毛泽东根据形势的发展，为地下斗争提出了“隐蔽精干、长期埋伏、积蓄力量、等待时机”的方针。解放战争时期，在周恩来等人的正确指导下，党在国统区的地下工作取得卓越成就，可以说是隐蔽战线斗争发展的最高点。当时的主要任务，是努力形成配合解放军作战的“第二条战线”，扩大共产党、解放区的影响，并破坏国民党当局的后方稳定，严重影响其战争计划。战争胜利后，毛泽东曾称赞说：“解放战争中的情报工作是最成功的。”

江丰：《国民党狱中的政治犯》（版画 · 1936 年）

美 · 术 · 点 · 评

版画《国民党狱中的政治犯》创作于 1936 年。由于江丰在 1935 年和 1936 年曾两度入狱，该画应是江丰在国民党监狱所见真实场景的一种记录。画面中，政治犯们虽然脚戴镣铐，但表情坚凝，姿态英伟。一位国民党监狱的狱守站在政治犯们中间，手持钥匙，似乎掌握着政治犯们的命运。政治犯和狱卒正背相向，政治犯们的光亮刻画和狱守的黑暗形成了鲜明的对比，凸显了政治犯们大无畏的革命精神。画面上部文字为“坚壁和重门，铁窗和镣铐，锁得了我们的身，锁不了我们的心！录囚徒歌”，有一种画龙点睛的提示作用。

党史解读

1937年7月7日，卢沟桥事变爆发，抗日烽火席卷全国。在抗日民族统一战线的旗帜下，全国人民奋起抗战。但是，以蒋介石为代表的国民党统治集团内的顽固派，仍坚持其一党独裁统治。为此，他们大力强化特务组织，设立集中营，继续逮捕和秘密关押共产党员、抗日民主人士和爱国进步人士。

1938年11月至1946年，国民党特务机关在大后方贵州息烽设立了秘密集中营，因其等级最高、规模最大、管理最严，而被国民党军统特务内部称为监狱的“大学”。八年中，这里先后关押了共产党员、爱国将领、进步青年等各类人士1220余人，其中被秘密杀害和折磨致死600多人，400多人下落不明。1946年息烽集中营撤销时，仅有72人被转移到重庆军统所属渣滓洞和白公馆监狱关押。

在国民党反动政府的监狱里，特务们对共产党人和进步人士软硬兼施，或酷刑拷打、肆意虐杀，或花言巧语、威胁利诱，企图在肉体上和精神上瓦解革命者的斗志。但是，革命志士始终把监狱当作特殊的战场，与黑暗和反动进行着殊死的较量，谱写了一曲曲悲壮的诗篇，表现了革命者大无畏的英雄气概。

钱松喦:《红岩》(国画 · 1960 年)

美·术·点·评

钱松喦的《红岩》创作于20世纪60年代改造中国画运动时期，当时美术界为增强国画的现实意义，出现了一批以革命纪念地为表现对象的作品，《红岩》就是代表。作品描绘了抗战期间中共中央和八路军重庆办事处驻址，重庆谈判期间毛泽东的寓居地——红岩村。画家以"红"为突破，将黄土地化为红色岩石，将纪念馆高高托起，画面上的芭蕉用墨线白描勾成，使画面具有强烈的节奏感和空间感。题诗"风雨万方黑，红岩一帜红，仰钦奋彤笔，挥洒曙光中"，充分表达了画家对于革命圣地的真挚情感。钱松喦在这件作品中用传统的笔墨语言将革命现实主义与浪漫主义有机地结合起来。

党史解读

1939年至1949年，国民党军统在以白公馆、渣滓洞监狱为主的重庆歌乐山军统集中营，秘密关押一大批共产党人和抗日爱国民主人士。其中，被关押在白公馆的有中共四川省委书记罗世文，中共川西特委军事委员车耀先，抗日爱国将领黄显声，中共西北特支党员宋绮云、徐林侠夫妇及幼子"小萝卜头"宋振中等"案情严重"的政治犯。被囚禁在渣滓洞监狱的有因中共重庆市委机关报《挺进报》事件被捕的共产党员江竹筠、许建业、余祖胜、陈然等100余人，有华蓥山武装起义失败后被捕的共产党员蒋可然、陈以文等30余人。

1949年，在重庆即将解放的前夜，国民党军统特务对歌乐山集中营各监狱的共产党员和革命志士进行了灭绝人性的大屠杀，300多人遇害。重庆解放后，脱险出狱的罗广斌把狱中同志对党组织的临终嘱托写成《重庆党组织破坏经过和狱中情形的报告》。

从1950年起，罗广斌、杨益言和其他脱险战友，把狱中与敌人斗争的经历写成报告文学《圣洁的雪花》和革命回忆录《在烈火中永生》。1959年，中共重庆市委组织部决定由罗广斌、杨益言共同创作一部革命长篇小说。1961年12月，小说《红岩》出版，至今已累计发行上千万册，被誉为"革命的教科书"。根据小说改编的电影《烈火中永生》、歌剧《江姐》、话剧《红岩》等，早已家喻户晓，影响深远。

冯法祀：《刘胡兰就义》（油画 · 1957 年）

美·术·点·评

《刘胡兰就义》是著名油画家冯法祀的代表作。画家选取了刘胡兰被国民党敌人押赴刑场即将就义时的场景进行描绘。画面中，国民党官兵的冷酷和人民群众的激愤，两个押送刘胡兰的国民党士兵的丑陋和高昂头颅的刘胡兰的大义凛然，严冬厚厚的积雪和刑场上火热的革命激情，都形成了强烈的对比，也使得整幅画面充满了戏剧感和斗争性。刘胡兰被置于画面的中心，她的大义凛然既使得在场的人民群众深受感染，也使得敌人畏惧。

党史解读

1932 年，刘胡兰出生在山西文水县云周西村一个贫苦农民家庭。1945 年她担任了村妇女救国会秘书。1946 年 5 月，刘胡兰调任第五区“抗联”妇女干事；6 月，刘胡兰被吸收为中共预备党员，并被调回云周西村领导当地的土改运动。

1946 年秋，国民党军大举进攻解放区，文水县委决定留少数武工队坚持斗争，大批干部转移上山。当时，刘胡兰也接到转移通知，但她主动要求留下来坚持斗争。这位年仅 14 岁的女共产党员，在已成为敌区的家乡往来奔走，秘密发动群众，配合武工队打击敌人。1947 年 1 月 12 日，阎锡山军队突袭云周西村，刘胡兰因叛徒出卖被捕。最后被敌人用铡刀残酷杀害。

1947 年 2 月 6 日，《晋绥日报》刊登了刘胡兰英勇就义的详细报道，并发表评论，号召全体共产党员和解放区军民向刘胡兰学习。同日，延安《解放日报》也发表题为《只要有一口气活着，就要为人民干到底——女共产党员刘胡兰慷慨就义》的文章。中共中央晋绥分局追认刘胡兰为中共正式党员。3 月 26 日，毛泽东带领中共中央机关转战陕北途中，中央书记处书记任弼时向他汇报了刘胡兰英勇就义的事迹。毛泽东深受感动，挥笔写下了“生的伟大，死的光荣”八个大字。

高虹:《转战陕北》(油画 · 1957 年)

石鲁:《转战陕北》(国画 · 1959 年)

美·术·点·评

高虹的《转战陕北》采用了现实主义手法，将重大历史题材寓于平凡的场面中。泥泞行军中的毛泽东、周恩来与敌后的战士和群众不期而遇，泥泞的道路和险恶的敌后环境，与毛泽东等党的领导人的乐观、沉着的表情形成了鲜明的对比。从路边战士们和群众激动的神态可以看出他们所受到的鼓舞。

石鲁的《转战陕北》则独具匠心，一反画领袖形象的固有范式，将毛泽东置身于黄土高坡，成为大山大水中的点景。作者大胆取舍，通过对西北山川的描绘，塑造了一个大气磅礴的空间。一方面突出了领袖形象；另一方面又把观众带到一个具体的历史场景之中，唤起了观众的联想，让人感到山谷间似乎隐藏着千军万马，构思巧妙，匠心独运。

党史解读

1947 年 3 月 18 日晚，在国民党军胡宗南部进攻延安的枪炮声中，毛泽东依依不舍地告别了居住了十年的延安，开始了转战陕北的伟大历程。临行前，毛泽东对前来送行的西北野战兵团的领导干部们说："我军打仗，不在一城一地的得失，而在于消灭敌人的有生力量。存人失地，人地皆存；存地失人，人地皆失。""我们要以一个延安换取全中国。"

3 月 19 日上午，西北野战军主动撤离延安，开始按照中央军委和毛泽东确定的"蘑菇战术"，依靠陕北优越的群众条件和有利地形，与几十万国民党军队在陕北高原周旋，并连续进行了青化砭、羊马河、蟠龙三次歼灭战，有效地策应了其他战场的人民解放军，奠定了粉碎国民党军对陕北重点进攻的基础。

3 月 29 日，中央在陕北清涧县枣林沟召开会议，决定毛泽东、周恩来、任弼时留在陕北，主持中共中央和人民解放军总部的工作；刘少奇、朱德、董必武等组成中央工作委员会，前往河北平山，担负中央委托的工作。中共中央和毛泽东决定留在陕北，极大地鼓舞了全国各解放区军民的斗争意志和胜利信心。此后，以毛泽东为首的党中央、中央军委坚持转战在陕北，在极端艰苦险恶的环境中指挥着西北和全国各个战场人民解放军的作战行动，真可谓是"运筹帷幄之中，决胜千里之外"。

1948 年 3 月 23 日，在全国解放战争胜利在望的时候，毛泽东、周恩来、任弼时率中共中央、人民解放军总部东渡黄河，前往河北平山西柏坡。4 月 21 日，延安重新回到了人民的怀抱。

亚明:《孟良崮战役》(国画·1984年)

美·术·点·评

这幅以这场重大战役为背景的山水画，具有典型的主题特征。作品表现了孟良崮战役胜利后，解放军战士押送大批俘虏走下战场的情景，场面壮阔。画家以苍茫的笔调、写意的风范，营造了一个硝烟初散的战场全景。作品将山水画的美学特征与宏大主题完美结合，艺术手法自由而灵动，山水的皴法、硝烟的表现、大队人马的刻画，都充满巧思和韵致，没有刻意雕琢的痕迹。

党史解读

1947年春，迫于全面进攻兵力不足，蒋介石改以对陕北和山东解放区进行重点进攻。对山东解放区，国民党军调集约45万，企图迫使华东解放军在沂蒙山区与之决战或北撤。

1947年4月，国民党大军向鲁中山区推进。华东野战军主力主动东撤，集结于莱芜、新泰、蒙阴以东地区。国民党整编第74师在两翼配合下，不待友邻兵团统一行动，向蒙阴东南进犯。整编第74师是国民党自诩的“五大主力”之一，全部美械装备，是进攻华东解放区的一支骨干力量，几次与解放军交手，尚未受到重大打击，气焰嚣张。打掉这张“王牌”，是华东野战军的夙愿。5月中旬，整编第74师继续向坦埠以南进攻。华东解放军第一、第八纵队隐蔽楔入74师与配合部队的结合部，将其割裂包围于孟良崮的狭小地域。整编第74师被围后，坚守待援，国民党军10个整编师分路向孟良崮驰援，企图与解放军主力在孟良崮进行决战。解放军主攻部队则对被围之敌加速猛攻，双方对孟良崮附近制高点进行反复争夺，战况空前激烈。国民党各路援军被解放军阻援部队拖住。16日，在解放军连续冲击下，全歼整编第74师等部三万余人，击毙师长张灵甫。

孟良崮战役的胜利，打击了蒋介石最精锐的部队，使其内部深受震动。蒋介石哀叹整编第74师被歼是他“最可痛心、最可惋惜的一件事”。此后，国民党军暂时停止了对山东的进攻。

高虹：《决战前夕》（油画 · 1964 年）

美 · 术 · 点 · 评

高虹的《决战前夕》使用现实主义的创作手法，选取西北野战军进入战略反攻的第一个胜仗——沙家店战役及人民解放军转入战略反攻时期，毛泽东在其所住窑洞地图前沉思的场景。室内的景物描绘极为细致，犹如室内静物画，又与矗立如丰碑的毛泽东形象相结合，显示出一种极致的“安静”，而这“安静”又处于决战前夕，整个“安静”的中心集中在毛泽东身上，凸显了毛泽东在解放战争中所起到的核心作用，画作表现思想十分丰富。

党史解读

经过一年多的作战，人民军队先后挫败国民党军的全面进攻和重点进攻，到1947年6月，国民党军队的总兵力由战争开始时的430万人减少到373万人，其中正规军由200万人减少到150万人。人民军队发展到195万人，武器装备也得到很大改善。

依据整个战局的发展，中共中央作出重大战略决策：立刻转入全国性的进攻，以解放军主力打到外线，调动敌人回防空虚的后方，粉碎蒋介石的战略企图与方针，把战争引向国民党统治区域，迫使敌人转入战略防御，改变敌我之间的攻防形势。

为了实现这个战略计划，人民军队形成三军配合、两翼牵制的作战格局。三军配合是：以刘伯承、邓小平指挥的晋冀鲁豫野战军主力为中路，实施中央突破，直奔大别山；以陈毅、粟裕指挥的华东野战军主力即西线兵团为东路，挺进苏鲁豫皖地区；以陈赓、谢富治指挥的晋冀鲁豫野战军一部为西路，挺进豫西。三路大军，相互策应，机动歼敌。两翼牵制是：以西北野战军出击榆林，吸引进攻陕北之敌北调；以华东野战军东线兵团在胶东展开攻势，将进攻山东之敌牵向海边。

人民解放军在内线和外线的攻势作战，组成人民解放战争全国规模的战略进攻的总态势。国民党军队不得不由战略进攻转变为全面防御，人民军队由此结束了长期以来在国内革命战争中所处的战略防御地位。

傅抱石:《过黄泛区》(国画·1957年)

美·术·点·评

傅抱石《过黄泛区》是一幅水墨淋漓、大气磅礴的水墨军史画，生动艺术地再现了 1947 年夏刘邓大军风雨中涉过黄泛区，挺进大别山开辟新区的情景。淡墨皴擦表现出暴雨淋漓，浓墨点染表现出解放军勇往直前。画面并不注重具体形象的描绘，而着重于整体意境的把握和渲染，画面的朦胧效果既有自然暴雨淋漓的缘由，也有岁月的痕迹，使得整幅作品有一种深刻的历史感。

党史解读

到 1947 年 6 月，解放战争已经进行了整整一年。经过一年的战争，敌人虽然受到了很大的削弱，但是无论在数量上或者装备上都还占着优势。蒋介石还在继续获得美帝国主义大量的军事援助和经济援助，还有广大的统治区可供搜刮以支持其军事进攻。

在当时的敌我条件下，毛泽东高瞻远瞩地判断形势的发展，指出战略进攻的时机已经到来，并最终选择地处中原的大别山区作为战略进攻的主要突击方向。

1947 年 6 月 30 日夜，刘邓大军 12 万人强渡黄河，发起鲁西南战役，揭开人民解放战争战略进攻的序幕。经过 20 多天的艰苦跋涉和激烈战斗，刘邓大军从国民党数十万军队的前堵后追中杀开一条血路，先后越过陇海路、黄泛区、沙河、涡河、汝河、淮河等一道又一道障碍，于 8 月末进入大别山区。刘邓大军依靠人民群众，艰苦作战，粉碎 20 万国民党军队的轮番进攻，至 11 月歼敌 3 万余人，建立 33 个县的民主政权，站稳了脚跟。

刘邓大军千里跃进大别山，恰似一把利剑插进蒋介石反动统治的心脏，它同东北、华北、西北、华东等战略区的反攻和进攻相配合，形成了对敌人的全国规模的巨大攻势。从此，中国人民解放军由内线作战转为外线作战，由战略防御转入战略进攻，扭转了整个战争形势，为夺取全国胜利创造了极为有利的条件。

沈尧伊：《沙家店之役》（油画 · 1998 年）

美·术·点·评

作者以写实的笔调和开阔的构图将敌我双方交战的激烈场面作为背景，把指挥员沉稳坚毅的神态刻画得非常生动。画中不论是写实的人物形象还是背景上含有写意笔趣的山峦、枯树，在造型和色彩语言上都有舒畅的流动感。

党史解读

人民解放军刘邓、陈粟、陈谢等路大军按照中共中央的部署，在 1947 年 7 月至 9 月间相继由内线转向外线，由战略防御转入战略进攻。在三路大军挺进中原的同时，内线各战场的人民解放军也逐渐转入反攻。为了策应陈谢大军南渡黄河，西北野战军于 8 月 6 日开始围攻榆林，到 11 日撤出战斗，调动了胡宗南部主力北援。8 月 20 日，西北野战军乘南北敌军尚未会合之际，在沙家店地区一举歼灭自榆林南下的国民党军整编第 36 师主力。此役共歼国民党军六千余人，至此，基本粉碎了国民党军队陕北的重点进攻，从根本上扭转了西北战局。

靳尚谊：《党的十二月会议》（油画 · 1977 年）

尹戎生：《夺取全国胜利——毛主席和老帅们在一起》（油画 · 1980 年）

美·术·点·评

朴素简陋的会议室，中国共产党的精英们济济一堂，毛泽东诗人般的风采和对未来的预言，使与会者如沐春风。这是靳尚谊创作的油画《党的十二月会议》的画面。作为主角的毛泽东显然是画面的中心，但与会人物与之呼应的神情与姿态也极为重要，画家充分展示了刻画形象的能力和掌控构图的技巧。冬日的阳光，透过窗棂洒进室内，给画面赋予了一个充满意味的暖色调，使画面具有丰富的层次感和节奏感。

尹戎生《夺取全国胜利——毛主席和老帅们在一起》与《党的十二月会议》表现的是相近题材。画作描绘了解放战争时期毛泽东正在向解放军将帅们讲述夺取全国胜利的战略和战术思想的场景。毛泽东处于整幅画面构图的核心，正在神采飞扬地演讲，与会的人们神态各不相同，也都聚精会神地倾听，既体现出了一代领袖的英姿，也表现出了将军们的飒爽风采。

党史解读

1947年12月，中共中央在陕北米脂县杨家沟召开扩大会议，即十二月会议。会议全面制定了党的行动纲领，准备夺取全国胜利。

会上，毛泽东在《目前形势和我们的任务》报告中，分析国际国内形势，阐明了彻底打败蒋介石、夺取全国胜利的军事、经济、政治等方面的方针和政策。军事方面，毛泽东提出了十大军事原则，阐明了人民战争的战略战术思想的一系列重要问题，使人民解放军的作战指导思想更加系统化、理论化；经济方面，明确宣布新民主主义革命的三大经济纲领，即没收封建阶级的土地归农民所有，没收垄断资本归新民主主义的国家所有，保护民族工商业；政治方面，重申了党的最基本的政治纲领："联合工农兵学商各被压迫阶级、各人民团体、各民主党派、各少数民族、各地华侨和其他爱国分子，组成民族统一战线，打倒蒋介石独裁政府，成立民主联合政府。"

十二月会议是在中国革命战争的历史转折关头召开的一次会议。毛泽东在会议结论中说："二十年来没有解决的力量对比的优势问题，今天解决了。"会议所制定的政治、经济纲领，比《新民主主义论》和《论联合政府》中提出的纲领有了进一步的发展，成为中国共产党在打倒蒋介石反动统治集团、建立新民主主义中国的整个时期内，在政治、军事、经济各方面的纲领性的文件。

任梦璋:《攻克锦州》(油画 · 1961 年)

美 · 术 · 点 · 评

任梦璋 1961 年应中央革命博物馆（今中国国家博物馆）之约创作的油画《攻克锦州》，是一幅场面恢宏、人物众多、主题鲜明的战争场面的经典画作，洋溢着革命英雄主义精神。画面中跃马向前的指挥员、吹响系着红绸带冲锋号的小战士和喷火的大炮等细节描绘，与势如破竹的进攻队伍共同构画出一幅令人难忘的战斗场景，加上前方隐约捣毁的城墙作烘托对照，动感强，气势大，展现了作者非凡的驾驭人物和超越时空的艺术表现能力。

高泉：《攻克锦州》局部（油画·1985年）

美·术·点·评

高泉的《攻克锦州》借用我国传统的横卷式构图方式，用写实的手法记述那场战争。画面炮火轰鸣，不同场景中解放军战士英勇无畏地在前线战斗。画面写实，人物、场景刻画细致入微，具有身临其境的效果。作品各个部分有机结合，气势恢宏。

党史解读

锦州位于辽宁省西南部，扼守华北通向东北的咽喉要道辽西走廊，是兵家必争之地。

1948 年 5 月，东北战场的形势发生了重大转折，东北野战军从数量上已经超过了国民党军。中央军委深思熟虑，决定同国民党军展开战略决战，并制定了辽沈战役的作战方针。1948 年 9 月辽沈战役开始后，东北野战军首长在中央军委的指示下，把辽沈战役的第一个要点选在了锦州。从 9 月 12 日起，东北野战军首先南下北宁线，切断了东北与华北的联系，主力隐蔽南下，分割包围了义县、锦州、锦西、兴城、绥中等要点。9 月 24 日，东北野战军第九纵队插入锦州城北，彻底切断了义县与锦州的联系。28 日解放了绥中，29 日夺取了兴城，10 月 1 日攻克了义县。

10 月 10 日，毛泽东致电林彪："你们应尽可能迅速地攻克锦州。只要攻克了锦州，你们就有了主动权。"东北野战军按照军委的电示，对国民党援军进行阻击，集中主力 16 个师，在炮兵火力支援下，于 14 日开始向锦州城发起总攻，经过 31 个小时激战，于 15 日傍晚攻克锦州，全歼国民党守军 10 万余人，俘东北"剿总"中将副总司令范汉杰等，完全封闭了东北国民党军从陆上撤向关内的大门，也加速了东北解放的进程。

张华清、李华英：《淮海战役胜利了》（油画 · 1977 年）

古元：《人桥》（版画 · 1948 年）

美·术·点·评

《淮海战役胜利了》通过一位女战士在大战后的一个定格场景，来表达对战争胜利的喜悦。作品视角独特新颖，画面中白雪皑皑的雪地上战争的硝烟还没有熄灭，战士们在战场巡逻。画面主体的女战士全副武装地站在国民党军队坦克的残骸上，犹如雕塑一般。画面纵向的背景与矗立的战士形成鲜明的对比，战争的阴霾消失在雪中，似乎暗示着即将到来的和平与解放。

古元从20世纪40年代中叶起，画风由简明转向精谨，并兼作套色木刻。《人桥》记录的是解放战争时期大军渡江，架桥部队撑起浮桥，配合主力部队向敌人进攻的场面。画面以黑色为主，套以橘红、黄绿二色，在对比中表现出硝烟四起、火光冲天的战斗气氛，映现出士兵奋勇前进的身影。红、绿二色套印产生的中间色和点点留白丰富了画面的色彩。此为解放战争时期优秀作品之一，也反映出新兴木刻新的艺术里程。

党史解读

到1948年秋季，中原、华东解放区空前巩固，两野战军已能在统一指挥下进行战役上的相互配合，协同作战。

9月24日，华东野战军代司令员粟裕根据形势变化，向中央军委建议乘胜举行淮海战役，为夺取徐州创造条件。9月25日，中央军委复电同意华东野战军举行淮海战役。11月16日，中央军委决定，由刘伯承、陈毅、邓小平、粟裕及华东野战军副政治委员谭震林五人组成总前委，刘、陈、邓为常委，邓小平为书记，统筹淮海前线一切事宜。

淮海战役分为三个作战阶段：第一阶段（11月6日至22日），歼灭黄百韬兵团，攻占宿县，孤立徐州。第二阶段（11月23日至12月15日），采取“吃一个，挟一个，看一个”的方针，吃掉黄维兵团，挟住杜聿明集团，看住由蚌埠北援的李延年、刘汝明两兵团。第三阶段（12月16日至1949年1月10日），全歼杜聿明集团。

经过66天的激烈作战，华东、中原两大野战军共歼灭和争取起义、投诚国民党军55.5万余人。至此，南线国民党军的精锐主力已被消灭，长江中、下游以北广大地区均获解放。人民解放军兵临长江北岸，国民党的政治经济中心南京、上海等地已处于人民解放军的直接威胁之下。毛泽东欣喜地指出，淮海战役的胜利，不但长江以北局面大定，全国局面亦基本上解决。

孙立新、白展望、窦红：《平津战役——会师金汤桥》（油画 · 2009 年）

美 · 术 · 点 · 评

油画《平津战役——会师金汤桥》，选取了这场战役最激动人心的时刻进行描绘。画面中人民解放军在清晨富有节奏感的阳光下会师，铁桥结构和会师队伍营造出宏大场面。作品对人物的造型、服装、环境、战火硝烟都有细致入微的刻画，残酷战争之后战士脸上的伤口和包扎的绷带，表明这场战争的胜利来之不易。作品中的金汤桥巍然耸立，见证了这场战争的艰辛与悲壮，这种手法创作的历史画表现了一定的历史深度。

党史解读

随着淮海战役的胜利发展，中央军委认为国民党部队放弃平津地区，撤退并加强长江防线的可能性增大，这对于渡江作战不利。为此，中央军委于 1948 年 11 月 18 日命令东北野战军主力立即入关，在华北军区主力协同下提前发起平津战役，抑留并歼灭傅作义集团于华北地区。

平津战役分为三个作战阶段：第一阶段（11 月 29 日至 12 月 20 日），将傅作义集团分割包围于张家口、新保安、北平、天津、塘沽五个地区内，封闭了其西逃和南逃的一切道路。第二阶段（12 月 21 日至 1949 年 1 月 17 日），按照中央军委确定的“先打两头、后取中间”的原则，各个歼灭新保安、张家口、天津之敌。第三阶段（1 月 18 日至 31 日），和平解放北平。

画作选取了第二阶段解放天津战役中会师金汤桥的场景。1949 年 1 月 14 日，东北野战军集中 5 个纵队、22 个师共 34 万人，采取“东西对进，拦腰斩断，先南后北，先分割后围歼，先吃肉后啃骨头”的方针，经 29 小时激战，东西对进的解放军于 15 日凌晨在金汤桥会师，鲜艳的红旗插上了桥头。天津解放为促成北平的和平解放奠定了基础。

历时 64 天的平津战役，共歼灭和改编国民党军 52 万余人。华北地区除太原、新乡等少数几个国民党军孤立据点外，均获解放。平津战役的胜利，连同辽沈战役、淮海战役的胜利，使国民党丧失了三大精锐战略集团，国民党的统治基础发生了根本动摇，为解放战争在全国胜利奠定了巩固的基础。

叶浅予：《北平解放》局部（宣传画 · 1959 年）

邓家驹等:《和平解放北平》(油画 · 1977 年)

美·术·点·评

叶浅予的《北平解放》借用传统界画的创作形式进行创作。前门城楼下人山人海，手持条幅或毛主席头像庆祝北平解放。城楼上也是彩旗飘扬，“欢迎人民解放军”的条幅赫然入目。前门后面京城的古建筑隐藏于祥云之中，天空中有象征和平的白鸽飞过，一片喜庆景象。作品画面以大红为主色调，构图以前门为主体，人群、建筑和祥云错落有致，充分表达出艺术家喜悦的心情。

邓家驹等合作描绘解放军进入北京城场面的油画《和平解放北平》，采用横向构图，前面骑兵一字排开，手持红旗，昂首前进；中间解放军整齐划一，齐步前进；两个调皮的孩子跑到队伍前面，手举红星；坦克在队伍之中，几位战士立于坦克之上，手举毛主席和朱德头像，旁边的群众热情地与解放军握手，有的更是点起了鞭炮，夹道欢迎进城的子弟兵；画面后面解放军和欢迎群众的队伍蜿蜒至画面深处。整件作品视野开阔，气势磅礴，具有震撼人心的力量。

党史解读

天津解放后，北平25万守军陷于绝境。鉴于北平是世界驰名的文化古城，中共中央、中央军委决定尽最大努力通过谈判和平解放北平。中共北平地下组织采取多种形式，直接做傅作义及其周围人员的工作，爱国民主人士也呼吁傅作义走和平谈判道路。傅作义是抗日名将，并和共产党有过友好往来，在内战中执行蒋介石的“戡乱”反共政策，但随着国民党军的不断失败，逐步对蒋介石的统治失去信心。从1948年12月起，傅作义派代表到人民解放军平津前线司令部进行三次正式谈判，接受了中共提出的和平条件。

1949年1月21日，双方达成《关于和平解决北平问题协议》。随后，北平守军陆续开到城外指定地点接受改编。31日，解放军进入北平，北平和平解放。

黄胄：《爹去打老蒋》（国画 · 1950 年）

美 · 术 · 点 · 评

黄胄的《爹去打老蒋》描绘了一个农民家庭由于参军即将分别的场景。画面左侧是一位年轻的妇女和两个孩子，怀抱的孩子用手指着旁边正要跨上战马的父亲，父亲则满是关爱地回头望着孩子和妻子。画中的战马矫健、有力，战马后侧蹲坐着的狗悠闲地吐着舌头，望着眼前发生的一切。画中四个人物、两只动物，都极为真实、生动，没有丝毫的造作和虚夸，能让人真切地体味到这个家庭的朴实和纯真。这幅作品被选入第一届全国美览，受到美术界的好评，更得到徐悲鸿先生的称赞，由此也成了黄胄的成名之作。

王式廓:《参军》(油画 · 1951 年)

美 · 术 · 点 · 评

王式廓的油画《参军》则表现了在革命战争年代，母送儿、妻送郎、乡亲们敲锣打鼓欢送亲人参军的热烈场面。这是土地改革后的农村，阳光下，乡亲们把参军的青年送到村口。参军的青年胸佩红花，已经坐在车上。乡亲们簇拥着车，有的握手，有的送水，有的叮嘱什么，有的举手告别……锣鼓声、话别声融为一体，气氛热烈而壮阔。画面正中，站在大车上举手演讲的青年，似乎在慷慨陈词，又似乎只是用手势表示着自己的决心。作品生动地再现了土改之后，广大农民踊跃参加人民解放军这一历史性事件。

范扬：《支前》（国画 · 1984 年）

美 · 术 · 点 · 评

范扬的《支前》描绘的是淮海战役的支前民工，强调了民工潮流涌动的大态势。画作在表现手法上参照《清明上河图》，力求质朴、厚实，暗赭色调亦极统一。画面整体上有大的构图韵律线，及彗星式的由密集向疏散扩张的运动态势和轨迹。显然，在这涌动的潮流中也涌动着巨大的革命激情，涌动着党和人民群众之间深厚的革命情谊。此外，《支前》还体现了 20 世纪 80 年代以来青年作者对形式规律的敏感和以对革命历史题材作品创作探索现代形态的过程。

党史解读

经过轰轰烈烈的土地改革运动，广大解放区农民在政治和经济上得以翻身，政治觉悟和组织程度也空前提高。在“参军保田”的口号下，青壮年农民潮水般加入人民军队。各地农民不仅将粮食、被服等送上前线，而且组成运输队、担架队、破路队等随军组织，担负战地勤务。他们还建立加强民兵组织，配合解放军作战。人民解放战争获得了取之不尽的人力、物力的支援。

广大支前群众冒着枪林弹雨，忍着风雪饥寒，依靠人力和相当落后的工具，用肩挑、车推、驴驮、船运等方法，翻山越岭，破冰渡河，将大量的粮食、弹药等军需物资源源不断地运往前线，将伤病员送到后方救治。在辽沈、淮海、平津三大战役中，人民群众发挥了巨大的作用，展现了一幅宏伟壮观的人民战争画卷。

由于淮海战役规模最大、历时最长，围绕这次战役而进行的支前运动，规模之巨大、任务之浩繁、动员人力物力之众多，为古今中外战争史上所罕见。其中，最动人的场面就是几百万推着小车运送粮食的民工大军。据统计，淮海战役中，华东、中原、冀鲁豫、华中四个解放区前后共出动民工 543 万人。对此，华东野战军司令员陈毅曾深情地说：“淮海战役的胜利，是人民群众用小车推出来的！”广大人民群众的支援，有力地保证了战略决战的胜利，充分显示了人民战争的巨大威力。

百万雄师过大江

09

经过三大战役，国民党政府在长江以北的力量已全线崩溃。1949 年 3 月，中共七届二中全会在西柏坡举行。毛泽东在会上提出了在全国胜利的局面下，党的工作重心由乡村移到了城市；以及使中国由新民主主义社会转变到社会主义社会的总的任务和主要途径等。由于国民党政府拒绝在《国内和平协定》上签字，4 月 21 日，毛泽东主席和朱德总司令发布向全国进军的命令。4 月 23 日，解放军占领国民党的统治中心南京，宣告了延续 22 年的国民党反动统治的覆灭。

尹戎生：《暴风骤雨》（油画 · 1977 年）

王式廓：《血衣》（油画 · 1957 年）

美·术·点·评

真正优秀的艺术作品总会给人震撼人心的力量。尹戎生的《暴风骤雨》用富有浪漫主义的语言，描绘了土地改革时期穷苦的劳动人民向旧地主清算的场面。昔日剥削农民的地主大院变成了公义的审判场，被农民围得水泄不通，院子里各种充满血泪的地契堆了一地，在民兵连的组织下，一对母女面对被押的地主，控诉着地主对她们的残害。作品画面颜色统一，富有张力，震撼人心。

王式廓的油画《血衣》是具有史诗般意义的艺术作品。作品风格质朴、浑厚，画家通过自己对艺术形象强烈鲜明的感受，对人物造型的准确把握，以精湛的艺术技巧，把自己的感受用艺术的语言表现出来，并达到认识和表现的统一，主观和客观的统一，形似与神似的统一，表现与再现的统一。作品画面选取了党领导下批斗土豪的场景，无论是双目失明的母亲，持血衣控诉的妇女，持字据的老汉，残废者或是青年民兵等等，每一形象，画家都进行了真实的描绘，洋溢着作者对主人翁的深切同情和热爱。画家从现实主义出发，用黑白对比的手法，奔放粗犷的线条，对人物细节的虚实处理达到了画面真实与现实真实的统一，使人物的外在形象与内心世界浑然一体。尤其令人关注的是，位于画面上方的台案之后，坐着两位政工干部，一位在聆听农民的控诉，一位在记录，真实地表现了是中国共产党领导广大农民翻身做主人，表现出党与人民群众之间的血肉联系。

党史解读

随着人民解放战争的发展，要求在解放区更加普遍深入地开展土地制度改革，以进一步调动广大农民的革命和生产积极性，支援解放战争。1947 年 7 月至 9 月，在刘少奇主持下，全国土地会议在西柏坡召开。会议通过了《中国土地法大纲》，10 月 10 日正式颁布实行。

1948 年，在晋绥干部会议上，毛泽东对土改总的指导思想作了更完整的表述："依靠贫农，团结中农，有步骤地、有分别地消灭封建剥削制度，发展农业生产，这就是中国共产党在新民主主义的革命时期，在土地改革工作中的总路线和总政策。"在这条正确路线的指引下，解放区的土改运动蓬勃开展。在晋察冀、晋冀鲁豫和华东解放区，凡是过去封建土地制度已经全部或大部分被废除、土改基础较好的地区，均实行抽补、调剂政策，以解决贫雇农土地不足的问题；在土改工作薄弱的地区，则没收地主、旧式富农多余土地、房屋、耕畜、家具，按人口平均分配。在陕甘宁、晋绥和东北解放区，以自然村为单位，将土地打乱，按人口重新平均分配。在新开辟的解放区，也用老区、半老区平分土地的做法，迅速开展开仓济贫、分土地、分浮财运动。

全国各解放区的土改运动取得巨大成绩。到 1948 年秋，在一亿人口的地区消灭了封建的生产关系，长期遭受地主阶级残酷压迫和剥削的广大农民在政治上经济上翻了身，生产积极性大为高涨，大批青壮年加入人民军队或担负战勤，保证了人民解放战争的胜利进行。

冯法祀：《控诉会》（油画·1950年）

莫朴：《清算》（油画 · 1948 年）

美 · 术 · 点 · 评

1950 年，冯法祀赴京郊参加土地改革运动，创作了大幅油画《控诉会》。画作的题材、人物来自生活，作品人物众多，构图饱满而不拥塞，色彩沉稳而响亮。画面以控诉的农民人群构成的大面积灰色，插入画面中心青年农民土黄色的背影及白色头巾，与红色棉袄的青年妇女相映，使作品在压抑中透出一股新的时代气息，表现出解放了的农民迸发的新的精神风貌。《控诉会》的中心人物——“老人”站在桌子上控诉，神情激愤；几位农民怕他在桌上站不稳，急忙上前扶着他的腿。这样的细节，没有亲身经历此情此景的人是构想不出来的。《控诉会》是新中国油画家在新中国成立初期尝试创作主题性作品及大场面构图的一个成功的范例。

莫朴的《清算》同样描绘了在土地改革中翻身做主的农民向过去的地主清算的场面。画面中地主被围在中间，为首的农民站在地主面前，指着剥削者细数他的罪行；地主因为心虚和恐惧而身体微微向后倾斜，周围的人群情激愤，纷纷数算自己过去的血泪史，坐在地主右前方的师爷衣着、神情甚为狼狈。作品以地主和为首的农民将画面左右分开，整体重心略微向左倾斜，表现出农民革命摧枯拉朽的力量。画面中地主位于暗处，激愤的农民使用较亮的色调，象征着解放区民主、明亮的明天。

江丰：《清算斗争》（版画·1944年）

石鲁：《打倒封建》（木刻·1949年）

美·术·点·评

江丰版画《清算斗争》所描绘的故事，发生在地主大院中。愤怒的农民冲进来，地主被围在中间，手足无措。作品采用侧面视角，左侧的人群和右侧的地主形成对比，象征民主与封建势力的斗争，画面近处喧闹的人群与远处的群山形成对比，使得场景热烈而疏密有度。作品造型语言丰富，线、块、面共同使用，展现出艺术家高超的画面控制力，人物形象呼之欲出，整个场景营造富有戏剧性和镜头感。

《打倒封建》是著名画家石鲁的木刻版画代表作。作品采用象征的手法表现解放区的人民群众打倒封建的热情。巨大的地主城堡占据了大部分画面，象征着腐朽的封建制度。画面前方，人民手持武器在游击队的带领下蜿蜒进入地主城堡，有的战士已经站在墙头，具有较强革命浪漫主义风格。作品人物多而不乱，构图多使用倾斜线，涌进城门的人群使得画面具有向上的动感。作品刀法多用短线造型，繁复厚重，具有较强视觉效果，与汹涌的土地改革运动相呼应。

党史解读

全国土地会议后，各解放区为贯彻会议精神，从各级党、政、军机关抽调大批人员组成工作组深入农村，发动群众，组织贫农团和农会，控诉地主，惩办恶霸，彻底平分地主土地，迅速形成土改热潮。1947 年 11 月至 12 月，一个以土地改革为中心的波澜壮阔的群众运动，很快在陕甘宁、晋绥、晋察冀、晋冀鲁豫、华东等老解放区，东北等半老解放区，以及鄂豫皖、豫皖苏、豫陕鄂、江汉、桐柏等新解放区广泛开展起来。

轰轰烈烈的土地改革运动，猛烈冲击着几千年来的封建土地制度。特别是在一亿人口的老区和半老区，基本消灭了封建土地制度，打碎了几千年来套在农民身上的封建枷锁，改变了农村旧有的生产关系。这一翻天覆地的变化，使亿万农民在政治上、经济上获得了解放，并由此迸发出难以估量的革命热情。

刘文西：《解放区的天》（国画 · 1984 年）

彦涵：《豆选》（版画 · 1948 年）

美 · 术 · 点 · 评

《解放区的天》描绘的是解放区的人民欢庆自己在土地改革中翻身做主人的欢乐场面。画面近处的轿子挂满红花，欢快的儿童在人群中奔跑；画面中央手持板凳的毛泽东和农民亲切交谈，亲切而温和，人们难抑心中的欢喜，将这位解放区的领导人围了起来；画面远处吹唢呐、扭秧歌的队伍热情奔放，欢乐声响彻解放区的天际。作品构图层次清晰，歌颂了解放区领导人和人民群众的鱼水之情。前方的红画和彩带传递着解放区人洋溢着的欢快情绪。画面中人物造型厚重，具有雕塑般的感觉，毛泽东的形象塑造极富感染力。

彦涵的《豆选》记录了解放区人民在村口用豆子进行民主选举的场景。画面中人头攒动，人们依次将自己的选票投给自己信任的领导；画面另一侧人们正在统计已得的票数。作品中人们表情欢快，表达出做主人的自豪之情；画面后方在城口飘扬的红旗，象征着为人民带来民主的党的领导。作品构图视野开阔，左侧的民居与右侧的树林压缩视觉纵深感，与后面的城墙相呼应，使得画面中央的人群更富力量。作者刀法娴熟，创作线条富有力度，塑造出丰富而立体的人物形象。

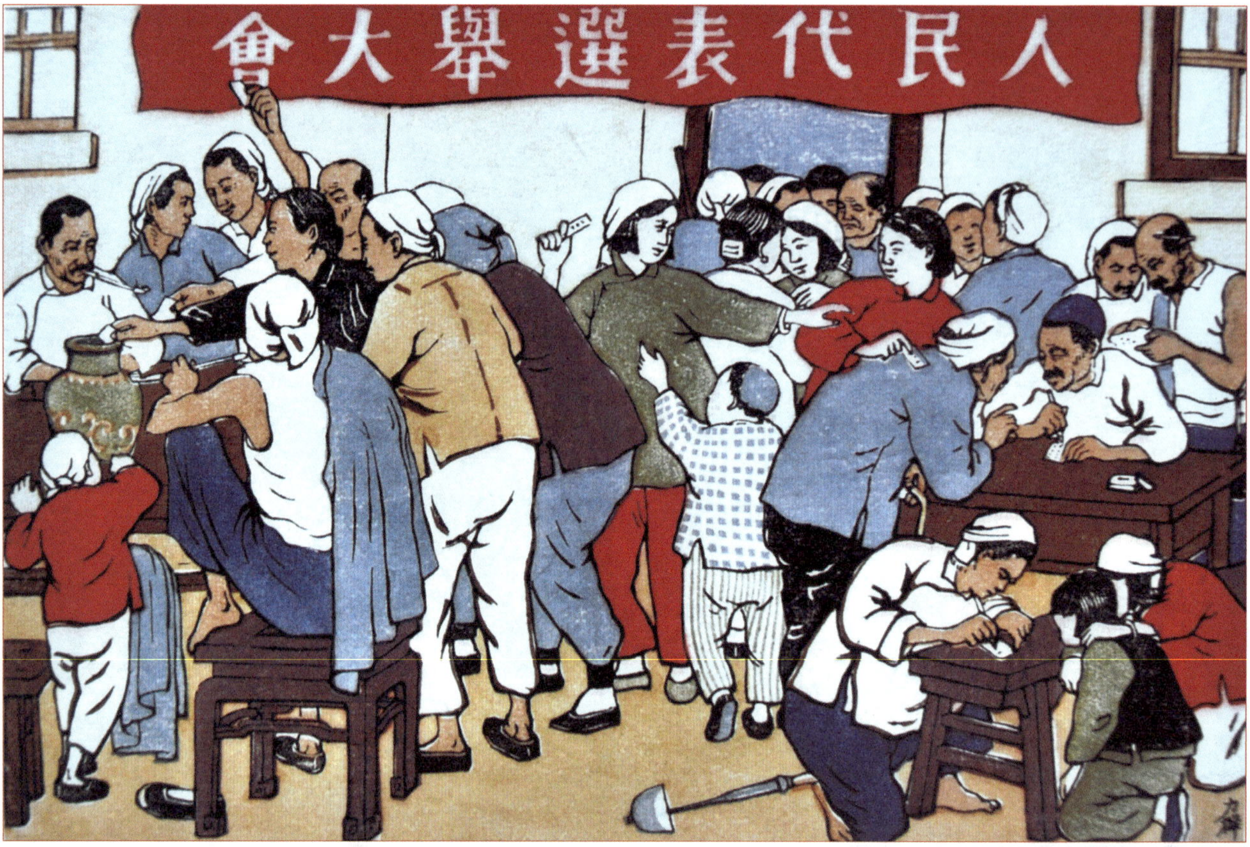

力群:《人民代表选举大会》(版画 · 1947 年)

美 · 术 · 点 · 评

力群的《人民代表选举大会》是描绘解放区人民进行人民代表选举的典型画作。画面上方的红条幅上赫然写着“人民代表选举大会”,和当年要求版画具有政治宣传功能相一致。条幅下人们排着队来到选举桌前投入自己的选票,投票的队伍排到门外,人人脸上洋溢着幸福的笑容。画面前方,有位妇女伏在板凳上面专心地填写着自己的选票,体现了当时男女平等的新局面。整个画面人物神态刻画十分生动。

党史解读

“解放区的天是明朗的天，解放区的人民好喜欢。民主政府爱人民呀，共产党的恩情说不完……”这首在大江南北广泛传唱的曲子，唱出了解放区经济社会建设的伟大成就，也唱出了解放战争时期的民心向背，反映出解放区劳动人民翻身当家做主人的历史画面。

如果说土地改革是解放区农民经济上的“翻身”，那么，实施广泛参与的民主选举，则是解放区农民政治上的“解放”。尽管受压迫的农民文化不高，当选举人民代表时，不少人还不会写字，但这挡不住人民行使当家做主人的权利。“金豆豆、银豆豆，豆豆不能随便投，选好人、办好事，投在好人碗里头”，老百姓编出的民谣，实实在在地反映了当年的民主氛围，反映了他们享受到民主权利时的高兴心情。

中国共产党在解放区领导的这场民主运动，不仅得到了解放区人民的高度认同，而且与国民党统治区形成了强烈的对比，推动了国统区民主运动的发展。更重要的是，这使广大劳动人民第一次感受到自己是新社会的主人，从而坚定了他们跟共产党走的决心，人们从内心里发出“没有共产党就没有新中国”的呼声。对此，美国人贝尔登在《中国震撼世界》一书中写道：“不管对于解放区的农村社会流传着什么样的谣言，据我所观察到的，那里政府的贤明，是国民党区的政府根本无法比拟的。”

陈承齐:《进京赶考》(油画 · 2010 年)

美·术·点·评

数以百计的送行人群簇拥着五大领袖组成一支队伍，自左上角向右下方俯冲而去，有如一支洪流奔腾而下，形成一个斜长的闪电形构图，带着强大的视觉冲击力。毛泽东等被群众亲切地团团围住，鱼水情深被形象生动地呈现出来。画面正中身躯佝偻拄杖冲向前方的残疾老汉和画面右下方背着弟弟的少女，以及由孙女陪同远道赶来的老奶奶，眼光一齐投向毛泽东的方向，把观众的视线引向画面的第一中心。这是陈承齐的《进京赶考》的主要画面。画面的第二个中心是一位老人扑向周恩来，后者倾身双手真诚地伸向老人，感激的心情流露在整个肢体语言上。画面形式结构表达的真实历史氛围与气势，抓住了观众的眼球，而艺术概括处理后生动的各色形象更吸引了观众的注意力。画作选用毛泽东"进京赶考"的原话，点出了主题，而且丰富深化了这一主题的内涵和历史。

党史解读

1949 年 3 月，在中国人民解放战争即将取得全国胜利的前夕，中国共产党在西柏坡召开了七届二中全会。全会着重讨论了党的工作重心的战略转移，即工作重心由乡村转移到城市的问题，要求全党必须用极大的努力去学会管理城市和建设城市，并将恢复和发展城市中的生产作为中心任务。全会还指出，中国革命在全国胜利后，使中国稳步地由农业国转变为工业国，由新民主主义国家转变为社会主义国家。

七届二中全会强调要加强党的思想建设，防止资产阶级思想侵蚀党的队伍，有预见性地提出了防止"糖衣炮弹"进攻的重大问题，并进一步提出了"两个务必"的重要思想，即务必使同志们继续地保持谦虚、谨慎、不骄、不躁的作风，务必使同志们继续地保持艰苦奋斗的作风。

1949 年 3 月 23 日，是毛泽东离开西柏坡的日子。临行前周恩来看望毛泽东，毛泽东说：今天是进京赶考的日子。周恩来笑着说道：我们应当都能考试及格，不要退回来。

七届二中全会具有重大的历史意义。这次会议描绘了新中国的宏伟蓝图，确定了新中国的大政方针，为促进和迎接全国胜利的到来，为推动和发展新中国的各项建设事业，保证中国由新民主主义向社会主义的转变，从政治上、思想上和理论上作了充分准备，具有巨大的指导作用。

李可染：《钟山风雨》（国画・1964年）

美·术·点·评

《钟山风雨》是李可染生平少有的几幅红色纪实作品之一。画作以毛泽东《七律·人民解放军占领南京》诗词为创作蓝本，苍茫风雨之中，虎踞龙盘的石头城遥遥在风雨硝烟中半露城楼，面对百舸千帆，金陵王气黯然收。画家用水墨渲染的天色对比着泛黄的船只，更有鲜红夺目的旗帜跃然纸上，留白的部分加强了画面的空间感，"光"与墨的变幻形成浑厚博大的饱满构图。画面境界开阔，景象雄浑。

党史解读

"钟山风雨起苍黄，百万雄师过大江"。作品《钟山风雨》取意于毛泽东的这句诗。1949年初，中国大地是怎样的一派"苍黄"景象？

辽沈、淮海、平津三大战役，从1948年9月到1949年1月底，共歼灭国民党军154万余人，国民党的主要军事力量基本上被摧毁，所剩的100余万正规军中，除了白崇禧、胡宗南集团及马步芳部尚有一定战斗力外，其余战斗力很弱。国民党政府四分五裂，蒋介石宣布"引退"，李宗仁代理总统职务后，孙科自行将政府行政院迁往广州。经济情况迅速恶化，财政枯竭，物价飞涨，赤字高达900万亿元，出现了总崩溃的局面。

解放军已经解放了东北全境、华北大部和长江中下游以北地区，各解放区已连成一片，占全国总面积的27%；总人口约2亿人，占全国总人口的42%。至1949年初，解放军总兵力增加到358万，数量上转为优势，士气高昂，装备改善，作战经验更加丰富。政治上，中国共产党领导的民族民主统一战线迅速扩大；经济上，解放区工农业生产迅速恢复发展，人民生活得到改善。整个形势的发展，正如毛泽东指出的：我们已经完全有把握在全国范围内战胜国民党，中国人民解放战争在全国范围内的胜利是毫无疑义的了。

董希文:《百万雄师下江南》(油画 · 1961 年)

古元:《打过长江去》(版画 · 1950 年)

彦涵:《百万雄师过长江》(版画 · 1962 年)

美·术·点·评

董希文的油画《百万雄师下江南》，描绘了横渡长江的解放军在江上不畏国民党军炮火英勇前进的场景。画面夜色朦胧，难以数计的解放军帆船迎着敌人的炮火前进，敌军的炮弹打在水面上，溅起了一个个水柱，最前面的帆船是画面的重点。船头和船尾的战士奋力撑船划桨，战士们手持红旗站在船上，没有丝毫畏惧。船帆在炮火的掩映下变成红色，在夜色里格外醒目。整件作品具有较浓的革命浪漫主义色彩。

古元的《打过长江去》将画面处理得更加动人心魄。敌人的炮火照明了夜空，硝烟弥漫了半个画面，江急浪湍，更增加了解放军登陆的难度。岸边已经有战士下船，前面的战士扬起双臂，似乎在号召大家奋勇前进；后面的旗手亦不畏炮火，举着红旗冲向前方；其他的战士从船上跃下，向敌人阵地发起攻击。画面成功地运用版画的纹理，具有较强的厚重感，黑、黄、绿、红色彩丰富而不是同一，体现出作者高超的画面经营能力。作品以小见大，歌颂了解放军英勇无畏的革命情怀。

彦涵的《百万雄师过长江》是新中国成立后，彦涵为中国人民革命军事博物馆创作的一幅具有代表性的大型套色版画。作品刻画了人民解放军乘坐船只横渡长江的场景，近处满载解放军战士的船只与远方的一面面风帆连成一片，水面上浪花汹涌，暗示着激烈的战斗仍然在进行。在炮火的映照之下，风帆与红旗相映生辉，与英勇的解放军战士一起共同构成了一幅气势磅礴的图景。

党史解读

辽沈、淮海、平津三大战役之后，蒋介石为了赢得时间，伺机卷土重来，企图依托长江天险阻止人民解放军渡江南进，一方面宣告“引退”，由“代总统”李宗仁出面提出与中国共产党进行和平谈判；另一方面仍以国民党总裁身份总揽军政大权，加紧部署长江防线。

由于国民党要求进行和平谈判，人民解放军数度推迟渡江南进的时间。当南京国民党政府拒绝在已达成的和平协定上签字后，毛泽东主席和朱德总司令于4月21日发布《向全国进军的命令》。4月20日晚至21日晚，第二、第三野战军百万大军，发起中国历史上规模空前的渡江作战。在西起湖口东至江阴的千里战线上，人民解放军以排山倒海之势，一举突破国民党军陆、海、空军组成的长江防线。22日，国民党军实施总退却，分别向浙赣路、杭州和上海撤逃。23日，人民解放军占领南京，宣告了国民党22年反动统治的灭亡。

历时42天的渡江战役，亦称京沪杭战役，共歼灭国民党军43万余人，解放了南京、上海、武汉等大城市，以及江苏、安徽两省全境和浙江省大部及江西、湖北、福建等省各一部，为尔后解放华东全境和向华南、西南地区进军创造了重要条件。

徐悲鸿：《在世界和平大会听到南京解放的消息》（国画·1950年）

美·术·点·评

油画《攻占总统府》的构图的视平线定得较高，既便于塑造主体的人物形象，又能在背景上展现宏大的场面，可将远处的钟山和南京城的建筑尽收眼底。画面着力塑造了一组不同年龄、经历和性格的普通战士群像，宛如一座士兵的丰碑。处在中心的是一位身经百战、老练精悍的战士，他扯下了千疮百孔的国民党旗，正挥臂展开红旗准备升上高空；指挥员伸出戴着手表的手腕，为的是记住这令人难忘的时刻。作品画面浓郁的历史感，形象的真实性，独特的油画表现力，与英雄主义理想和审美追求交织在一起，构成了一幅令人难忘的历史画面，其社会影响和艺术成就在中国油画史上占有十分重要的地位。

徐悲鸿《在世界和平大会听到南京解放的消息》是作者鲜有的革命历史题材画作。作品采用立轴式构图，画面中部“全世界和平力量团结起来，粉碎战争挑拨者的阴谋”的巨型条幅表达出画家对和平的希冀；条幅下面正在开会的中国代表听到南京解放的消息后万分欣喜，有的互相传递这一振奋人心的消息，有的抱在了一起，更有与会人员被兴奋的人群丢到空中，周围的兄弟国家的代表也纷纷前来祝贺，鼓掌致敬，二层和三层的会议代表也起身祝贺这一喜讯。整个画面人物安排满而不乱，画面洋溢着欢快的气氛，彰显作者非凡的绘画力量。

党史解读

1949 年的中华大地，发生了翻天覆地的巨变。人民解放军取得了辽沈、淮海、平津三大战役的胜利。百万雄师以摧枯拉朽之势强渡长江，占领了国民党中央政府所在地南京。4 月 24 日凌晨两点，集结于鼓楼的第 14 师第 312 团命特务连跑步占领总统府，把胜利的红旗插上了蒋介石“总统府”的门楼上。

捷报传到北平，毛泽东写下了《七律 · 人民解放军占领南京》的诗句：“钟山风雨起苍黄，百万雄师过大江。虎踞龙盘今胜昔，天翻地覆慨而慷。宜将剩勇追穷寇，不可沽名学霸王。天若有情天亦老，人间正道是沧桑。”诗歌气势恢宏，语言铿锵有力，表达了解放全中国的必胜信念！

南京的解放，标志着国民党政权在大陆的统治完全崩溃。接着，解放军又以破竹之势，解放华东、中南和西南的大片土地。10 月 1 日，中华人民共和国宣告成立，神州大地开始了历史的新纪元。

陈逸飞、魏景山：《攻占总统府》（油画·1977年）

肖峰：《拂晓》（油画 · 1979 年）

美 · 术 · 点 · 评

油画命名为《拂晓》，既是描绘将要天亮的情景，又突出了整个中国将要解放的特殊含义。画面的地点选在著名的南京路这条上海地方特色突出的街道，具有历史的见证意义。画面主要表现了黎明前的黑夜，根据主题的需要，画家通过冷色调营造出一种凝重深沉又欢乐祥和的气氛，使观众在感受黑夜的凉意时又有心头的暖意。画家没有粉饰或强加任何和画面主题无关的东西，只是质朴地将当年往事呈现出来，真切感人。

党史解读

南京解放后，人民解放军中、东两个突击集团东西对进，进逼上海。国民党汤恩伯集团主力约 20 万人退守上海及其周围地区，在蒋介石的直接部署下，企图凭坚据守。上海是中国最大的工商业中心，也是帝国主义长期侵略中国的重要基地。中央军委要求人民解放军既要彻底消灭敌人，又要尽量保护上海数百万人民的生命财产和各种市政设施、工厂、学校。上海地下党组织发动群众，组织各种形式的自卫队、纠察队等，反对国民党搬迁和破坏。

5 月 12 日，第三野战军主力对上海外围发起进攻。为避免战火波及主要市区，攻击部队分别自浦东、浦西进逼吴淞口，逼敌退出主要市区，缩集于苏州河北，然后加以聚歼。5 月 23 日夜，解放军发起对上海的总攻，以快速勇猛的动作，多路直插市区。到 5 月 27 日，除汤恩伯率 5 万人登舰逃跑外，其余 15 万余人全部投降或被歼灭，上海宣告解放。当天，上海市军事管制委员会和上海市人民政府成立，陈毅任上海市军管会主任兼上海市市长。在进占上海的过程中，人民解放军模范地执行党的城市政策，露宿街头，不进民房，保护外侨，严格遵守三大纪律、八项注意，赢得了上海市民的热烈欢迎和爱戴。

中国人民站起来了

10

中华人民共和国的成立，标志着中国人民当家做主的时代已经到来。中国历史由此开辟了一个新纪元，进入从新民主主义向社会主义过渡的时期。领导和组织这场革命取得胜利的中国共产党，由此成为在全国范围执掌政权的党，担负起领导全国各族人民建设新生活的重任，党的历史也揭开了新的篇章。

王少伦：《第一届全国政协会议》（油画 · 2009 年）

刘宇一、刘浩眉：《共铸乾坤》（油画 · 2007 年）

美·术·点·评

油画《第一届全国政协会议》用写实性的艺术语言，描绘了新中国成立后第一次政治协商会议的历史场景。画面中政协会徽挂在主席台的上部，毛主席和宋庆龄站在画面中间，其他政协代表分列两旁，人人难掩新中国成立后的喜悦心情。画面以红色为主色调，喜庆祥和，构图极具秩序感，人物安排错落有致，具有纪念碑性的历史意义。

《共铸乾坤》描绘了新中国成立前夕，以毛泽东为代表的中国共产党人与各民主党派、无党派人士、各人民团体及各界代表集思广益，共商国是，讨论并决定五星红旗为中华人民共和国国旗这一重要历史场景。画面中塑造了57位富有个性特征的人物形象。此画布局疏密有致、主次分明。人物面容生动酷似、人物姿态俯仰自然。整幅画面色调丰富而统一。尤其是背景的处理独具匠心：在深邃的夜空映衬下，室外白塔矗立、万家灯火，更加突出了室内红旗舒展灿烂、熠熠生辉，突出了中国共产党与各民主党派、各界人士肝胆相照、共铸乾坤的主题。

党史解读

1949年9月21日至30日，中国人民政治协商会议第一届全体会议在北平中南海怀仁堂举行。这是中国历史上具有划时代意义的空前盛会。

会议共有正式、候补及特邀代表662名，包括中国共产党、各民主党派、无党派人士、各区域和人民解放军等各个方面。出席会议的中共正式代表为毛泽东、刘少奇、周恩来、林伯渠、董必武、陈云、彭真等。大会特别邀请了自辛亥革命以来不同历史时期具有影响的代表人物，列在首位的是宋庆龄。特邀代表中还有前清翰林、老同盟会会员，以及从反动营垒中分化出来的前国民党政府官员、国民党军队起义将领等。这样的代表阵容，显示了由中国工人阶级、农民阶级、小资产阶级、民族资产阶级及其他爱国民主人士组成的人民民主统一战线的伟大力量。

9月27日，会议通过四项决议案：中华人民共和国的国都定于北平，将北平改名为北京；中华人民共和国采用公元纪年；在中华人民共和国的国歌正式制定前，以《义勇军进行曲》为国歌；中华人民共和国的国旗为五星红旗。9月29日，全体会议通过《中国人民政治协商会议共同纲领》，作为新中国的人民大宪章。9月30日，全体会议选举毛泽东为中央人民政府主席，朱德、刘少奇、宋庆龄、李济深、张澜、高岗为副主席，陈毅等56人为委员，组成中央人民政府委员会。第一届全国政协会议为建立一个独立、民主、和平、统一和富强的新中国作出了不可磨灭的历史贡献。

董希文：《开国大典》（油画 · 1953 年）

美 · 术 · 点 · 评

《开国大典》是董希文的成名作，创作于 1953 年，描绘了 1949 年 10 月 1 日中华人民共和国开国大典上，毛泽东在天安门城楼上宣读中央人民政府公告，宣告中华人民共和国成立的历史事件，是中华人民共和国成立的艺术见证。画面气势宏大，喜气洋洋，毛主席和其他中央领导人神采奕奕，气度不凡。作品采用严谨的写实笔法，真实再现了这一伟大历史时刻，又借鉴了民间美术和传统工笔重彩的表现手法，拉大了蓝天与红灯笼、红地毯之间的色彩对比，增添了节日的喜庆气氛。在作品中，透视和光影的处理都融入了中国的审美元素。由于时代变迁，《开国大典》曾两度被修改。1955 年，画中高岗因“高饶反党集团”事件被删除，原位以一盆鲜花代替。1968 年“文革”发生后，画中的刘少奇被刮去，原作第二排的董必武补到空缺的刘少奇的位置。1970 年，江青曾指示删掉林伯渠，因画家重病在身而未修改。

党史解读

1949 年 10 月 1 日，庆祝中华人民共和国中央人民政府成立典礼在首都北京隆重举行，史称“开国大典”。

10 月 1 日早晨起，首都工人、师生、机关干部、市民、近郊农民、城防部队及参加中国人民政治协商会议的代表共约 30 万人陆续汇聚天安门广场。下午 3 时许，中央人民政府主席毛泽东按动电钮，升起第一面中华人民共和国国旗。军乐声中，54 门礼炮齐鸣 28 响。接着，毛泽东庄严宣告：“中华人民共和国中央人民政府今天成立了！”之后，举行盛大的阅兵式。走在最前面的是年轻的人民海军，随后是强大的步兵师，装甲兵、摩托化兵、骑兵也分列通过天安门广场，刚刚组建的人民空军的飞机在天安门广场凌空掠过。傍晚，长安街上华灯齐放，群众游行开始了。工人、农民、学生、市民队伍高举红旗，纵情欢呼人民共和国的诞生。节日的首都沉浸在狂欢中，直到深夜。当天，全国已经解放的各大城市都举行了热烈的庆祝活动。

1949 年 10 月 1 日被确定为中华人民共和国宣告成立的日子，每年的 10 月 1 日为中华人民共和国国庆日。

蒋兆和：《中国人民站起来了》（国画·1949年）

美·术·点·评

《中国人民站起来了》是著名画家蒋兆和为新中国诞生创作的庆生之作，创作于1949年。画面中人物着工农服装，高举红旗，目光坚毅，动作有力；背景欢呼的人物作虚化处理，突出了主体形象。画面中两位工农代表了千千万万受苦的中国人民，迎风飘扬的五星红旗代表了新中国的活力，画面主题明确，再现了新中国成立时中国人民扬眉吐气的喜悦与对新生活的向往。在创作手法上，画家采用的传统的用笔方法，使色墨和素描体面关系得到完美的结合，有力地拓宽了中国画的表现力。

1959年，傅抱石和关山月接受了为北京人民大会堂创作巨幅国画《江山如此多娇》的任务。在绘制过程中，周恩来、陈毅、郭沫若等都给予了具体的指示和意见。9月，毛泽东在画作上题写"江山如此多娇"，这幅现代美术史上的名作完成了。这幅巨作高5米半，宽9米，雄伟壮丽，妖娆壮阔。画面上，红日彤彤，雪原莽莽，黄河滔滔，长城巍巍，气象万千！画中傅抱石的奔放深厚和关山月的细致柔和浑为一体，又各具特色。这幅作品不但画幅巨大，而且气魄之大、意境之新，布局之美，也是绘画史上罕有的。作品表现出典型的革命现实主义和浪漫主义相结合的创作方法，象征着一个时代的民族文化心态，树立了民族绘画新的审美范式。

傅抱石、关山月：《江山如此多娇》（国画·1959年）

党史解读

中华人民共和国的成立，揭开了中国历史的新篇章。

中华人民共和国的成立，标志着民族独立、人民解放的历史任务胜利完成，并由此开始了为实现国家繁荣富强、人民共同富裕而奋斗的新征程。

中华人民共和国的成立，从根本上结束了一百多年来中华民族遭受帝国主义侵略压迫的历史，使中国成为真正具有独立主权的国家。中国的民族精神得到极大振奋，中华民族从此以崭新的姿态自立于世界民族之林。

中华人民共和国的成立，建立起工人阶级领导的、以工农联盟为基础的人民民主专政的国家政权，这是中国历史上从未有过的人民当家做主的新型政权。它从根本上结束了少数剥削者统治广大劳动人民的历史，劳动人民真正成了新国家新社会的主人。这是中国人民社会政治地位的根本变化。

中华人民共和国的成立，根本改变了旧中国四分五裂的局面，迅速实现和巩固了全国范围(除台湾等岛屿以外)的国家统一，实现和巩固了全国各族人民的大团结，实现和巩固了全国工人、农民、知识分子和其他各阶层人民的大团结，为建设一个独立、统一、民主、富强的新中国注入了强大的民族凝聚力。

陈少梅：《海防前哨》（国画 · 1951 年）

美·术·点·评

《海防前哨》是画家陈少梅使用传统中国画来表现新中国气象的创新尝试之作。作品以墨色绘制，山石嶙峋，笔墨朴茂，描绘了两名解放军战士正站在海边礁石上巡视，其中一名战士右手持枪，左手抬起指向远方；另一名战士双手握枪于胸前，顺着前一名战士的指向望去。画面中有大量的留白以表现大海的苍茫，波涛的汹涌也在近处小块的礁石上表现出来。解放军战士相比较于雄伟的礁石显得渺小，然而两位战士却如丰碑一般地矗立于礁石的最顶端，也是整幅画面的最顶端，是观众视线的聚集点，作品布局十分巧妙。

党史解读

新中国成立初期，肃清国民党反动军队残余，解放尚未解放的国土，是人民解放军的紧迫任务。其中，海岛作战对解放军来说是个新课题。在华东战场，第三野战军于9月19日发起漳厦战役，解放了厦门全岛及鼓浪屿，漳州、泉州等闽南地区随之全部解放。10月24日，三野第十兵团以部分兵力乘木船渡海进攻金门岛。由于对敌情、海情缺乏周密调研，船只准备不足而失败。金门岛战斗失利，为解放海南岛等渡海战役提供了重要鉴戒。

第四野战军组织渡海作战兵团作了充分准备之后，于1950年4月16日晚发起大规模渡海战役，千帆竞发强渡琼州海峡，同国民党海军在海上展开激战。5月1日，海南全岛解放。海南岛战役结束后，国民党急令浙江沿海舟山群岛的守军撤往台湾，人民解放军遂于5月16日在舟山本岛登陆并解放周围诸岛。从5月下旬到8月初，人民解放军以两个多月的作战，全部解放了位于广东珠江口外香港、澳门之间的万山群岛，拔除了国民党军队在华南沿海的最后立足点。

陈丹青:《进军西藏》(油画 · 1977 年)

美·术·点·评

《进军西藏》是陈丹青早期成名作。作品描绘的是人民军队在冰天雪地挺进西藏的情景，因为风雪的原因，队伍前进举步维艰，前方着灰衣的战士身体前倾，几近贴近地面，但整个队伍步伐坚定，后面红旗飘扬。画面纵深感较强，行军队伍和雪山融为一体，具有力量感。作品设色沉着，形体厚重，犹如一首进行曲，表达出军人英勇无畏的气概。

党史解读

西藏地方自古就是中国版图的组成部分。1949 年 7 月，西藏地方政府上层少数分裂主义分子在帝国主义势力的挑唆、策动下，公开打出所谓“西藏独立”的旗号。为粉碎“西藏独立”的阴谋，完成对全国大陆的解放，1950 年 1 月初，中共中央作出进军西藏的决策，确定由西南局和西南军区担负进军及经营西藏的主要任务，由西北局和西北军区予以支援和配合。

在积极准备进军西藏的同时，党中央根据西藏的历史和现实情况，确定了争取和平解放西藏的方针。中央一面命令人民解放军积极做好进藏准备，一面多次催促西藏地方政府派代表到北京谈判，订立关于和平解放西藏办法的协议。但是，西藏地方当局一再拖延，同时加紧向入藏的咽喉要道昌都地区增派藏军。

为了打击分裂势力，争取西藏和平解放，中央军委部署进藏部队发起了昌都战役。10 月 6 日，进藏部队分南北两线渡过金沙江，正面攻击昌都，侧翼切断藏军西撤南逃的退路。藏东政治、经济中心的昌都的解放，给西藏上层反动分裂势力以沉重打击，并打开了进军西藏的门户，为和平解决西藏问题铺平了道路。

韩书力：《高原祥云——和平解放西藏》（国画·2009年）

美·术·点·评

作品用哈达组成的祥云作为背景，以进藏解放军队伍为主线，与欢迎的藏族群众相呼应，展现了一个丰富而具有浓郁民族特色的画面。这幅作品的构图具有鲜明的藏族绘画特征。画面上半部分采用了西藏壁画的造型，逐步过渡到下半部分进驻队伍与欢迎人群中。画家利用西藏传统绘画语言和一些典型艺术元素，将两个空间、两种风格巧妙地融合在一起，强化了西藏题材的视觉印象。为了反映西藏社会底层人民的生活状况，画家采用相对单纯的色调来控制画面，尽量保留其历史的真实和感情的真挚。

党史解读

昌都战役后，经中央人民政府的再三敦促和西藏上层爱国力量的推动，西藏地方政府同意派出以阿沛·阿旺晋美为全权首席代表的代表团赴北京进行和平谈判。

1951 年 5 月 23 日，中央人民政府代表团同西藏地方政府代表团在北京正式签署《中央人民政府和西藏地方政府关于和平解放西藏办法的协议》。《协议》共 17 条，主要内容是：驱逐帝国主义侵略势力出西藏，西藏人民回到中华人民共和国祖国大家庭中来；西藏地方政府积极协助人民解放军进入西藏，巩固国防；在中央人民政府统一领导之下，西藏人民有实行民族区域自治的权利；对于西藏的现行政治制度，中央不予变更；尊重西藏人民的宗教信仰和风俗习惯，保护喇嘛寺庙；逐步发展西藏民族的语言、文字、学校教育、农牧工商业，改善人民生活；有关西藏的各项改革事宜，中央不加强迫；西藏地方政府应自动进行改革，人民提出改革要求时，得采取与西藏领导人员协商的方法解决之；中央人民政府统一处理西藏地区的一切涉外事宜等。

《协议》签订后，各进藏部队于八九月间分路向西藏首府拉萨等地进军。进藏部队一路翻越终年积雪的大山，跨越湍急的河流，于 10 月 26 日胜利进驻拉萨。西藏的和平解放，粉碎了帝国主义及西藏上层少数分裂主义分子策划“西藏独立”的迷梦，捍卫了国家的主权和领土完整。

黄胄：《载歌行》（国画 · 1959 年）

美 · 术 · 点 · 评

新疆是黄胄画作的重要题材。他的国画《载歌行》就是描绘新疆和平解放之后，新疆人民载歌载舞欢快生活的经典之作。画中人或乘车，或骑马，或步行，有挥舞旗帜，有拍打手鼓、有弹琴歌唱。从画面右侧向左侧前行，队伍参差错落，人物形象刻画得丰富生动，使得整幅画面显得欢快而流畅，似音符在画卷上随着画中人物的乐曲而跳动。作品歌颂了新疆人民在和平解放之后当家做主的欢快之情，也体现了黄胄的艺术探索。

党史解读

1949年秋，解放军进军西北的节节胜利，使孤悬边陲的国民党新疆军政当局开始动摇。为实现新疆和平解放，中共中央开展了对国民党新疆警备总司令陶峙岳和省政府主席包尔汉的团结争取工作。9月25日、26日，陶峙岳、包尔汉先后通电起义，新疆宣告和平解放。

为接管新疆防务和改编起义部队，第一野战军第一兵团在西北各族人民和苏联方面的支援下，穿越戈壁沙漠行程一千多公里，于10月20日进驻新疆首府迪化（今乌鲁木齐），完成了挺进西北边陲的艰巨任务。部队到达迪化时，从南梁到北门，轰轰烈烈地通过市中心，受到各族群众的夹道欢迎。有的年轻人爬上装甲车，呼喊着“毛主席万岁！”、“共产党万岁！”的口号，激动地向解放军不停地招手。

刘宇一：《良宵》（油画 · 1977—1993 年）

刘宇一、刘浩眉：《初春》（油画 · 2003—2004 年）

美·术·点·评

《良宵》一画是作者“共和国史诗式巨构”系列的代表作。此画以欢悦的节奏感呈现了一首充满浪漫和诗意的油画交响乐。画面中人物潇洒的诗词唱和、随性的品茗倾谈，以及绚烂的节日布置，都使得作品洋溢着艺术的震撼力。画作中人物身份的广泛性、人物姿态的生动性、人物组合的合理性、画面环境的观赏性以及油画技巧的娴熟性，皆堪称完美。时任中央美院院长、中国美协主席的江丰先生在《人民日报》上专文盛赞《良宵》，称之为“具有重大历史意义的‘扛鼎’之作”。

《初春》以1950年新春团拜会为主题，描绘了中国共产党人与各民主党派、无党派人士及各界人士、群众代表在新春之际互贺新禧的动人场面。画作中，作者突出了展示、观赏何香凝国画作品这一情节，寓意着在新中国这个大家庭中，各党派肝胆相照、荣辱与共的亲密关系。此作在艺术手法上有着画家鲜明的个人风格，笔触细腻、色彩鲜明，红地毯、红殿柱、红帷幔烘托出节日的喜气；而细致的人物刻画使得场景更显热烈而隆重。作者在油画创作中将中国年画的优长进行了成功的吸收，达到了中西画结合的完美效果。

党史解读

第一届中国人民政治协商会议全体会议的召开，标志着中国共产党领导的多党合作和政治协商制度正式确立为新中国的一项基本政治制度。

1949年10月1日，新选出的中央人民政府委员会宣布就职。中央人民政府的组成，以中国共产党的坚强领导，体现工人阶级领导国家政权的根本属性；同时以各民主党派参加政府，体现统一战线政权、团结合作、政治协商的人民民主原则。10月19日，中央人民政府委员会通过中央人民政府各机构负责人的任命。其中，政务院所辖4个委员会和30个部、会、院、署、行等机构中，担任正职的共产党员20人，民主党派和无党派民主人士14人。他们是：文化教育委员会主任兼中国科学院院长郭沫若、人民监察委员会主任谭平山、轻工业部部长黄炎培（兼）、邮电部部长朱学范、交通部部长章伯钧、农业部部长李书城、林垦部部长梁希、水利部部长傅作义、文化部部长沈雁冰、教育部部长马叙伦、卫生部部长李德全、司法部部长史良、华侨事务委员会主任何香凝、出版总署署长胡愈之。

中国共产党在工作重心刚刚由农村转入城市之初，正是通过对联合各民主党派和无党派民主人士的统一战线性质政府的领导，有效弥补了管理这样一个大国在许多方面经验的不足，团结和带动各方面的社会力量为建设新中国而共同奋斗，由此形成中国共产党领导的多党合作和政治协商的执政特点和优势。

1950年6月，朝鲜内战爆发。美国随即派兵干涉，发动对朝鲜的全面战争，同时派遣第七舰队入侵台湾海峡。新中国的国家安全面临严重的外来威胁。应朝鲜民主主义人民共和国政府的请求，中共中央作出了“抗美援朝，保家卫国”的决策，毅然派遣中国人民志愿军赴朝作战。经过两年零九个月军事、政治的较量，中国人民取得了抗美援朝战争的伟大胜利。

抗美援朝

11

高泉：《决策出兵》（油画 · 1999 年）

美·术·点·评

《决策出兵》画面表现的是毛泽东、周恩来、刘少奇、朱德、彭德怀等党和国家以及军队领导人，在进行抗美援朝出兵决策时的情景。画面情感真挚，技法朴质，无雕琢感。画面色彩变化丰富，气氛热烈。人物形象的塑造是该画的点睛之处，脸部形象的刻画和体型特征的差异，表现得惟妙惟肖。严谨的笔调与逼真的造型是这个经典的场景给人留下深刻的印象。

侯一民:《跨过鸭绿江》(油画 · 2003年)

美·术·点·评

《跨过鸭绿江》是侯一民创作的描绘中国人民志愿军跨过鸭绿江抗美援朝的历史油画。画面中朝鲜的土地已经满目疮痍，朝鲜人民欣喜地迎接志愿军的队伍。白雪皑皑中，志愿军队伍从前方呈“之”字形蜿蜒至连接中朝边境的大桥，具有较强的视觉效果。队伍前方，手持武器的志愿军战士整齐划一地走向抗击敌人的战场，画面左侧负伤的人民偎依在一起，欢迎为朝鲜人民战斗的志愿军朋友。作品横向构图，视野开阔，大气磅礴，色调低沉，以夜色比喻朝鲜人民的境况，具有较强的感染力，突出志愿军所担当的历史使命。

党史解读

1950 年 6 月 25 日，朝鲜战争爆发。从 8 月起，美军飞机不断侵入中国领空，中国的安全也受到严重威胁。9 月中旬，美军在朝鲜仁川登陆后，战局迅速逆转。10 月 7 日，美军越过“三八线”，向朝鲜北方大举进犯，并迅速向朝中边境推进。

10 月上旬，在毛泽东主持下，中央多次召开会议，讨论是否应朝鲜政府请求出兵援助的问题。当时，我国经济恢复刚刚开始，物资极度匮乏，人民政权没有完全巩固，武器装备相当落后。而如要出战所迎击的将是世界上经济实力最雄厚、军事力量最强大的美帝国主义。敌我力量悬殊，出兵参战，会不会“引火烧身”。 军情紧急，压力巨大，决策艰难。是否出兵入朝作战，中共中央的决策经历了一个从考虑出兵，到暂缓出兵，再到最终决定出兵的过程。10 月 4 日和 5 日，中央政治局扩大会议召开，经过反复权衡利弊得失，最后取得一致的认识，作出了派遣中国人民志愿军入朝作战进行抗美援朝、保家卫国斗争的决定。

10 月 8 日，毛泽东发布命令，将东北边防军组成中国人民志愿军，任命彭德怀为中国人民志愿军司令员。10 月 19 日，中国人民志愿军在夜幕的掩护下，从安东（今辽宁丹东）、长甸河口、集安三个口岸，跨过鸭绿江，秘密进入朝鲜战场。从此，开始了中国人民伟大的抗美援朝战争。

集体创作:《清川江畔围歼战》局部(油画·1991—1993 年)

美·术·点·评

以宋惠民、任梦璋、许荣初为创作组组长的全景画《清川江畔围歼战》周长132.15米，高度达16米，是一个360度的环形画面。每隔45度形成一个视觉中心，就是视点随着看台的旋转，观众的视线跟着移动，画面的内容也在不断地变化。整件作品共分八个部分:《三所里阻击战》《龙塬里阻击战》《抢占公路高地势》《松骨峰激战》《马场里战斗》《清川江、军隅里、凤鸣里围歼战》《打扫战场》《优待俘虏》。这幅画刻画了数不胜数的人物，成千上万的志愿军排山倒海似地冲向敌人，同样是成千上万的敌军加上他们成群的飞机、大炮、坦克、卡车拼死反抗。清川江、大同江畔的山势起伏，也恰似愤怒的海浪在翻滚，翻滚之中显露出运动的高潮，这高潮衬出几处战斗的焦点，有三所里、龙源里阻击战，马场里、松骨峰激战，清川江、军隅里、凤鸣里围歼战等战斗场景。加上现场塑形、灯光、音响，形成综合的艺术效果，使观众如身临其境，不自觉地产生进入历史现场的感觉。

党史解读

清川江战役也被称为抗美援朝战争第二次战役中的西线作战，是扭转朝鲜战局的一次战役。1950年10月下旬至11月上旬，志愿军在抗美援朝第一次战役中初步稳定了战局。但是美国当局仍然搞不清志愿军的军力和军事目标，“联合国军”总司令麦克阿瑟决定继续发动攻势，打到鸭绿江边，在圣诞节前结束朝鲜战争。毛泽东和彭德怀利用美国当局的误判，决心诱敌到熟悉的战场，举行反击，将战线推至平壤、元山一线，使志愿军站稳脚跟。志愿军于11月7日开始诱敌深入。至21日，“联合国军”西线部队已到达预定地区，24日宣布发起总攻势。此时，志愿军西线部队已完成反击准备。25日，志愿军西线部队突然发起反击。首先以38军、42军在40军配合下，向“联合国军”西线进攻的右翼发起攻击，尔后以正面各军抓住当面之敌分割攻击，以第38军、42军截断进至清川江以北的美第9、第1军退路，配合正面主力歼击。至28日夜，志愿军在清川江南北地区展开了围追堵截战。被围的美第9军部队，组织坦克和炮兵火力开路，向南突围，仍未能逃脱沉重打击。至12月2日，西线作战结束，志愿军歼敌2.3万余人。之后东线也取得胜利。第二次战役把“联合国军”打回到“三八线”，从根本上扭转了朝鲜战局。

邓澍:《保卫和平》(宣传画 · 1951 年)

美·术·点·评

画作《保卫和平》的背景是一片美丽恬静而富有诗意的田园环境，让观者能够感受到和平的可爱，继而和平需要保卫。怀抱婴儿的母亲表情严肃地在纸上签下了名字，手握拳头的农村干部动情地宣扬保卫和平的决心，画面中大面积地使用金色，一方面给人以美丽、恬静之感；另一方面也显示出了新中国给人民带来的丰收和富足。同时，人物表情、姿态的严肃和激动，也暗示了和平的来之不易与人民保卫和平的坚强决心。整幅作品将形象与主题、艺术和思想有机的融合在一起，具有很强和艺术表现力和感染力。

党史解读

志愿军打响入朝作战第一仗的次日，党和政府就在国内发动了一场声势浩大的全国人民抗美援朝运动。1950 年 11 月 4 日，中国共产党与各民主党派发表联合宣言，指出：唇亡则齿寒，户破则堂危。救邻即是自救，保卫祖国必须支援朝鲜人民。由此，中国人民的爱国热情被极大地激发起来。

在“抗美援朝，保家卫国”的号召下，全国掀起参军、参战、支前的热潮。广大城乡出现母送子、妻送夫、兄弟争相参军的动人景象。大批铁路员工、汽车司机和医务人员，志愿到朝鲜担负战地勤务和运输工作。后方群众也积极参加拥军优属工作。志愿军参战初期，部队很难吃上熟食，东北地区“男女老少齐上阵、家家户户忙炒面”，仅 20 多天，就有 405 万斤炒面送到前线。订立爱国公约，把人民群众的爱国热情与实际行动结合起来，用公约的形式加以强化。爱国公约的内容，主要是开展生产竞赛、优待烈军属、反对美日单独媾和等。

为了表达对志愿军的尊敬和爱戴之情，1951 年 1 月开始，各族人民、各界代表掀起了慰问志愿军的热潮，募集慰问品、慰问金，写慰问信，还组织各种慰问团，深入到朝鲜前后方，大大鼓舞了中朝军队的战斗意志。

人民日報

创造新生活

12

在进行抗美援朝战争的同时，从1950年冬到1953年春，党和人民政府领导亿万农民进行土地改革运动。同时，还在全社会深入展开各项民主改革。以土改为中心的民主改革，包括废除封建剥削的土地制度，铲除反动政权的社会政治基础，荡涤旧社会的污泥浊水，克服帝国主义、封建买办的思想影响等，涉及社会生活的方方面面，中国的社会面貌和社会风尚起了极大的变化。

潘天寿:《丰收》(国画 · 1952 年)

潘天寿:《人民踊跃争缴农业税》(国画 · 1950 年)

美·术·点·评

潘天寿是著名的花鸟画大师，新中国成立以后，潘天寿也以极大的热情与师生一起深入农村体验生活，后又参加土改工作队，创作了一批歌颂新时代的作品，这些作品贯彻了新中国“艺术为工农兵服务”的文艺方针。他的作品《丰收》描绘的是秋后农民丰收的喜悦场景：一头牛拉着一车粮食正运进农宅。牛的处理采用泼墨的方式，墨色酣畅淋漓；农民形象线条勾勒而成，线条随意自如，嘴角的笑容流露出丰收的喜悦。

《人民踊跃争缴农业税》描绘的是人们乘舟前往缴纳农业税的场景。画面中船刚靠岸，农民便扛起粮食热情地往收粮处走，前面已有不少农民排队等候，收粮处的工作人员忙得不亦乐乎。作品中楼台借用中国传统建筑描绘方式，建筑后面和右侧秋后苍劲的树木，暗示丰收的时节。新中国成立不久，国家各项事业百废待兴，翻身的农民积极支援国家建设，为国家的发展作出了重大贡献。此件作品借用艺术的形式歌颂了新中国成立初农民的奉献精神。

党史解读

土地改革的基本完成，使我国农村的土地占有关系发生了根本变化。占农村人口92.1%的贫农、中农，占有全部耕地的91.4%。在中国延续两千多年的封建土地所有制被彻底废除，“耕者有其田”的理想在共产党的领导下变成了现实，长期被束缚的农村生产力获得了历史性的大解放。土地改革中，广大农民不仅获得了土地，还分得大批其他生产资料和生活资料，计有耕畜296万头、农具3944万件、房屋3795万间、粮食100多亿斤。这是历史上前所未有的经济补偿，极大地激发了亿万农民的生产积极性。人民政府从经济上对翻身农民给予扶持，实行一系列有利于促进农业生产的政策措施。广大农民生产积极性空前高涨，普遍添置了耕畜、水车及新式农具，改善和扩大自己的经营，掀起了群众性的生产热潮。

粮食、棉花、油料等主要农产品的产量逐年增加。1951年比1950年分别增长8.7%、48.8%、22.4%，1952年又比1951年分别增长14.1%、26.5%、12.5%，充分显示了土地制度的改革对解放生产力、恢复和发展农业生产的巨大推动作用，农业税也大幅度增长，对整个国民经济的全面恢复和发展起了重大作用。1950年国家的财政收入主要是靠工商和农业税收，两项占了75%。

杨之光：《一辈子第一回》（国画·1954年）

美·术·点·评

杨之光的国画《一辈子第一回》，描绘了一个平生第一次拿到选民证的老年妇女的喜悦之情。老人衣纹的线条处理粗细有致，恰当表现了粗布衣裳的质感；老人脸部刻画精细，并在中国的水墨语言中结合了西方的光影、明暗效果；眼角皱纹的处理，显现了老人饱经沧桑的艰辛；注视选民证的双眼眯成了一条细缝，加上合不拢的嘴巴，更是把老人当家做主的那种喜悦表现得淋漓尽致，画面真实、亲切、朴实。该作品1956年曾获“向科学文化进军”奖章。

党史解读

新中国成立之初，召开普选的人民代表大会条件还不具备，民主政治建设是从各界人民代表会议这种组织形式开始的。地方各界人民代表会议代表的产生，主要采用选派（推选）、选举和聘请相结合的方式。时为清华大学教授的费孝通参加了北平市第一届各界代表会议，看到参加会议的，有穿制服的，穿工装的，穿短衫的，穿旗袍的，穿西服的，穿长袍的，还有戴瓜皮帽的，都在一个会场里讨论问题。各界代表的提案有248件，大都是社会生活中迫切需要解决的问题，提交会议审议、处理。通过召开各界人民代表会议，人民群众在民主素质、民主程序等方面得到培养和训练。

随着国家大规模经济建设的开始，进一步调动人民群众的积极性，已经提上党的重要议事日程。经过一年多的紧张工作，1954年9月，第一届全国人民代表大会第一次会议在北京召开。大会最重要的成果是通过了《中华人民共和国宪法》，明确规定了公民的基本权利和义务。从此，全国人民代表大会成为中华人民共和国的最高权力机关。

石鲁：《幸福婚姻》（年画 · 1952 年）

美·术·点·评

石鲁的《幸福婚姻》描绘 20 世纪 50 年代初人们对美好婚姻的喜悦与祝福。画面中，新娘与新郎是带有羞涩的幸福；婆婆喜形于色，不停地向邻里夸赞着；公公叼着烟斗，好像若无其事，但嘴角的笑容也流露出内心的喜悦；周围小孩的嬉戏更加烘托出场面的喜庆。画面人物个性鲜明，淳朴可爱，虽是简朴的农村家庭，仍充满了新生活的喜悦气氛。

党史解读

旧中国的封建婚姻制度，束缚和摧残人性、人权，酿成无数的人生悲剧。1950 年 5 月 1 日，中央人民政府颁布施行《中华人民共和国婚姻法》，这是新中国的第一部法律。《婚姻法》规定："废除包办强迫、男尊女卑、漠视子女利益的封建主义婚姻制度。实行男女婚姻自由、一夫一妻、男女权利平等、保护妇女和子女合法利益的新民主主义婚姻制度。"

党和政府非常重视《婚姻法》的贯彻执行，各级政府用群众喜闻乐见的形式，在全国城乡开展广泛的宣传活动。1953 年 3 月起，全国又进入宣传贯彻《婚姻法》的活动月。各地利用报刊、连环画、广播、说唱、戏剧、电影等方式向展开宣传。《小二黑结婚》、《刘巧儿》等讲述了老解放区青年冲破包办婚姻，自由恋爱的故事，在城乡广为传扬。经过广泛宣传，《婚姻法》家喻户晓，深入人心，"嫁汉嫁汉，穿衣吃饭"等旧的婚姻观念开始改变，男女权利平等、婚姻自由等新的道德观念逐步树立。

《婚姻法》的施行，是几千年来中国社会家庭生活的一个伟大变革，也是中国人民反封建斗争在一个方面的深入。占全国人口半数的广大妇女获得解放，参加到各种生产和社会活动中来，政治地位有了很大提高。

侯一民、邓澍：《庆祝中国共产党成立三十周年》（年画 · 1951 年）

美·术·点·评

侯一民、邓澍的《庆祝中国共产党成立三十周年》创作于1951年，是新年画运动中的作品。画面描绘了毛泽东等党和国家领导人与人民群众欢聚一堂，共同庆祝共产党成立三十周年的场景。画中毛主席等人位于画面中央，突显其重要地位，全国各族人民簇拥在主席台周围，分享着党成立30周年的喜悦，也表达了人民对党的深深热爱之情。画面中，国旗、党旗、共青团旗以及工农红军的旗帜迎风招展，昭示着30年来党的丰功伟绩，也烘托出节日的气氛。

党史解读

1951年6月下旬，为纪念中国共产党成立30周年，《人民日报》连续发表党的众多领导人的文章，从各个方面总结党的历史和中国革命经验。从7月1日起，《人民日报》陆续刊载正在编辑中的《毛泽东选集》第一卷的部分文章。10月，《毛泽东选集》第一卷正式出版发行，第一批总发行量超出60万册，成为当时社会政治生活中引人瞩目的一件大事。在干部和共产党员中，在各界人民群众中，形成了学习毛泽东著作的热潮。随着1952年4月、1953年4月《毛泽东选集》第二、三卷的出版，毛泽东思想作为中国革命和建设的指导思想在全国得到广泛的传播，对于中国人民的思想变化和国家各项事业的发展产生了深远影响。

韦启美：《模范饲养员》（油画 · 1956 年）

李可染：《工农劳动模范北海游园》（年画 · 1952 年）

美·术·点·评

一位正在工作的饲养员，突然碰上不速之客——报社的记者的采访，这是韦启美《模范饲养员》描绘的情景。画面中饲养员正在按照记者的要求摆出需要的姿势来拍照，他身前围着围裙，左手揽着箩筐，右手亲切地抚着马背，自豪地站在镜头前面。前面的记者不厌其烦地指导着饲养员的动作。旁边的村民亲切地看着他们的饲养员，马厩里的马似乎也受到了外面情绪的感染。作品人物描绘惟妙惟肖，色彩鲜亮明快，传神地反映了新中国人民的喜悦情绪。

1951 年全国工农劳动模范会议完毕后，曾一起到北海游园。李可染的画作《工农劳动模范北海游园》就用水彩笔墨记下了这一历史场景。作品采用俯视的视角来捕捉描绘这一场景。北海公园周围被水环绕，劳模在公园门前秩序井然地进入。劳模们胸前别有红花，兴致勃勃地看着北海的景色。公园门前毛主席的头像赫然入目，公园内红旗飘扬，洋溢着一片欢快的气氛。作品借用传统年画的艺术语言，色彩绿、蓝形成鲜明对比，具有典型的民间风格，表达出作者在社会主义国家里的喜悦之情。

党史解读

新中国成立初期，劳动光荣的思想在人民群众中逐步树立，劳模精神得到大力弘扬。全国各行各业、各条战线先后涌现出一大批先进模范人物。以孟泰（爱厂如家，艰苦创业，在恢复和发展鞍钢生产中作出了重大贡献）、马恒昌（抗美援朝战争爆发后，沈阳第五机器厂的“马恒昌小组”向全国职工发出开展爱国主义劳动竞赛的倡议，得到了全国 1.8 万个班组的响应，为国民经济迅速恢复起到推动作用）、苏长有（创造了分段连续砌砖法，即“苏长有砌砖法”，大大提高了工作效率）、郝建秀（总结创造了一套科学的细纱工作法，即“郝建秀工作法”，对全国纺织工业提高劳动生产率起到了重大作用）等为代表的先进模范人物，用勤劳双手和聪明才智在平凡的岗位上创造了不平凡的业绩，成为社会的中坚、人民的楷模。

陆俨少：《教妈妈识字》（国画 · 1956 年）

蒋兆和：《给爷爷读报》（国画 · 1952 年）

美·术·点·评

《给爷爷读报》是蒋兆和写意人物画的代表作，描绘了新中国人民的幸福生活。画面中小孙女活泼可爱，胸前飘着红领巾，正喜悦地给爷爷读报；爷爷正全神贯注地倾听着报上的内容，表现出若有所思的神态。两人形象真实感人，爷孙间的浓浓亲情洋溢其中。在作品中，画家将中国传统的水墨技法与西画的光影处理技巧完美结合，使画面既有中国美学追求的意境，也有西方绘画要求的造型、色彩关系。

画家陆俨少创作的人物画不多，《教妈妈识字》是他少见的经典人物画作，创作于 1956 年，描绘了一个农家小院里，一个戴着红领巾的小女孩正在教妈妈认字的场景。院落中有溪水、玉米、家鸡、瓜果等，真切朴实，工写结合，是一幅描绘真实、形象自然又见笔墨功力的作品。作品从构图到笔法再到设色都源自传统，树干、岩石皴法细致，玉米采用双勾填色，色泽雅润。此作品当时受到极大欢迎，被选为 1956 年《美术》杂志封面。

党史解读

新中国成立之时，全国 5.5 亿人口中有 4 亿多是文盲、半文盲。文盲成为中国发展道路上的拦路虎。要把中国从一个落后的农业国改造成一个现代化的工业国家，提高劳动者的科学文化知识是一个根本问题。扫盲成为摆在新政权面前的一个亟待解决的难题。

新中国刚刚成立，一场轰轰烈烈的扫除文盲运动便在全国范围内展开。“黑格隆冬天上，出呀出星星。黑板上写字，放呀么放光明。”20 世纪 50 年代，这首《夫妻识字》曾风靡大江南北。那时，无数人就是唱着这首歌，走进了扫盲班课堂。扫盲班遍布工厂、农村、部队、街道，人们以前所未有的热情投入到学习文化的热潮中。土改后翻身农民的子弟开始大量进入学校，接受文化知识教育。1950 年全国农民上冬学的达 2500 万人以上，1951 年上常年夜校的农民有 1100 余万人。从 1949 年到 1964 年的十几年中，先后有近一亿中国人摘掉了文盲的帽子。如此大规模并卓有成效的扫盲运动，创造了人类历史上的奇迹。

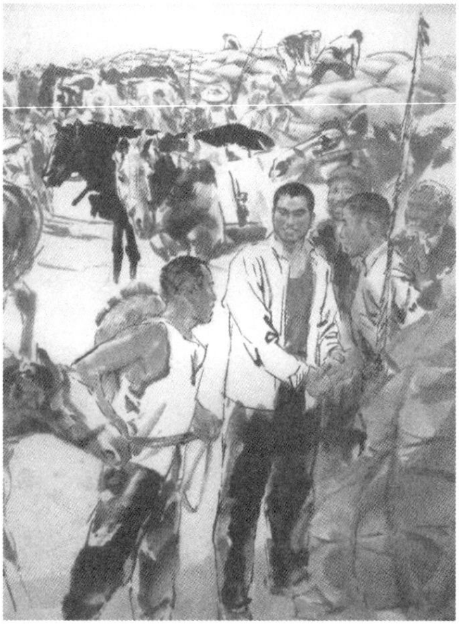

向社会主义过渡

13

1953年，党正式提出逐步实现国家的社会主义工业化，逐步实现国家对农业、手工业和资本主义工商业的社会主义改造的过渡时期总路线，并把这条总路线作为党和国家一切工作的指针。由此，中国进入了有计划的经济建设和全面实行社会主义改造的时期。

詹建俊:《试看天地翻覆》(油画 · 1977 年)

美 · 术 · 点 · 评

毛泽东站立在山巅，他左手放在身后，右手持一烟卷，胸有成竹地望着左前方，风起云涌，山风吹起他的外衣。毛泽东背后的山峰隐藏于烟云之中，与云天相接，给人无限的想象力，这就是詹建俊的油画《试看天地翻覆》的画面。作品构图中将主角置于画面中心，突出人物形象，画面设色古雅，表现出主人公广阔的胸怀，成功地塑造出毛泽东极富诗人情怀的革命浪漫主义领袖形象。

党史解读

“大雨落幽燕，白浪滔天，秦皇岛外打鱼船。一片汪洋都不见，知向谁边？往事越千年，魏武挥鞭，东临碣石有遗篇。萧瑟秋风今又是，换了人间。”这是毛泽东1954年写的《浪淘沙·北戴河》。这幅《试看天翻地覆》虽然不是20世纪50年代画的，但是画中反映的意境和《浪淘沙·北戴河》近似。经过新民主主义的社会改革和全面恢复国民经济的三年，中国是怎样一个换了模样的人间呢？

政治上，建立了以工人阶级领导的、以工农联盟为基础的人民民主专政的国家政权，从中央到地方一直到基层社会，稳固地建立起自上而下政令统一的一整套政权系统。抗美援朝战争维护了国家的独立、安全和民族尊严。各项民主改革和社会改造，使得政治局面和社会秩序空前稳定。实行民族区域自治制度，形成了各民族平等友爱，团结合作的新局面。

经济上，没收官僚资本企业，基本完成土地改革，社会生产力获得大解放。国营经济的建立，统一全国财经管理、对外贸易，使国家对经济运行的控制力大大加强。残破的国民经济迅速恢复和发展，取得了举世瞩目的成就。

文化上，有步骤地改造旧思想、旧观念、旧习惯，逐步树立起马克思列宁主义、毛泽东思想占主导地位的新的文化意识形态。

经济复兴，政治昌明，社会安定，从而为整个社会从新民主主义转变到社会主义奠定了基础。进入1953年，党领导人民继续前进，需要提出新的任务和目标。党中央经过将近一年的酝酿，在1953年下半年提出了党在过渡时期的总路线：在一个相当长的时期内，逐步实现国家的社会主义工业化，并逐步实现国家对农业、对手工业和对资本主义工商业的社会主义改造。这条总路线明确了建设社会主义的伟大任务。

力群:《向李顺达应战订生产计划》(版画·1960年)

美·术·点·评

力群的这幅版画，形象地描绘了农民积极申请加入农村合作社的故事。画中一位农民执笔认真地签字，已经签好的手续放在他的手边；旁边的农民难掩心中的喜悦。画面右下角一位抱孩子的妇女望着眼前的情景，透露出对未来的希望。作品采用中心式构图，将办手续的几个农民置于画面中心，突出情节，形象生动。

党史解读

新中国成立后的一段时期，党认为要使贫困农民走上丰衣足食的道路，并使国家得到更多的粮食和原料，就必须把个体农民“组织起来”，发展劳动互助，走农业集体化道路。李顺达就是这个时期著名的模范人物。

农业合作化从1949年10月至1953年，是以办互助组为主，同时试办初级农业合作社。初级社一般每个社二三十户，一方面，农民有土地私有权，按入股的土地分配收获量；另一方面，统一使用土地，计工取酬，按劳分红。由于大部分初级社都实现了增产增收，得到广大贫苦农民的欢迎。1954年至1955年上半年，初级社在全国普遍建立发展起来。1955年下半年至1956年底，农业合作化运动再次进入迅猛发展阶段——初级社转为高级社。高级社农民的土地转为集体所有，耕畜和大型农具作价入社，取消土地报酬，完全实行按劳分配。到1956年底，参加高级社的达到农户总数的87.8%。只用一年，就基本上完成了高级形式的合作化，显然是要求过急，发展过快了。

随着农业合作化的完成，实现了中国土地的公有化，基本完成了对个体农业的社会主义改造，亿万农民走上了合作经济的新道路。但是，究竟什么是适合中国情况的农村集体经济形式，还需要经过长期实践和探索。

陆俨少：《毛主席的指示到达了田头》（国画 · 1955 年）

美·术·点·评

陆俨少的《毛主席的指示到达了田头》用隐喻的手法，描绘新中国成立初期劳动人民对党和国家领导人毛泽东的热爱。画中的人物是一群在棉田边休憩的农民，其中一位少女拿着一份有毛主席指示的报纸在给大家阅读，人们听到后欢欣鼓舞，互相传递，旁边的人好奇地围到报纸旁边想看个清楚。作品构图疏密结合，人物动作自然，表情生动传神，线条流畅，设色质朴，画面清新感人，具有较强的农村生活气息。

党史解读

1953年党在过渡时期的总路线确定后，宣传和思想教育工作的任务也随即发生转变，转向用党在过渡时期的总路线和社会主义的思想来宣传、教育全国人民。

1954年5月，中国共产党第二次全国宣传工作会议在北京召开。会议提出党的宣传工作的要点：第一是要加强宣传马克思列宁主义、党的总路线、社会主义思想、党的政策和决议。第二是要系统地说明党的生活中的重大问题，向党内各种不良倾向作斗争。第三是要改进经济宣传，动员千百万群众开展劳动竞赛，提高劳动生产率，争取在工农业等方面全面完成和超额完成“一五”计划，逐步完成对农业、手工业、资本主义工商业的社会主义改造。关于加强党在农村中的宣传工作，中央提出要在广大农村有系统地对农民群众进行社会主义教育，健全党在农村中的宣传网和经常的宣传活动，将广大农民群众的政治觉悟提高到社会主义的水平，以便为在农村开展社会主义改造建立必要的思想基础。

方增先：《艳阳天》（插图 · 1975 年）

美 · 术 · 点 · 评

1974 年，画家方增先为画《艳阳天》插图，赴北京郊区密云县搜集素材，次年完成水墨插图 30 幅，好评如潮。《艳阳天》的插图运用中国传统人物技法，同时借鉴西方造型语言，将重要故事情节通过绘画表现出来，人物惟妙惟肖，情节扣人心弦，至今仍有较高的艺术价值。

党史解读

《艳阳天》是一部取材于中国农村合作化运动的作品。它以宏大的规模、细致的描写，展示了20世纪50年代中国农村社会的生活形态和中国农民的精神面貌。它叙述东山坞农业合作社麦收时节十余天时间里发生的故事：麦收前，萧长春回村和马之悦、弯弯绕等人斗争，否定土地分红，制定出分配方案。麦收开始后，阶级敌人蓄意破坏，杀人、抢仓、拉牲口，萧长春领导贫下中农继续斗争，取得最后胜利。作家塑造了一系列不同阶级的农民形象，作品具有浓郁的乡土气息。

1955年夏，关于农业合作化的速度问题，在党内发生了一场严重的争论。一种意见认为，合作化运动应该发展不宜过快，要求不能过急。另一种意见认为，农村中合作化的高潮，有些地方已经到来，全国也即将到来，领导却“像一个小脚女人，东摇西摆地在那里走路”，是一种右倾错误的指导方针。甚至说他们是“从资产阶级、富农、或者具有资本主义自发倾向的富裕中农的立场出发”。这样，就把工作中关于合作化发展速度这类正常党内争论，夸大成为两条路线的分歧，使多年来形成的比较健康的党内民主生活开始出现不正常现象。在这场争论之后，由于对所谓“右倾机会主义”的尖锐批评，农业合作化运动的步伐猛烈加快了。

陈坚：《共和国的将帅们》（油画 · 2009 年）

马广群：《往事 1955》（国画 · 2012 年）

美·术·点·评

《共和国的将帅们》将场景安排在授衔授勋之后，人物置身于中南海的古柏林中。林中光线隐现、浓淡不一，画面色彩变化生动。人物安排更独具匠心，毛、刘、周三位领袖和十大元帅，还扩展到一些大将在内的将帅们，共计二三十人，济济一堂，谈笑风生，气氛热烈。这场景是画家精心营建的具有象征意义的理想化场景。这幅作品的人物组合，可分三组来观赏。画面正中亮处最显眼的是毛泽东和周恩来。朱德与毛泽东并肩站立，和毛、朱交谈的是罗荣桓，参与交谈的有叶剑英和彭德怀，彭帅左后边是刘伯承，叶帅右后边是罗瑞卿；毛泽东身后与周恩来谈话的是贺龙——这是中心的一组。画面右侧一组是刘少奇和陈毅在交谈。刘少奇右后方是粟裕。画面近景左侧一组，侧身朝向毛泽东的是林彪，林的左边是徐向前，后边是聂荣臻，徐帅身后是陈赓。这样的组合以突出十大元帅为主，遵循以当时排位为基础的原则，又结合了各自所在部队来组。

《往事1955》在众多人物的布局上，未采前人习见的构图手法，而是置毛泽东于一侧，落于黄金分割点，在位置偏移的基础上，利用国画的笔墨浓淡关系，亮化主角，成为整体画作的焦点。十大元帅及其他领袖也未按座次排序，而是杂然左右，形态错落。在笔法上，也未采用常见的表现领袖的浓墨重彩形式，而是用墨偏淡，用笔偏疏，在淡雅中体现凝重，在疏朗中蕴含高迈。

党史解读

1955年2月，全国人大常委会审议通过《中国人民解放军军官服役条例》，规定从1956年开始，中国人民解放军由志愿兵役制改为义务兵役制，军队实行军衔制度。9月23日，一届全国人大常委会第二十二次会议通过决议，决定授予对创建和领导人民武装力量、领导战役军团作战、立有卓越功勋的高级将领朱德、彭德怀、林彪、刘伯承、贺龙、陈毅、罗荣桓、徐向前、聂荣臻、叶剑英以中华人民共和国元帅军衔。会议还决定对中国人民解放军在中国人民革命战争时期的有功人员，在人民解放战争时期直接领导国民党军队起义的有功人员，对人民解放战争的有功人员以及对和平解放西藏地区的有功人员，分别授予一级八一勋章、一级独立自由勋章和一级解放勋章。另根据国务院的决定，授予粟裕、徐海东、黄克诚、陈赓、谭政、萧劲光、张云逸、罗瑞卿、王树声、许光达以大将军衔，对其他将领分别授予上将、中将、少将军衔。9月27日，中华人民共和国主席毛泽东、国务院总理周恩来分别出席授衔授勋典礼，将中华人民共和国元帅军衔、将官军衔及勋章正式授予有关人员。人民解放军实行军衔制、义务兵役制等制度，对于推进军队正规化、现代化建设，具有重要意义。

李琦：《农民和拖拉机》（年画 · 1950 年）

美 · 术 · 点 · 评

《农民和拖拉机》创作于 1950 年，曾获“全国首届年画评选”甲等奖第一名，现为中国美术馆收藏。该作品是新中国之初进行经济建设的真实写照，拖拉机展示了新中国农业机械化的起步，农民的喜悦则是新中国农民生产积极性的体现，昭示了新中国经济建设的热情。作品运用了传统工笔与年画相结合的创作手法，画面人物用工笔墨线勾勒，精练准确；色彩的运用则具有强烈的年画风格，朴素典雅，深受老百姓的喜欢。

党史解读

新中国农业机械化的发展是白手起家。万事开头难，1949年，全国农业劳动力人均农机动力只有0.0005千瓦，除国营农场有200余台拖拉机外，农业生产几乎全是人畜力手工工具作业。1950年12月，山西省机器公司仿照美国克拉克型拖拉机，试制成“抗美援朝号”25马力履带式拖拉机，这是我国生产出的第一台拖拉机。但新中国的工业基础薄弱，尚不具备大规模制造农业机械的能力，这种状况在20世纪50年代上半期基本没有改变。1954年毛泽东曾说：“现在我们能造什么？能造桌子椅子，能造茶碗茶壶……但是，一辆汽车、一架飞机、一辆坦克、一辆拖拉机都不能造。”所以，新中国农机化事业的起步只能从增补恢复旧式传统农具开始。1950年起，改良农具和推广新式农具纳入议事日程。所谓新农具，是从手工旧农具到机械耕种的一种过渡性工具。改良推广新式农具的标志性事件是1950年5月政务院在中南海举办的农机展览会，一千多位党和国家领导人及民主人士前来观展。新农具推广从1951年开始，每年有侧重地示范推广几个主要品种。

1953年后，随着“一五”计划的实施、农业社会改造加速，农业机械化的发展得以大跨步进行。

陈逸飞：《开路先锋》（油画 · 1972 年）

美 · 术 · 点 · 评

陈逸飞的《开路先锋》创作于 1972 年，是画家为纪念毛泽东发表《延安文艺座谈会上的讲话》30 周年，备战全国美展而创作的。在这幅长达 4.5 米的油画上，雨后的山峦隐藏在氤氲中，山脚下是如火如荼的工业化建设场面。画中一群筑路工人抬着钢轨在风雨中前进；工人们身体微微前倾，口中喊着号子；前面的两位工人一位身披雨衣，一位脖颈间搭着围巾，昂首挺胸，表情坚毅地望着前方。工人队伍整体三角形，呈现出进取精神。整件作品漾溢着强烈的浪漫主义色彩，表现出社会主义建设中工人阶级豪迈的气概。

党史解读

1972年，《开路先锋》的作者前往南京梅山铁矿工程采风写生，回来后创作了这幅画。画作虽然诞生于20世纪70年代，但画中人物反映的，更像是50年代前期社会主义工业化起步时期工人阶级的精神风貌。

实现工业化，是近代中国仁人志士的追求和理想。中华人民共和国成立，特别是抗美援朝战争的基本结束，中国人民期盼的历史机遇到来了。面对西方国家的战争威胁、经济封锁和禁运，中央确立优先发展重工业的战略，以增强综合国力，抵御外敌侵略威胁。中央要求在三个五年计划或更多一些时间内基本完成工业化。1953年起，我国开始执行国家建设的“一五”计划。全党和全国人民以极大热情投入大规模经济建设中。工人阶级是国家建设的主力军，开展增产节约劳动竞赛，努力完成国家计划。工程技术人员和工人一道奋战在生产第一线，高校和专业技校的大批毕业生无条件服从国家分配，奔赴祖国各地的工厂矿山。

由苏联援建的“156项工程”是“一五”计划的重点。这些大型项目的建设，构成20世纪50年代中国工业建设的核心和骨干，使得新中国形成了一批门类较为齐全、工业化建设所急需的现代化基础工业，工业建设的地区布局也趋向合理。

张仃：《鞍钢在建设中》（国画 · 1972 年）

美 · 术 · 点 · 评

焦墨在中国画领域曲高和寡，但张仃仍坚持用这局限性极大的墨法创作山水，并将其发展成一套完备的艺术语言。在他创作的《鞍钢在建设中》，他又尝试着这种艺术手法带到日常场景创作中去。用来表现正在建设中的东北鞍山钢铁的生产盛况。画面中电塔高耸，炼钢炉耸入云霄，各种线路将天空分割开来。地面上火车、铁轨交错，机器轰鸣。画面苍劲、宏阔、有力、具有金属感，是张仃运用焦墨与时俱进的作品。

党史解读

鞍钢被誉为共和国钢铁工业的长子、共和国钢铁工业的摇篮。

全国最早全部解放的东北地区，从1949年春起，各厂矿工人投入到抢修设备、修复厂矿的火热斗争中，沉寂多时的工厂矿山又响起机器的轰鸣声。收归国有的鞍山钢铁厂，率先发起恢复生产和立功运动，职工们纷纷赶回工厂，尽管没有工资，每人只发给少量口粮，干部、共产党员和工人群众、技术人员不分昼夜地努力奋战，大大加快了厂矿设备修复的进度。6月初，鞍钢炼铁厂二号高炉流出解放后的第一炉铁水。

“一五”计划的重点是重工业建设，重工业建设的重点是冶金工业和机械工业。冶金方面安排的改扩建工程中，重中之重就是鞍山钢铁公司。到1953年底，鞍山钢铁公司的三大工程——大型轧钢厂、无缝钢管厂、七号炼铁炉举行开工生产典礼。这是我国重工业建设中首批竣工投入生产的重要工程，大大加强了以鞍钢为中心的东北钢铁基地，是新中国社会主义工业化起步时的一个有重要意义的胜利。鞍钢全体工人写信向毛泽东主席报喜，毛泽东复电祝贺。

石鲁:《古长城外》(国画 · 1959 年)

艾中信:《通往乌鲁木齐》(油画 · 1954 年)

美·术·点·评

《古长城外》是新中国成立后石鲁创作的第一幅有影响的中国画。画中吸收了年画的特色，运用写实的手法，表现时代的发展变化。画面近处的翠绿与远处的苍茫形成对比，描绘出古长城外的旧貌新景，着意刻画藏族牧羊人听到火车在远处轰鸣而来的喜悦心情。火车虽然并未在画面上出现，但观者从伸向远方的铁轨和人物的动态中完全可以想象得到。作品色彩清新，生活气息浓厚，笔意婉转，形式感人，富有诗意，可以说是思想性和艺术性完美结合的典范之作。

油画《通往乌鲁木齐》以平远的视线，宽银幕式的宽广构图，纯正亮丽的色彩，细而不腻的笔法，描绘了壮丽的山川自然景色。作品通过对劳动工地上人声鼎沸，推土机轰鸣的热火朝天的劳动场面的描绘，表现出大自然的巨大变化。画家以冷色调的蓝天、白云、雪山、草原烘托出暖色调的黄土裸露的建设工地和工地旁连营扎寨的帐篷，并由此揭示了人与自然的矛盾，歌颂了人定胜天的力量。

党史解读

石鲁曾回忆《古长城外》的创作经过，新中国成立初他几次在草原和沙漠中旅行，只能靠慢吞吞的牲口，痛感缺少现代交通设备的困难。他 1954 年到乌鞘岭（属甘肃武威市）的时候，突然看见穿过长城的一段铁道，情绪受到了强烈的刺激，创作了这幅画。

1949 年以前，西北地区的铁路只有陇海铁路潼关至天水一段等，总长不过 450 多公里，而且质量低劣经常断道停运。新中国成立后不久，1952 年 10 月，兰新铁路就在兰州破土动工。“一五”计划中，兰新线是西部铁路建设的重点。兰新铁路东起甘肃兰州，西行翻越海拔 3000 米的乌鞘岭，经武威、张掖、酒泉出长城西端的嘉峪关，向西进入新疆，最终到乌鲁木齐市。兰新铁路全长 1903 公里，是新中国成立后修建的最长的铁路干线。兰新铁路于 1958 年 12 月铺轨越过红柳河，从此结束了新疆没有铁路的历史。1962 年全线修通。兰新铁路通车，对发展西北地区的经济，加强民族团结，巩固国防，都有重要作用。

黎雄才：《武汉长江大桥速写》（国画 · 1954 年）

美·术·点·评

黎雄才的《武汉长江大桥速写》，用简洁的线条描绘了正在施工建设的武汉长江大桥热火朝天的建设场面，作品清新而不失气势。画面近处高塔耸立，起重机、吊车川流不息，人们热火朝天地忙碌着；画面中部大江浩渺，波涛起伏，几艘航船驶了过来，上面满载施工材料，画面深处更多的高塔和航船若隐若现，暗示更多的人力、物力投入到这场伟大的工程。作品中纵向的高塔与水平线形成"十"字形构图，结构稳定，造型多用线条，高度简练准确，体现出艺术家驾驭画面的能力。

党史解读

1956年6月，毛泽东首次在武汉畅游长江后作词《水调歌头·游泳》："风樯动，龟蛇静，起宏图"，描述的正是当时在建的武汉长江大桥。

新中国成立之后，百业待举。长久以来，长江阻隔了纵贯南北的铁路、公路运输。当时铁路经平汉线到达汉口之后，需用轮渡将火车渡过长江，到武昌再经粤汉线到达广州。作为"一五"计划的重点建设项目，万里长江第一桥——武汉长江大桥于1955年9月动工兴建，1957年10月建成通车。大桥横跨于武昌蛇山和汉阳龟山之间，全桥总长1670米。大桥的建成，不但使武汉三镇连为一体，更使得京广铁路连接贯通，"一桥飞架南北，天堑变通途"。

齐白石:《百花与和平鸽》(国画 · 1952 年)

美·术·点·评

《百花与和平鸽》是齐白石专门为亚洲及太平洋区域和平大会在北京召开创作的一幅作品。为了创作这一幅作品，齐白石亲自养鸽，观察其动态。在这幅作品中，齐白石用鸽子和百花营造了一个和平、宁静、安详的画境，表达了一个中国老人经历了将近一个世纪的动乱颠沛生活之后，对于人类和平的呼唤。作品构图饱满，色彩丰富，笔墨老辣，尤其画面中几只鸽子各具神态，也成为整幅画面的点睛之笔。同时，画面中鲜艳的百花和茂盛的树木，祝福党领导下的新中国繁荣富强。

党史解读

新中国成立之初，国际舞台上以苏联和美国为首的两个阵营严峻对立，亚非拉民族独立运动风起云涌。在亚洲，美国对中国等国家进行战略围堵、经济封锁，一些人还叫嚣发动第三次世界大战，刚刚恢复和平的国际形势一时岌岌可危。

新中国外交的中心任务是巩固来之不易的独立，为进行社会主义改造和建设争取一个有利的国际环境。寄希望和团结世界人民，是新中国考虑处理外交事务的重要立足点，中国政府重视和支持同各国人民之间的交往。面对严峻形势，1952 年 3 月 21 日，中国著名和平人士宋庆龄、郭沫若等 11 人代表中国人民，联名号召并邀请亚洲及太平洋沿岸各国爱好和平的人士，参加共同发起亚洲太平洋区域和平会议。

10 月 2 日，亚洲及太平洋区域和平会议在北京隆重开幕。出席会议的有亚洲、澳洲及美洲太平洋沿岸的 37 个国家的正式代表 344 人。他们代表着不同社会阶层、不同政治观点、不同宗教信仰、不同职业的各界人民。大会通过了宣言，为各国人民进一步加强和扩大保卫和平的共同斗争，提供了一个明确的行动纲领。

靳尚谊:《周恩来在万隆会议上》(油画 · 2009 年)

美·术·点·评

周恩来总理双手摊开，站在万隆会议的演讲台上慷慨陈词，他身着深色中山装，大方、朴素，表情和蔼而自信，这就是靳尚谊的油画《周恩来在万隆会议上》，成功地塑造出一位睿智的大国领导人的形象。作品接近真实地还原了当时的场景、动作、表情、光线，成功地运用肖像画的技法处理历史题材。

党史解读

1955年4月，亚非29个国家政府首脑在印度尼西亚万隆举行会议，讨论保卫和平、争取民族独立、发展民族经济等问题。周恩来率中国代表团出席会议。当时与会各国的社会制度、意识形态和宗教信仰不同，在一些重大国际问题上主张也不同。这意味着会上的分歧和斗争难以避免，中国在会议上的一举一动将十分敏感。

在公开大会上，有的国家的代表攻击共产主义，有的则表示了对中国的疑虑，会场气氛越来越紧张。在会议可能走上歧路的关键时刻，19日下午，周恩来登台讲话。他开门见山地指出："中国代表团是来求团结而不是来吵架的。我们共产党人从不讳言我们相信共产主义和认为社会主义制度是好的。但是，在这个会议上用不着来宣传个人的思想意识和各国的政治制度。"他强调"求同"而不是"立异"，说明不同思想意识和社会制度的存在，"并不妨碍我们求同和团结"，中国准备在坚守五项原则的基础上与亚非各国建立正常关系。周恩来宽容大度地体现了和解精神，获得绝大多数国家代表的赞同。

参加亚非会议，是新中国走上国际政治舞台进程中的一个里程碑。以周恩来为首的中国代表团卓有成效的外交活动，扩大了我国在国际上的联系，显示出我国在国际事务中的重要作用。

靳尚谊：《我们的友谊遍天下》（油画 · 1961 年）

美 · 术 · 点 · 评

《我们的朋友遍天下》描绘了毛泽东会见国外友人的情景。画面中的毛泽东在中央，与远道而来的非洲兄弟双手紧握，旁边的亚、非、拉等洲的朋友围绕在他的周围，满怀敬仰之情。毛泽东身穿中山装，沉着而大方，体现了国家的自信与好客。他双手紧握黑人弟兄的手，眼神慈爱，给人如沐春风的感觉。各国的朋友身着其国家礼服，庄重而不失亲切。作品造型简洁，单线平涂，体现了当时油画民族化的风格尝试。作品反映了新中国成立初期我国与第三世界兄弟国家建立的友情。

党史解读

从20世纪50年代中期到60年代中期，亚非拉国家的民族解放运动处于高涨，资本主义世界内部矛盾也在发展。在与美苏两个大国对抗的过程中，争取“中间地带”成为中国外交工作的一项战略任务。60年代前期，毛泽东提出：中间地带有两部分，一部分是亚非拉广大经济落后的国家，一部分是以欧洲为代表的帝国主义国家和发达资本主义国家，这两部分都反对美国的控制。中国领导人认为，第一个中间地带和民族民主运动是直接同盟军，应该给以最大的支持，并且联合它们。

这一时期，积极支持亚非拉国家的民族独立运动是中国政府对外政策的主要内容之一。中国对阿尔及利亚人民反法斗争的支持，对古巴、巴拿马等国人民反美斗争的支持，是当时国际上有影响的大事。中国还在经济上、建设上大力援助亚非拉国家。中国在国际上得到的支持也主要来自亚非拉国家。当然，对外援助也有未注意量力而行的问题。在20世纪60年代前期国内经济极为困难的情况下，中国援外数额仍然居高不下。

关山月：《新开发的公路》（国画・1954年）

美·术·点·评

《新开发的公路》为关山月1954年到南湾水库深入生活后而作，不难看出画家在岭南派山水画的基础上强化生宣纸上笔墨的表现。画面采用奇谲的构图，山势从上往下俯冲，象征着我国人民在党的领导下，克服种种自然环境，在险要的环境中建设出平坦的公路的美好愿景。这件作品是20世纪50年代初期表现社会主义建设图景的新山水画代表作，表现了关山月的山水画既有岭南画派写实精致，又兼有北方山河雄浑的特色。

党史解读

画作者体验生活的信阳南湾水库位于淮河最大的支流——浉河上，是新中国成立后首批兴建的大型治淮骨干工程。水库工程开工于1952年，1955年11月建成并投入使用。

1950年夏季，淮河洪水造成的灾害，紧紧牵动了党中央和全国人民的心。毛泽东连续四次对淮河治理作出重要批示。1951年5月，毛泽东发出“一定要把淮河修好”的伟大号召。由此，掀起了新中国第一次大规模治理淮河的建设高潮。淮河两岸人民开始了大规模治水壮举，在当时国民经济非常困难的情况下，建设了一大批水利工程：修建了淮北大堤及下游的三河闸，在大别山区建起了以佛子岭水库为代表的水库群，在河南境内完成了石漫滩、薄山、南湾等山区水库建设，在江苏、山东开展了导沭整沂、导沂整沭等工程。大规模综合治理，初步改变了淮河“大雨大灾、小雨小灾、无雨旱灾”的面貌。从此，淮河见证的不再是生灵涂炭和流离失所，它承载的是流域人民的安居乐业与经济社会的繁荣发展。

叶浅予:《各族人民大团结》(宣传画·1953 年)

美·术·点·评

《各族人民大团结》描绘了毛泽东、周恩来与各民族的代表相聚在一起、共同举杯祝愿的美好场景。画面中心是毛主席，身着深蓝色中山装，正向宴会中的各族人民的代表举杯祝贺。在毛主席的周围，有近 40 个身着不同服饰的各民族代表，也都向着中间的毛主席举杯祝贺。从服饰上，能辨认出为维吾尔、藏、蒙、哈萨克、彝、苗、瑶、侗等少数民族。画面气氛热烈，色彩丰富，表现了在党的领导之下各族人民大团结的美好图景。

党史解读

中国有 56 个民族，各民族大杂居，小聚居，在经济、文化、政治上有着密切联系。据 1953 年普查统计，少数民族人口共 3500 多万人，约占全国人口的 6%，分布地区约占全国总面积的 60%。新中国刚成立的时候，民族工作面临的形势极其复杂。党确定以实行民族区域自治作为解决中国民族问题的基本政策。这就是在祖国统一的大家庭内，在中央人民政府的统一领导下，以少数民族聚居区为基础实行民族区域自治，按照民族聚居的人口多少和区域大小，分别建立不同级别的民族自治地区和自治机关。到 1956 年 9 月，全国已建立内蒙古和新疆维吾尔两个自治区，27 个自治州和 43 个自治县。到 1958 年，广西壮族自治区和宁夏回族自治区成立。西藏自治区则是在 1956 年成立筹备委员会，于 1965 年正式成立。民族区域自治作为我国的一项基本政治制度，对于维护祖国统一，实现民族平等，加强民族团结，促进民族发展具有重大和长远的意义。

黎雄才：《武汉防汛图卷》（国画 · 1956 年）

美 · 术 · 点 · 评

《武汉防汛图卷》描绘了 20 世纪 50 年代武汉军民抗击百年一遇特大洪灾的感人场景。此作品为手卷，画面构图起承转合处理巧妙，表现出艺术家较高的经营能力。作品内容分为十段，既有变化，又彼此关联；繁复的构图，剪裁处理得十分恰当，画面气势恢宏，国画技法和现实场景完美地结合在一起。《武汉防汛图卷》在绘画语言方面的成就，突出了岭南画派在绘画语言方面的优长，使人们看到了新时代中新技法的用武之地，证实了中国画在表现重大的现实题材方面的能力。它是新中国写实主义山水画的杰出代表作品之一。

党史解读

1954年夏秋，长江中游地区大雨倾盆，武汉遭遇自1865年有水文记录以来的最大洪水。8月18日，武汉关最高水位达到29.73米，比市区地面平均高程高出5米多。武汉百万人民危在旦夕。为保卫武汉，展开了一场伟大的抗洪斗争。30多万防汛大军日夜战斗在大堤上。本着“小利服从大利、局部利益服从整体利益”的原则，为确保荆江大堤、汉北大堤以及武汉市、黄石市的安全，从枝江到鄂城的长江两岸、从襄阳到汉口东西湖的汉江两岸20多个分洪区、蓄洪区被淹。这些地区的人民为了整体利益做出了巨大牺牲。全国各地对武汉大力援助，粮食、药品、救生物品、运输工具等统一调配。由于政府的有力推动和统一组织，经一百天艰苦卓绝的斗争，取得了抗洪斗争的伟大胜利。

林风眠:《捕鱼》(油画 · 1959 年)

美 · 术 · 点 · 评

《捕鱼》是林风眠的代表作，是作者 1959 年数次去舟山渔场写生创作的。作品构图上，人物占据右半边，但整体和谐有力，是劳动的真实写照。渔民描绘以浅灰色色调为主，他们或拉或提，全神贯注，网中的鱼银光闪烁，给艰辛劳苦的渔民带来了生活的希望。画面总体色彩灰暗、但银光闪闪的鱼儿却让人眼界豁然开朗，形成强烈对比，人物线条处理简单有力，笔触颇有风味。

党史解读

我国地处温带，有漫长的海岸线，渔场面积广大。在大面积渔区里，可供食用的鱼类有一百多种，如咸水鱼类的黄鱼、带鱼、鳕鱼、鲅鱼、比目鱼、鲍鱼，淡水鱼类的鲤鱼、鲫鱼、青鱼、鳝鱼、草鱼、鲢鱼等。

1949 年至 1957 年，是我国渔业的恢复和发展阶段。1949 年我国渔业总产量只有 52.4 万吨，经过三年的恢复，1952 年产量达到 184 万多吨，超过解放前 1936 年的最高年产量 150 万吨。到 1957 年，产量达到 347 万吨。这一时期渔业的快速增长带有生产力恢复的性质。其中，捕捞业的发展快于养殖业，总产量的增长主要来源于海洋捕捞。当然，增长方式是典型的粗放型。新中国成立后，通过合作化道路和农村渔业的社会主义改造，激发了广大渔民的生产积极性，同时政府大力支持渔业发展，“一五”期间国家对水产业的基本投资达 1.25 亿元，超过原计划的 41%。新中国成立之初我国水产资源还很丰富，这种通过大量投入劳动力、资本等生产要素取得的快速增长，在当时也还是比较合理的。

刘海粟:《庆祝社会主义改造胜利》(油画 · 1956 年)

美 · 术 · 点 · 评

《庆祝社会主义改造胜利》展现了上海南京路上工人游行的热烈盛大场面，画中无论是红色条幅还是游行前进的人群，均用跳跃、活泼的色点画出，显出一种热情、喜庆的节日气氛。画面以红黄色为主色调，远处白云和天空采用印象派手法表现，传达出画家心中如火的激情。画家熟练运用欧洲现代绘画的技法和理念，以明亮的色彩对比、轻松欢快的笔触描绘了新中国现代化建设中的城市新貌，以及欢庆活动中工人内心的喜悦之情。

党史解读

1956年这一年，以基本完成对生产资料私有制的社会主义改造，开始探索中国自己的建设社会主义道路而载入史册。社会主义工业化取得了巨大进展，社会主义基本制度在中国已经建立起来，但是中国的生产力发展水平还很落后。政治、经济和文化应该怎样建设和发展？这是党所面临的全新课题。以毛泽东的《论十大关系》和党的八大为标志，这个探索有了一个良好的开端。

在中国这样一个贫穷落后、人口众多的东方大国怎样建设社会主义，是个困难而复杂的问题，从书本上找不到现成答案，照搬苏联模式又不符合中国国情，只能从实践中逐步认识，逐步解决。1956年4月25日，毛泽东在中央政治局扩大会议上作《论十大关系》的报告。报告展现出党为寻找适合中国情况的建设社会主义的道路而多方面探索的生动景象，中国社会主义建设道路的基本思路逐步清晰起来。毛泽东后来多次说：前几年经济建设主要学外国经验，论十大关系开始提出自己的建设路线，有我们自己的一套内容。

1956年中国共产党第八次全国代表大会召开。八大制定的路线是正确的，提出的许多新方针和设想是富于创造精神的。八大确定的以经济建设为中心的政治路线，对于社会主义事业的发展和党的建设具有长远的重要的意义。八大以后，党领导全国各族人民开始转入全面的大规模的社会主义建设。

奋发图强

14

为了迅速改变中国贫穷落后的面貌，党中央、毛泽东发动了“大跃进”运动。但由于对社会主义建设的长期性、艰巨性及客观规律认识不足，以及决策失误和执行偏差等，经济建设和社会发展遭受重大挫折。面对“大跃进”造成的经济全面紧张，全党和中央纠正错误，全面调整。为了克服物质困难，全党上下和人民群众同甘共苦，共克时艰。全国人民团结一致，奋发图强、勇敢前行，进行了艰苦卓绝的工作。许多奇迹般的业绩在这期间被创造出来。从1962年下半年到1965年，国民经济开始稳步增长，社会呈现欣欣向荣的景象。那是一个艰苦奋斗的年代，一个乐于奉献的年代，一个理想闪光的年代、一个意气风发的年代。

程十发：《歌唱祖国的春天》（国画·1957年）

美·术·点·评

《歌唱祖国的春天》是程十发 1957 年创作的一幅作品，曾获全国青年美展一等奖。画面描绘了村民在树下欢乐畅谈、歌唱祖国的场景。他们或是在歌唱党的政策好，或是在歌唱今年的大丰收，场面欢快愉悦，洋溢着幸福的气息。画中人物刻画真实，具有浓郁的生活气息；设色方面则吸收了民间美术的审美元素；山水的表现皴擦得当，设色柔和艳丽，颇有海派大家的风范。

党史解读

画作创作完成于 1957 年。1957 年的春天是一段思想活跃的日子。

到 1956 年，社会主义制度在中国已经建立起来，社会主义事业应该怎样建设发展？全党上下急切地想做出一番新的伟大事业。1956 年秋冬，也出现了一些不安定的情况。国际上，东欧的波匈事件不能不在我国发生影响；国内社会改造的急促和深刻变化，使经济和政治生活中出现某些紧张，发生少数人闹事的情况。知识分子在“百花齐放，百家争鸣”方针提出后，思想日趋活跃，有些人对党和政府工作中的缺点错误提出公开批评。面对这些新矛盾，许多党员和干部思想上缺乏准备，陷于被动；或者一概视为阶级斗争的表现，企图简单粗暴地进行压制。

1957 年 2 月，毛泽东在最高国务会议上发表《关于正确处理人民内部矛盾的问题》的讲话。他指出：社会主义社会存在着敌我之间和人民内部两类性质根本不同的矛盾，前者需要用强制的、专政的方法去解决，后者只能用民主的、说服教育的、“团结—批评—团结”的方法去解决，决不能用解决敌我矛盾的方法去解决人民内部的矛盾。

党中央把能不能正确处理人民内部矛盾，看作是在新形势下党的事业能不能向前推进的主要问题，并以此为主题发动了全党整风运动。党希望通过整风，造成一个又有集中又有民主，又有纪律又有自由，又有统一意志、又有个人心情舒畅、生动活泼的政治局面。

陈半丁：《力争上游》（国画 · 1958 年）

美 · 术 · 点 · 评

陈半丁的《力争上游》是反映"大跃进"的代表作品。全画采取平远式构图，由近景、中景、远景三部分构成。近景占据画面的左半部分，左侧出一巨石，坚实而厚重；其右画杂树一丛，枝干以勾皴而成，叶子或色或墨，或聚或散，或夹叶点，或垂叶点，或密或疏，或深或浅，将整个画面左边连成一体；近树后面，巨石横卧，起衬托和稳定画面的作用，且与左侧巨石相呼应；树石后面向右横出一坡岸，正好破掉水面在构图上的单调感。中景七条"丰收船"，由右向左分布，渐远减小，每船各载丰收的果实和两名船工，构成该画的"画眼"。 作品将现实主义和革命浪漫主义有机地结合在一起，既歌颂了人民劳动丰收的喜悦，也表现了社会主义新气象。

党史解读

1957年10月27日的《人民日报》社论号召："有关农业和农村的各方面的工作在十二年内都按照必要和可能，实现一个巨大的跃进"，提出了"跃进"口号。1957年11月在莫斯科举行各国共产党和工人党代表会议，毛泽东率领中国代表团参加。苏联提出十五年赶上和超过美国，毛泽东在会上提出中国十五年钢产量赶上或者超过英国。在《人民日报》1958年的元旦社论上，又提出了"鼓足干劲，力争上游"的口号。1958年5月召开的八大第二次会议，根据毛泽东的提议，通过了"鼓足干劲、力争上游、多快好省地建设社会主义"的总路线，指出党的主要任务是进行社会主义建设，开展技术革命和文化革命。这次会议后，"大跃进"运动在全国开展起来，主要标志是片面追求工农业生产和建设的高速度，不断大幅度提高和修改计划指标。

历史地看，社会主义建设总路线的提出，反映了党和广大人民群众迫切要求改变中国经济文化落后状况的普遍愿望。全国人民意气风发，艰苦奋斗，要为民族振兴和社会主义事业发展有所作为，这种精神也是可贵的。然而它忽视了客观的经济发展规律，否定了国民经济计划的综合平衡，夸大了主观意志和主观努力的作用。于是，盲目求快就压倒了一切。

李斛:《十三陵水库工地夜景》(国画 · 1958 年)

美 · 术 · 点 · 评

李斛的绘画艺术突出地表现在他创作了大量别开生面的夜景山水画。在《十三陵水库工地夜景》中，李斛巧妙地将中西绘画技法相结合，用中国笔墨表现祖国建设蒸蒸日上的壮观场面。画作一反传统山水画"以白当黑"的手法，以人眼的真实感受为基础，运用黑白对比、冷暖对比的手法，描绘出夜色的景物在各种光线的照射、折射、反射下相映成辉的动人效果，开辟了山水画的新领域。

党史解读

1957 年冬至 1958 年春掀起的农业生产高潮，拉开了“大跃进”运动的序幕。1957 年 10 月，中共中央发出通知，要求掀起一个农业生产建设的高潮。从中央到地方普遍修改原发计划，制订新的“跃进”计划。在尽快改变落后面貌的热情激励下，许多地方不避风雪，挑灯夜战。“抓晴天，抢阴天，小风小雪是好天，汽灯底下是白天，争取一天当两天”的豪言壮语，反映了这种苦干精神。由于广大干部群众的努力，农田水利建设取得很大成绩，但也出现了一些浮夸和蛮干的情况。

为响应中央号召，1958 年 1 月，北京市委决定修建十三陵水库，当月就正式开工，四十万劳动大军汇集工地。毛泽东、刘少奇、周恩来、朱德等中央领导也亲临水库工地，参加义务劳动。经过 160 天昼夜奋战，一座总容量八千万立方米的水库奇迹般地建成了。

钱松嵒：《筑坝》（国画·1958年）

王琦：《移山造海》（版画·1959年）

美·术·点·评

《筑坝》是钱松喦绘画"笔墨当随时代"的最好注释。作品视野开阔，陡峭的山脚下红旗飘扬，劳动人民正热火朝天地筑坝抗洪。画面远处浩渺的江面与近处喧闹的劳动人群一动一静，使得人物和景物完美结合，红旗招展的大场面、气氛热烈的劳动场景，让当时人民的情绪和思想及建设社会主义的精神跃然于纸上。作品山石多用浓墨皴擦，江坝用淡墨渲染，统一而丰富。这是钱松喦以时代为师、以现实为师，用自己的笔墨技巧，描写现实，鼓励大众的代表之作。

王琦的版画《移山造海》画面虽小，但场面宏大，刀法娴熟，线条有力，明暗分明，生动反映了我国北方地区20世纪50年代水库建设情景。《移山造海》以鸟瞰式的全景构图展现了十三陵水库工地的全貌。在黑白对比中，以富有组织和韵律的刻线，形成了灰调的过渡。飘动的红旗，白色的帐篷，运送石料的车队和挑着沙土的人流尽收眼底，不禁令人回顾那跃进的时代和青春的年华。更为出色的是，作者仅以一块色版便完成了丰富色调的套色任务，收到了一以当十的效果。

党史解读

毛泽东在1958年1月最高国务会议第十四次会议上强调，现在我们是进行一场新的战争，向地球开战，工作重心转移到技术革命，要革地球的命，15年赶上英国。从新中国成立到社会主义改造基本完成，短短几年内接踵而至的胜利使人们认为，社会主义制度加上群众运动将无往而不胜，认为"大跃进"运动是迅速改变中国贫穷落后面貌、赶上发达国家的捷径。

1958年5月，党的八大二次会议召开，全面推动了"大跃进"运动的展开。党中央在会议上提出，在技术革命方面的主要任务是：把全国经济有计划有步骤地转到现代化大生产的技术基础上，实现全国城市和农村的电气化，使全国的大中城市都成为工业城市，并在条件具备的地方逐步建立新的工业基地，使全国的县城和很多乡镇都能有自己的工业，使全国各省、自治区以至大多数专区和县的工业产值都超过农业产值；在全国范围内建立一个以现代工具为主的四通八达的运输网和邮电网……

在"大跃进"中，广大干部群众战天斗地，昼夜苦干，也取得了一部分实际成果。那些修建得合乎需要的农田水利工程，那些新增的形成了生产能力的工业设施，不仅在当时，而且在以后也继续发挥着效益。

宋文治：《山川巨变》（国画 · 20 世纪 60 年代初）

美 · 术 · 点 · 评

宋文治的《山川巨变》，描绘了在社会主义工业化建设时期山城轰轰烈烈进行建设的景象。画面虚实处理得当，上半部分用墨块表现山石及苍郁的树木，兼用渲染，笼罩一层雾气，画面下方两座高山之间高楼林立，电力、工业设备亦错落有致，表现出热烈的建设场面。作品手法丰富，远处山峦处理简练，近处高楼和工业设备一丝不苟，描绘精细准确。作品浓墨、淡墨并用，层次丰富；画面构图一张一弛，风格清新而富有诗意。

党史解读

《山川巨变》完成于1960年，反映了“大跃进”中地方工业建设的热烈场景。

1958年5月党的八大二次会议上，将原属国务院各部门管理的企业交给地方经营管理，原由中央掌握的经济等方面的管理权限也要向地方下放。6月1日，党中央决定，把全国划分为东北、华北、华东、华中、华南、西南、西北七个协作区，要求各协作区根据自己的能源等条件，尽快建立大型的工业骨干企业和经济中心，形成若干个具有比较完整的工业体系的经济区域。此后，进行了以下放经济管理权限为中心的大规模的经济体制变动。这样做，对于发挥地方的积极性、改变权力过多集中于中央的管理体制有积极意义。但由于在短促的时间里一下子铺开，带来交接和管理上的混乱，而且造成地区分割、协作不便、宏观失控等一系列新问题。权力下放后，各地立刻掀起大办工业的热潮。甘肃省在1958年5月后出现了10多个“万厂县”，20多个“千厂乡”，50多个“百厂社”。这些数字虽有不少浮夸，但也反映了乱上工业建设项目的状况。

当然，也应该看到在全国许多从来没有工业的地方办起工业，虽然很大一部分当时没能够巩固，但为这些地区后来的工业发展奠定了最初的基础。

丰子恺：《庆祝国庆》（国画 · 1959年）

美·术·点·评

丰子恺的漫画作品笔墨简练而饶有意境。《庆祝国庆》描绘了国庆 10 周年时的景象，画面远处五颜六色的气球飘在空中，上面挂有庆祝国庆的标语，让人联想到当时的盛况，似乎能够听到军乐、歌声。画面近处三个孩子在左侧仰头看着升起的气球，兴奋不已，两个大一些的孩子系着红领巾，右边年轻母亲抱着孩子观看国庆盛况，一个孩子站在母亲的身后。作品没有过多笔墨，却描绘出一个温馨的场面，歌颂了新中国人民的幸福生活。

党史解读

这幅画作恬静温馨。实际上，1959 年国庆节时，“大跃进”造成的国民经济严重困难已经显现。

由于庐山会议后的“反右倾”斗争，各地区、各部门重新提高原来已经降低的指标，新的“跃进”高潮再度泛滥。在基本建设方面，到 1959 年底，全国基本建设总投资高达 349.7 亿元，比 1958 年还增长 30% 以上。在工交生产方面，有关部门靠蛮干，到 1959 年底宣布钢产量达到 1387 万吨，煤产量达到 3.69 亿吨，超过了原定计划指标。但是，轻工业生产急剧下降，国民经济的主要比例关系进一步失调。农村人民公社再度刮起“共产风”。1959 年 10 月后，平调生产队劳力和财物，“大办”各种社有经济的做法再度盛行，又一次严重侵犯了许多生产队和农民的利益，对刚刚有所恢复的农村经济造成新的破坏。1959 年是个大旱年，入冬以后各地大搞水利，当年全国冬修水利的上工人数超过 7000 万人。当时河北一些地方的情况是“一路上就像打仗一样，白天晚上，来来去去，都是上水库的同从水库回来的轮班。路上完全像支前一样，比支前紧张得多”。劳动力过度透支。

由于“反右倾”以后继续“大跃进”的错误，加上自然灾害和 1960 年苏联政府背信弃义地撕毁合同，国民经济出现了严重困难。

李琦:《毛主席走遍全国》(国画 · 1960 年)

美 · 术 · 点 · 评

这幅毛泽东肖像作品,是新中国成立后描绘领袖形象最广为人知的国画作品之一。画家凭借高超的造型能力和对人物的深刻理解,把一代伟人毛泽东刻画得形神兼备。画面以线造型,取舍提炼恰到好处。尤其是毛泽东手拿一顶草帽的设计,不但点出了"走遍全国"的主题,也反映了毛泽东全心全意为人民服务的品质。画面没有任何陪衬的景与物,给观众留下巨大的想象空间。

党史解读

在中国处于经济最困难的时期，1960 年底到 1961 年初，中共中央在北京召开工作会议。经过酝酿和思考，毛泽东关于大兴调查研究之风的思想逐渐形成。会议最后一天，毛泽东发表了以大兴调查研究之风为主旨的讲话。他说："要是不做调查研究工作，只凭想象和估计办事，我们的工作就没有基础。所以，请同志们回去后大兴调查研究之风，一切从实际出发，没有把握就不要下决心。"在这次会议的基础上，1961 年 1 月，中共八届九中全会在北京举行。毛泽东再次就调查研究问题发表讲话：希望今年成为一个调查年，大兴调查研究之风。

这次全会后，根据毛泽东的指示，分别由陈伯达、胡乔木、田家英率领三个调查组赶赴广东、湖南、浙江，重点是农村，到第一线，到最基层，作系统的调查研究。三个组向毛泽东提供了许多具体生动、有价值的一手材料，成为毛泽东调整农村政策的重要依据。

毛泽东本人也于 1 月 25 日离开北京南下，经天津、济南、南京、上海、杭州、南昌、长沙，于 2 月 13 日到达广州。其间，毛泽东同河北、山东、江苏、浙江、江西、湖南和广东等省委的负责人进行交谈，听取整风整社、人民生活、轻工业生产和市场等问题的汇报。这时，毛泽东克服经济困难、扭转整个形势的基本思路已经明确，那就是从解决农业问题入手，紧紧抓住调查研究这个工作环节。

马刚：《新中国成立后，以毛泽东为核心的第一代中央领导集体》（油画 · 2010 年）

美·术·点·评

画面选取了毛泽东、刘少奇、周恩来、朱德、陈云、邓小平六位第一代中央领导集体成员在七千人大会上谈笑风生的聊天场景。画家以严谨的造型为基础，着重刻画领导人鲜明的个人风格，描绘出领导人独具个性的神态、动作特点，以形写神，精准地体现出每一位领导人的精神气质，将六位领袖迥然不同个性完美地统一于画面之中，以当代的艺术思维和视觉语言去描绘历史人物，赋予了画面强烈的时代气息。

党史解读

七千人大会前，"大跃进"造成的严重经济困难的局面开始有了转变，但整个形势依然十分严峻。面对这种形势，党内外在思想认识上存在种种疑问和分歧。有些人对困难的严重性估计不足，有些人在困难面前怨天尤人，还有一些人持观望态度。1962 年 1 月 11 日至 2 月 7 日，党中央在北京召开扩大的中央工作会议。参加这次工作会议的有中央和省、地、县委四级主要负责人以及部分大厂矿和军队的负责人，共 7118 人，通常称七千人大会。召开这次会议的目的，是进一步总结"大跃进"以来的经验教训，统一全党认识。

1 月 27 日，刘少奇在大会上讲话。他指出，现在不仅没有进，反而退了许多。关于造成经济困难的原因，一方面是由于自然灾害的影响，另一方面是由于工作上和作风上的缺点和错误引起的，有的地方是"三分天灾，七分人祸"。工作中发生错误的原因，一方面是经验不够，另一方面是不少领导同志不够谦虚谨慎，有了骄傲自满情绪，违反了党的实事求是和民主集中制的原则。

29 日下午，根据毛泽东的提议，大会进入第二阶段，发扬民主，开展批评与自我批评。30 日，毛泽东在大会上讲话。他指出，要克服我们现在面临的困难，不实行民主是不行的。不论党内党外，都要有充分的民主生活，让群众讲话。有了错误，一定要作自我批评，让人批评。毛泽东作自我批评说："第一个负责的应当是我。"邓小平、周恩来在大会上分别代表中央书记处和国务院作自我批评。中央领导人的这种作风，使与会者解除了顾虑，勇于提出批评和自我批评，一时间会议上洋溢着几年来少见的宽松气氛。

七千人大会取得了在当时历史条件下所能取得的重要成果，对推动国民经济全面调整起到了积极作用。当然，会议还不可能从指导思想上清理"大跃进"和"反右倾"的错误。

朱屺瞻：《荒山开垦》（国画·1963年）

美·术·点·评

朱屺瞻善于运用似断若续的线条，变化不定的笔触和疏密，结合色彩和构图来经营出富于感染力的画面。在《荒山开垦》中，他描绘了青山秀水之间一群劳动者在山脚辛勤劳作的图景，通过重峦叠嶂的高山和辛勤劳作的人群的相互对比映衬，赞颂了劳动人民坚毅、勤奋的时代精神。画面山水朴拙淋漓，人物干净利落，既有传统国画气韵灵动的山水意境，又"笔墨紧随时代"，体现出劳动人民"战天斗地"的时代精神。

党史解读

这是一幅反映农业恢复发展的图画。1961 年八届九中全会后，党中央于这年春夏先后在广州和北京召开工作会议。在广州会议上，毛泽东主持起草了"农业六十条"草案。草案在广大农村基层干部和社员群众产生热烈反响。他们普遍反映办公共食堂占用劳动力过多，破坏山林，社员吃饭不方便也吃不饱；实行部分供给制不能真正做到按劳分配，影响劳动生产的积极性，应该取消公共食堂和部分供给制。根据基层干部和农民群众的意见，党中央于五六月在北京举行工作会议，修改草案，取消了供给制，并规定办不办食堂，由社员讨论决定。这个决策受到群众的极大欢迎。

随着"农业六十条"的贯彻实行，一些地方提出了公社基本核算单位放在哪一级的问题。基层干部和社员认为，以现有的生产大队为基本核算单位，各生产大队内部的生产队之间平均主义的矛盾很难解决，以生产队为基本核算单位势在必行。毛泽东赞成这个意见。1962 年 2 月，中共中央发出指示，确定以生产队为人民公社的基本核算单位。

"农业六十条"是党调整农村生产关系、促进农业生产恢复和发展的一个重要文件。它纠正了公社化以来农村实际工作中的若干突出错误，解决了当时群众意见最大最紧迫的问题，从而在调动农民积极性、恢复和发展农业生产方面发挥了积极作用，农村的形势开始好转。

傅抱石：《煤都壮观》（国画 · 1964 年）

美 · 术 · 点 · 评

傅抱石的《煤都壮观》是用中国山水画的方式表现露天煤矿的伟大尝试。1964 年，傅抱石因创作任务要求需要用中国画的表现方式创作工业题材，在创作中，傅抱石采用多变的点染、皴擦，造成雄壮的气势，煤矿在画家笔下转变成一幅壮阔、秀丽的山水画卷。傅抱石用他的激情和超人的手段表现出煤都的壮观，也展示了现代中国画美好的前景。

党史解读

《煤都壮观》是作者 1964 年 8 月前往抚顺参观西露天煤矿时创造完成的。1961 年 8 月，党中央在庐山举行了工作会议，主要讨论工业调整的问题。会议通过的指示强调：现在再不能犹豫了，必须当机立断，该退的就坚决退下来。如果不下这个决心，仍然坚持那些不切实际的指标，既不能上，又不愿下，我们的工业以至整个国民经济就会陷入更被动、更严重的局面。根据这个指示精神，国家计委对 1961 年计划指标，钢、煤分别降至 850 万吨、2.74 亿吨；对 1962 年计划指标，钢、煤分别调整为 750 万吨、2.5 亿吨。工业调整的另一方面，是整顿企业秩序。“大跃进”给企业带来了许多问题：管理工作混乱，责任制和经济核算制度废弛，设备损坏等。这次会议讨论通过了“工业七十条”。它不仅恢复了被“大跃进”否定和打乱的工业企业规章制度和正常秩序，而且建立了一些新制度。“工业七十条”下发后，受到干部职工的拥护。它的实行，对于工业的调整、巩固、充实、提高发挥了积极作用。

冯杰：《征服珠峰》（油画 · 2009 年）

美 · 术 · 点 · 评

《征服珠峰》是 2009 年“国家重大历史题材美术创作工程”中的作品。画面描绘了中国珠峰登山队员登上世界最高峰，将五星红旗插上世界最高点的场景。登山队员经过艰苦攀登，虽然体力不支，但仍斗志昂扬，坚忍不拔。画面主色调为冷色，交代了珠峰顶端的冷酷环境，也烘托出五星红旗的鲜艳。构图上，登上队员呈三角形构图，稳定有力，也代表着一种坚不可摧的精神力量，俯视下面茫茫冰雪，更彰显出中国登山队员勇于征服艰难的气魄。

党史解读

1960年5月25日，中国登山探险队的勇士王富洲、屈银华和贡布一起，冒着零下30度的严寒，首次完成了人类从北坡集体登上世界最高峰珠穆朗玛峰的夙愿，在人类登山史上写下了光辉的一页。当时作为随队记者的郭超人，在登顶成功后，以最快的速度写成了长篇通讯报道《红旗插上珠穆朗玛峰》。在记述这次登顶的意义时写道：在当时国际帝修反的一片反华叫嚣声中，在三年自然灾害和苏联背信弃义单方面退出中苏两国登山运动员共同攀登珠峰的活动的时候，我国登山运动员这次从北坡首次成功地登上珠峰的胜利，充分显示了中国人民在中国共产党和毛主席的领导下，无高不可攀、无坚不可摧，吓不倒压不垮的革命英雄主义精神。

赵志田：《大庆工人无冬天》（国画 · 1973 年）

美·术·点·评

赵志田的《大庆工人无冬天》描绘的是大庆工人在漫天飞雪中钻井的场面。画面中雪花纷飞，石油工人在零下三十多度的环境中与恶劣的天气顽强地斗争。左边铁人王进喜固定住钻井台，右边的工人展开双臂，用力旋转操作钻井机器，旁边的工友全神贯注地盯着画面中间工作的工人。画面主要采用横向式构图，后面高耸的标语、前面的设备、中间的钻井和忙碌的工人，使得画面富有秩序感。在风雪中，石油工人如雕塑一般，给观者深刻印象。

党史解读

中国在近代历史上曾被认为是一个贫油国家。化工产业和生活用油，基本依赖“洋油”进口。新中国成立后，国家投入大量人力物力进行石油勘探和开发。1959年9月，钻探人员在松辽盆地发现了高台子油田。因国庆十周年临近，人们将其命名为“大庆油田”。1960年2月20日，中央决定集中力量在大庆地区进行石油勘探开发大会战。经过三年多的奋战，1963年，大庆油田产原油439.3万吨，占全国原油产量的67.3%。这年12月，周恩来在二届全国人大四次会议上宣布：“我国需要的石油，现在可以基本自给了。”

大庆油田的开发，还为中国人民战胜困难、奋发图强建设祖国留下了丰厚的精神财富。以王进喜为代表的石油工人、科技人员和干部，在油田开发最艰苦的时期，吃大苦，耐大劳，公而忘私，奋勇拼搏，表现了工人阶级的崇高品质。

由于大庆人创造出了辉煌业绩，表现出了伟大的奉献精神，党中央于1964年提出“全国工业学大庆”的号召。在整个工业战线，涌现出一批学习大庆的先进单位和先进个人，产生了许多大庆式的企业。

龙瑞、王珂：《红旗渠》（国画 · 2009 年）

美 · 术 · 点 · 评

这幅场景壮阔的山水画作品，选定“青年洞”作为画面的视觉中心。在构图方面，画家利用传统中国画高远、平远的透视方式，把多个场景汇集成一个巍峨的画面，把太行山和水渠的特征反映得更加全面、充分。画面中高山耸立，沟壑纵横，成千上万的修渠大军车水马龙，一派繁忙景象。画家通过对太行山峻险环境的营造，以衬托林县人民开山造渠的艰辛。作品以单纯的水墨形态追求笔墨语言的鲜明雄厚与丰富独特，充分发挥中国画的表现力，雄浑大气，境界天然。

党史解读

20世纪六七十年代，河南林县（现林州市）人民自力更生、艰苦奋斗，用最普通的工具，劈开太行山的重峦叠嶂，引漳河水入林县，建成了“人造天河”——红旗渠，其事迹在全国产生广泛影响。

林县位于太行山东麓，严重干旱缺水，极度贫困。1959年夏，林县县委提出跨越太行山到山西斩断浊漳河，逼水上山，把水引进林县的大胆设想。这个计划得到了河南省委的支持，山西省委也同意了林县人民的请求。1960年2月，3.7万名林县民工，向着太行山开战了。经过不到八个月的奋战，斩断了45道山崖，搬掉了13座山垴，填平了58道沟壑，穿凿了总长度600余米的7个隧洞，建渡槽、路桥和防洪桥56座，完成土石方445.65万立方米，砌石42.86万立方米，终于拦住了奔腾不羁的浊漳河。此后，林县人民又经过四年苦战，于1965年4月5日实现了总干渠的通水。千百年来林县人民渴望水的梦想，终于得以实现。周恩来在20世纪70年代同外国友人曾提到，这条盘绕在太行山千嶂绝壁上的蓝色飘带，是新中国创造的两大奇迹之一。

红旗渠至今仍发挥着作用，建成40多年以来，总引水量约100亿立方米，历年来灌溉面积达1亿亩次，共增产粮食近40亿斤。

毛本华、王刚、鲍璐、郝米嘉：《焦裕禄》（油画 · 2009 年）

美 · 术 · 点 · 评

作品画面以焦裕禄带领群众扛着树苗、顶着风沙走向沙荒的场景构图，突出了 20 世纪 60 年代初这个特定历史年代和兰考这个特殊环境，主线单纯集中。画面中的农民和林业技术人员形象质朴生动，有浓郁的地域特征。焦裕禄朴素和蔼，神情生动。画家以深刻的表现手法和醇厚的创作情感，塑造了一位感人的人民公仆形象。

党史解读

20 世纪 60 年代焦裕禄曾任河南省兰考县县委书记。兰考是黄河故道上一个有名的灾区县，长期受风沙、内涝和盐碱的袭扰，经济发展水平很低。在三年困难时期，兰考的生产、生活面临极大困境。正是在灾情最严重的时候，焦裕禄来到了这里。他带领县委抓住治沙这一关键环节，深入实地调查。在一年多的时间里，他跋涉 2500 多公里，把全县 86 个风口、261 个大沙丘、17 条大沙龙都编号绘图，最终形成了种植速生泡桐林治理“三害”的方案。焦裕禄心中装着兰考的老百姓，唯独没有他自己。他积劳成疾，在晚期癌症的病痛折磨下，仍带领群众坚持在治沙的第一线。在生命的最后一刻，他说:“我死后只有一个要求，要求组织上把我运回兰考，埋在沙堆上，活着我没有治好沙丘，死了也要看着你们把沙丘治好！”1964 年 5 月 14 日，焦裕禄逝世，终年 42 岁。

1966 年 2 月，新华社播发长篇通讯《县委书记的榜样——焦裕禄》，在全国引起强烈反响。焦裕禄的榜样，鼓舞人们以极大的热情战胜严重困难，成为社会主义建设时期的一座精神丰碑。

吴强年:《雷锋》(版画 · 1963 年)

美·术·点·评

在20世纪60年代初，雷锋——这个平凡而又崇高的战士动人事迹，传遍祖国各地，也掀起全国各族人民的学习高潮。吴强年的木刻版画《雷锋》采用了象征主义的手法和有力的刀笔，整体形式追求在造型严谨的前提下，以强烈的黑白处理和大刀阔斧的刀法增强视觉效果。

作者在雷锋肖像的创作中，有意突破雷锋严肃的肖像描绘，让雷锋的嘴角微微张开，显示出雷锋可亲可近的平凡中的伟大，着力表现雷锋崇高、明朗、自豪而又朴实可爱的形象，将手持冲锋枪的共产主义战士、全心全意为人民服务的楷模雷锋与耸立的磐石融为一体，力求单纯有力，以加强纪念碑式的效果，歌颂了雷锋精神的不朽与永存。

党史解读

“如果你是一滴水，你是否滋润了一寸土地？如果你是一线阳光，你是否照亮了一分黑暗？如果你是一颗粮食，你是否哺育了有用的生命？如果你是一颗最小的螺丝钉，你是否永远坚守在你生活的岗位上？”这就是雷锋日记中的名言。雷锋，1940年12月18日出生，1960年加入中国共产党，1962年8月15日，因事故不幸殉职。毛泽东主席于1963年3月5日亲笔题词，号召全国人民“向雷锋同志学习”。

每一个时代都有自己的精神坐标。不同的时代，有不同的雷锋精神。在雷锋的年代，成立仅十余年的新中国，面临三年饥荒、中苏论战、外界封锁……需要众志成城、共渡难关的信念，一心为公、无私奉献的精神。因此，承载着新社会价值观的雷锋，能为全社会提供心灵动力。20世纪70年代，就像《学习雷锋好榜样》里唱的那样：“忠于革命忠于党，爱憎分明不忘本……”80年代，改革开放，百废待兴，“做一颗永不生锈的螺丝钉”的钉子精神，为时代推崇。90年代，雷锋精神被诠释为“全心全意为人民服务，为了人民事业无私奉献”的奉献精神。进入新世纪，雷锋精神也被赋予新的内涵，那就是：热爱党、热爱祖国、热爱社会主义的崇高理想和坚定信念，服务人民、助人为乐的奉献精神，干一行爱一行、专一行精一行的敬业精神，锐意进取、自强不息的创新精神，艰苦奋斗、勤俭节约的创业精神。

杨立舟、王迎春:《挖山不止》(国画·1973年)

美·术·点·评

20世纪60年代中期到70年代末，产生了大量反映“农业学大寨”运动的美术作品，其中以杨立舟、王迎春夫妇合作的国画《挖山不止》最具代表性。画作中的陈永贵站在画面的中央，呈仰视角度。他双手握镐，面带微笑，眼神与眉宇间流露出无比的刚毅，表情雕塑般坚定。飘洒的雪花既烘托了环境，又暗示了其肩负重担。风尘仆仆的“战斗英姿”，属典型的“战斗在三大革命第一线的工农兵英雄形象”。陈永贵前方是崩塌的土块，应运了斧劈皴式表现，颇见画家的传统功底。背后是推土机及劳动的群众，其运用环境烘托、气氛渲染法使之成为英雄人物的点缀。画作构图既充分刻画了人物的面部表情，又能使其豪放宽广的胸怀得以舒展。

党史解读

大寨地处太行山麓，土地贫瘠，耕地被沟壑分散在七沟、八梁、一面坡上。大寨人在党支部领导下，从1953年开始，改造全村7条大沟，垒成水平梯田300亩，修整散地4700余块。1962年，在严重困难的年景下，大寨粮食亩产达到774斤。大寨人没向国家要一分钱，凭双手实现了丰收的夙愿。1963年，大寨大队遭遇暴雨洪灾。在严重灾害面前，干部群众发扬自力更生、艰苦奋斗的精神奋力救灾，还完成当年国家粮食征购任务24万斤。1964年2月10日《人民日报》刊载了长篇通讯——《大寨之路》，系统介绍了大寨的先进事迹和成功经验。毛泽东肯定了大寨人的艰苦奋斗精神。在1964年12月的三届全国人大一次会议上，周恩来在《政府工作报告》中将大寨精神概括为：“政治挂帅、思想领先的原则，自力更生、艰苦奋斗的精神，爱国家爱集体的共产主义风格”，发出了“工业学大庆，农业学大寨，全国学人民解放军”的号召。从此，“农业学大寨”运动在全国开展起来。“文化大革命”中，“农业学大寨”运动在“左”倾错误思想指导下走入歧途。但是，大寨人自力更生、艰苦奋斗的精神和为农业发展所做的贡献是值得肯定的。

张仃：《哈尼族女民兵》（国画，1960年）

美·术·点·评

1961 年，张仃带领中央工艺美院研究生赴云南采风写生，创作了装饰画《哈尼族女民兵》。这件作品借用西方形式主义的造型语言，运用半抽象的块面塑造人物形象，同时以墨色为底，头饰以红、蓝、橙、白赋色，具有较强少数民族风格。女民兵采用侧面视角，丹凤眼，高鼻梁，厚嘴唇，脖颈颀长，既有少数民族的气息，又难掩青春的气息，展现了画家高超的想象力。画面用笔粗犷，装饰性较强。

党史解读

“飒爽英姿五尺枪，曙光初照演兵场。 中华儿女多奇志，不爱红装爱武装。”这是 1961 年毛泽东为中国女民兵谱写的一首赞歌。妇女参加民兵组织，在 20 世纪 50 年代初期，全国没有统一要求。直到 1958 年以后，按照中央《关于民兵问题的决定》，把 16 岁到 50 岁的女性公民都编入民兵组织。当时全国女民兵猛增至 7200 多万人，这样众多的人数大大超出了实际需要，影响了妇女参加生产劳动。1961 年，中央把女性公民参加民兵的最高年龄压缩到 35 岁。1981 年全国调整民兵组织时，确定女民兵数量一般只占基干民兵总数的约 10%。

广大青年妇女参加民兵，给民兵组织带来了新活力。她们活跃在练兵场上，摸爬滚打，持枪操炮，练就一身过硬本领。有些地区如沿海和岛屿，青壮年男子出海打鱼，女民兵就曾发挥了特殊作用。她们不仅是农业生产的主要劳动力，还常年坚持在海防线上巡逻放哨，为保卫海疆作出了贡献。比如浙江省洞头县北沙女子民兵连和驻岛部队实行军民联防，先后配合部队捕获特务、海匪 104 名，毛泽东接见了连长汪月霞。中国女民兵在经济建设和国防建设中都发挥了重要作用。

董希文:《千年土地翻了身》(油画 · 1963 年)

美·术·点·评

《千年土地翻了身》以朴素的画风和真挚的感情表现了西藏农奴翻身做主人，在自己的土地上耕耘的喜悦心情。人物后仰的动势，牦牛昂首奋蹄的姿态和黑土地笔触的走向，高耸的雪山和碧蓝的天空，使人感受到西藏的春天气息，赞美了在党的领导下西藏解放后生机勃勃的新气象。

党史解读

旧西藏社会政教合一的封建农奴制度，延续了千余年，约占人口5%的农奴主占有几乎全部的土地和农奴、奴隶。对西藏的土地改革，党主张采取更加慎重、和缓的政策和步骤。但是，农奴主贵族中的反动分子，不仅反对土改，还勾结国外反动势力策划"西藏独立"。1959年3月10日，他们在拉萨等地发动武装叛乱。中国人民解放军迅速平定了叛乱。广大藏族人民要求推翻农奴制度的愿望爆发出来，实行民主改革势不可当。

西藏的民主改革，按照中央决策分两步进行。第一步是解散噶厦政权及其军队、法庭和监狱，在农区开展"三反双减"（反叛乱、反差徭役、反奴役，减租、减息）运动。第二步是实行对叛乱农奴主的土地及生产资料进行没收，对未参加叛乱农奴主的土地及生产资料进行赎买，对这些土地及生产资料进行合理分配。

经过1959年到1961年的社会大变革，一个新西藏屹立在世界的屋脊。百万翻身农奴终有了自己的土地和牲畜，焕发出前所未有的生产积极性；封建农奴制被彻底摧毁，西藏人民开始享有充分的民主权利。当时翻身农奴中流传着一段歌谣："达赖的太阳照在贵族身上，毛主席的太阳照在我们穷人身上；现在，贵族的太阳下山了，我们的太阳升起来了。"

邓澍：《六亿神州尽舜尧》（油画 · 1966 年）

美 · 术 · 点 · 评

邓澍的宣传画《六亿神州尽舜尧》，将身着各自民族服装的五十六个民族的兄弟姐妹集中在一起，兴高采烈地的跟随毛主席前进，流露出无比自豪的神情。毛主席表情和蔼，走在队伍中间，与人民打成一片。画面横向构图，视野开阔，毛主席在画面中央，体现出人民对他的拥戴与热爱。画作设色鲜亮，人物动作栩栩如生，充分表达出人民欢喜之情。

党史解读

从新中国成立到20世纪60年代中期，中国各少数民族在权利平等、区域自治和经济社会文化事业的发展方面，实现了从未有过的重大推进。

少数民族地区的社会主义改造，实质是把个体所有制引向社会主义的集体所有制，逐步实现农业合作化。各地在改造过程中，还因地制宜，采取了更为灵活的政策。经过不同类型的社会改革，少数民族分别从原始公社制度、奴隶制度、封建农奴制度、封建地主制度，过渡到社会主义制度。这是我国各民族的历史性飞跃。从“一五”计划开始到“二五”计划及三年国民经济调整时期，国家逐步改变旧中国经济建设布局，将工业建设转向内地。特别是1964年国家建设三线的过程中，少数民族地区受益更多。川、滇、黔、甘、宁、青以及湘西、鄂西这些少数民族聚集地区，大多划入了国家的大三线建设范围。少数民族教育事业方面，至1965年，全国高等学校少数民族学生达到21870人，普通中学少数民族学生达到37万多人，少数民族小学生达到521万多人。这些数字比20世纪50年代初期分别增长了9倍、8倍和5倍。少数民族地区卫生事业方面，到1965年，全国民族自治地方的卫生医疗机构已增加到25306个，病床增加到120781张，卫生技术人员增加到156889人，分别为新中国成立前的70倍、36倍和44倍。

中国广大少数民族群众，在中国共产党的领导下获得了新生，为我国的社会主义建设作出了贡献。

关山月：《俏不争春》（国画 · 1973 年）

美·术·点·评

古人画梅多以水墨为上，清疏淡雅；而关氏之梅多红花铁干，凌厉张扬。这幅《俏不争春》中梅树枝干苍劲，红花繁密，直攀上天。笔墨技法上，枝干以篆书笔意写出，梅花以没骨点成，凝重中见妩媚，老辣中见清新。朱砂为花、焦墨作干的方法，突出了笔墨的力度和层次。特写的满构图、浓烈的色彩和雄健的笔力，烘托出咄咄逼人的气势和疾驰速动的节奏，表现出顽强向上、奋力拼搏的斗争精神。这是对传统中国画的拓展，也是岭南画派主张“笔墨当随时代”的成果。

党史解读

20世纪60年代初期，正值中国国内面临严重的经济困难，周边环境也开始恶化。以美国为首的西方国家一直对华进行经济封锁。在1960年6月的罗马尼亚工人党第三次代表大会后，为向中国施加压力，苏联政府突然于7月照会中国，片面决定立即召回在华工作的全部苏联专家，废除两国经济技术合作的各项协议。这使得中国一些重大的设计项目和科研项目中途停顿，一些正在施工的建设项目被迫停工，一些正在试验生产的厂矿不能按期投产。这对正处在困境中的中国经济，无疑是雪上加霜。当时，由于农业大幅度减产，中国对苏贸易欠账达25亿卢布。严峻的国际形势，在毛泽东的感觉中也恰如一片寒冬。肃杀的严寒，格外诱发着毛泽东应战和挑战的激越心态。在赫鲁晓夫咄咄逼人的高压政策的背景下，毛泽东以坚定口气说：明年还清这个账。中国共产党和中国人民发扬独立自主、自力更生的精神，顶住了巨大的压力。

周思聪：《人民和总理》（国画 · 1979 年）

美 · 术 · 点 · 评

周思聪的画作《人民和总理》表现的是邢台地震后，周总理第一时间赶赴灾区视察慰问的画面。画面中，周总理搀扶着一位满头白发的老妇人，周围围拢了众多乡亲，男女老少的表情凝重，刻画细腻。构图上，画家通过对画面左下角防震棚的空白处理，使画面不显得拥挤，并突出了总理的形象。画家用传统的水墨语言塑造的周总理形象也成为一代经典，作品曾获全国美展一等奖。

党史解读

1966 年 3 月 8 日凌晨，北方大地一阵颤动，周恩来从睡梦中惊醒，知道发生了地震，立即询问哪里发生了震情。后来查明，邢台地震的震级 6.8，是解放后第一次在人口稠密区发生的强震。这次浩劫造成八千多人死亡，近四万人伤残，经济损失也极为严重。

周恩来接到报告后立即命令北京军区和当地驻军赶赴现场救灾。当晚，他主持国务院紧急会议，商量抗震救灾的紧急措施。9 日晚，周恩来赶赴地震中心隆尧县。当时大地频震，房屋摇晃，门窗作响。当地干部劝他避一避，他拒绝了。第二天下午，周恩来赶往受灾最严重的白家寨慰问灾民。当群众听说“周总理来了”时，心情激动，拥上街头。周恩来登上一个大木箱子，对群众说：“这个困难一定能战胜。死了人当然难过，但是，不要低头……把劲头鼓起来，用七八天的时间把生活组织起来，过几天还要搞生产。恢复了生产，恢复了力量，就对得起死去的人。”周恩来的到来，使群众情绪很快安定下来，投入紧张的抗震救灾、重建家园中了。

3 月 31 日，周恩来再次飞往地震灾区。当时救灾指挥部的组织者回忆说：哪里有受灾的群众，哪里就有周总理的身影，哪里就有他亲切的话语。

到1966年底，“文化大革命”已经在全国各地和各个领域大规模地发动起来。运动猛烈地冲击着国家政治、经济、文化生活的各个方面，整个社会动荡不安。1969年党的九大后，形势相对稳定，社会生产有可能比较正常地进行。九大之后，国民经济开始缓慢复苏。1969年初全国掀起战备高潮，以战备为主要任务的“三五”计划建设得到迅速恢复和扩大，最终基本完成，三线建设也迅速发展。

曲折中前进

15

魏紫熙:《天堑通途》(国画 · 1973 年)

美·术·点·评

为创作《天堑通途》，画家实地观察，数易其稿才完成。画题取材于毛泽东诗词“一桥飞架南北，天堑变通途”。作者以幕府山为近景，以大桥作为一线，长江作为另一线，两线交错，统一于整个画面。图中宽阔浩渺的长江与巍峨高耸的幕府山作为前景，一动一静，一虚一实，更衬托出横跨两岸的南京长江大桥之雄伟气势。同时以江面往来不息的帆船，江畔繁忙热闹的码头，表现出欣欣向荣的社会主义建设图景。作品构图严谨、独特，画面达到了传统笔墨语言与时代特色的和谐统一。

党史解读

南京长江大桥是铁路公路两用的特大桥，1959年底动工。建桥大军依靠自己的聪明才智，在苏联单方面撤走桥梁专家和研究人员的艰难情形下，奋斗八年，终于建成了这座举世闻名的长江大桥。铁路桥长6772米，公路桥长4588米，是当时我国自行设计建造的最大的铁路、公路两用桥。1968年9月铁路桥首先建成通车，南京市五万多军民举行了隆重通车典礼。10月1日，南京长江大桥铁路桥通过了第一列客车——从福州开往北京的46次快车。南京长江大桥使大江南北更紧密地联系在一起。1969年9月21日，毛泽东视察了南京长江大桥。周恩来在20世纪70年代同外国友人提到新中国创造的两大奇迹，其中之一就是南京长江大桥。

李延声：《煤海盛开大庆花》（国画 · 1972 年）

美·术·点·评

《煤海盛开大庆花》用诗意的手法，描绘了煤海山西工人在社会主义建设中高涨的建设激情。画面中两位煤炭工人看着热火朝天的建设场面十分欣喜，女工人背着一沓报纸，手拿搪瓷缸，另一只手放在嘴边向远处工友喊话；另一位工人放下自己手中的工具，面带微笑，正要直起背眺望远方。画面中虽然没有工人劳作的场面，却让观者真切地感受到煤海建设的热情。画中煤山起伏，两位工人一高一低，形成积极向上的气氛，歌颂了矿厂工人参与社会主义工业建设事业的情怀。

党史解读

经过“文革”开始几年的动乱，人民群众迫切希望结束动乱，恢复发展生产。1969 年，全国工农业生产结束了连续两年下降的局面，出现一定幅度的增长。九大后，以战备为主要任务的“三五”计划建设得到迅速恢复和扩大。1970 年工农业生产又取得大幅度增长，各项主要经济指标大部分完成或超额完成年度计划和“三五”计划。其中，1970 年工农业总产值达到 3138 亿元，比上年增长 25.7%；工业总产值 2117 亿元，比上年增长 32.6%；原煤一项，产量 3.54 亿吨，比上年增长 33.1%。

经过“文化大革命”前期“天下大乱”，经济建设仍然能够取得这样的成就，一方面由于有 20 世纪 60 年代前期经济调整在各方面奠定的基础；一方面是“三五”计划接受了“大跃进”急于求成、高指标的教训，计划指标安排得比较合理；更重要的是一大批领导干部及广大群众对动乱的抵制与抗争，减少了“文化大革命”对经济的破坏，在十分困难的条件下，经过艰苦奋斗，完成了第三个五年计划。

骆根兴：《西部年代》（油画・2001 年）

美・术・点・评

《西部年代》是一幅再现历史瞬间的大型肖像画。画家将我国“两弹一星”研制工作的领导者、科学家和酒泉基地的创建者组合在同一个画面里，成功地塑造出他们的个性和风采。画家在忠实刻画对象的基础上，通过色彩的强度、力度与扩张的笔触，表达了强烈的激情主观感受。背景的大漠和胡杨烘托出苍茫辽阔的氛围，结构中大块面的穿插对比与热烈、明亮的色彩主调相呼应，表现出新中国第一代“两弹一星”功勋的英姿和豪情。

党史解读

20 世纪五六十年代，中国面临严峻的国际形势。党中央决定研制“两弹一星”，作出了对中国安全和发展具有战略意义的重大决策。

我国研制原子弹、导弹，开始曾得到苏联的技术援助。随着困难时期苏联中断援助，撤走专家，研制工作进入了自力更生的新阶段。全国 20 多个部委、20 多个省区市、1000 多家单位的科技人员大力协同，攻克难关。“两弹一星”的研制，汇集了一大批杰出的科学家和科研技术与管理人员。他们在戈壁荒滩建立基地，风餐露宿，披星戴月，艰苦创业。有的隐姓埋名，默默无闻地工作，有的甚至献出了生命。1964 年 10 月 16 日，我国成功爆炸第一颗原子弹，震惊世界。1967 年 6 月 17 日，又成功地爆炸了第一颗氢弹。1970 年 4 月 24 日，中国第一颗人造卫星“东方红一号”发射升空。邓小平曾说:“如果六十年代以来中国没有原子弹、氢弹，没有发射卫星，中国就不能叫有重要影响的大国，就没有现在这样的国际地位。这些东西反映一个民族的能力，也是一个民族、一个国家兴旺发达的标志。”

1999 年 9 月，中央高度评价了“两弹一星”研制成功的伟大成就，赞扬了“热爱祖国、无私奉献，自力更生、艰苦奋斗，大力协同、勇于登攀”的“两弹一星”精神；授予钱学森、邓稼先等 23 位科技专家“两弹一星功勋奖章”。历史将永远铭记他们为祖国立下的功勋。

关山月：《绿色长城》（国画 · 1973 年）

美·术·点·评

1973年，画家关山月回家乡广东阳江参观，此地处于南粤海滨，属风沙带，很难生长植物。在“绿化祖国”的号召下，海疆也发生了变化，风沙地植满木麻黄树。画家览物生情，艺术地再现了家乡的变化：远处的海面上烟波浩渺、帆影点点，近处的木麻黄树迎风而立、摇曳多姿，远树如层波叠浪构成一道绿色的屏障，恰是一道“绿色长城”。《绿色长城》在艺术语言上，以色彩为主，别具一格；其表现手法较为特殊，树林和海水都明显融入了西洋油画的表现手法，作品境界的阔大似乎更胜关山月的其他画作。民兵在海岸线上的巡哨提醒了观者：海岸线是暗流汹涌，这“绿色长城”不惟防风、防沙，还可以拒敌于门外。

党史解读

《绿色长城》的画面重点是防风沙林带，而蕴含的意义则是民兵是祖国边防的一道长城。“文化大革命”期间，民兵建设仍然取得了进展。特别是1969年珍宝岛事件后，毛泽东发出“要准备打仗”的号召，军民加强战备，民兵工作得到提高发展。主要表现在，一是民兵战斗骨干队伍的建设得到加强。1973年，总参和总政将民兵独立营、团统一改称为民兵武装基干团，并规定在基干团内，有计划有重点地组建地炮、工程、通信、侦察等专业分队。到1976年，全国1800多万武装基干民兵中有160多万是具备一定军政素质的骨干。二是有计划有重点地开展民兵军事训练，三年为一个周期，要求受训民兵学完单兵技术、战术科目。到1976年，75%的民兵武装基干连完成了受训任务，可以担任战勤和一般作战任务。三是改善更新了民兵的武器装备，淘汰了大量杂式武器，制式、旧制式武器数量上升到总数的77%以上。

周树桥:《春风杨柳千万条》(油画·1974 年)

美·术·点·评

周树桥的《春风杨柳千万条》是“文革”期间的作品，反映了当时城市知识青年响应党的号召，走与工农相结合的道路，上山下乡接受再教育的那段历史。画作具体描绘了一队知青男女远离家乡，来到南方农村被戴上大红花，受到热烈欢迎的情景。画面构图饱满，手法细腻，众多人物形象刻画也颇为生动，具有个性。明亮的色彩，温暖的色调，以及近似于平涂的技巧表现，都使画面拥有了年画一样引人瞩目，创造了欢快喜悦的气氛。作品带有理想主义的色彩，也带有“文革”中“红、光、亮”审美倾向。

党史解读

“文化大革命”开始后，由于大学不招生，工厂基本上不招工，商业和服务行业处于停滞状态，城市初、高中毕业生既不能升学，也无法分配工作。仅1968年，积压在校的1966届、1967届、1968届初中和高中毕业生达400多万人。如此众多的毕业生的分配成为刻不容缓的社会问题。1968年12月，毛泽东发出“知识青年到农村去，接受贫下中农的再教育，很有必要”的号召，全国立即掀起知识青年上山下乡的高潮。这个运动被宣传为具有“反修防修”、“缩小三大差别”的重大政治意义。在很短的时间里，大批知识青年下放到农村、生产建设兵团或农场。

知识青年到农村后，向农民学习生产知识，参加艰苦的农业劳动，传播文化知识，担任生产队干部以及小学教员、“赤脚医生”一类的工作。他们希望在广阔的天地里大有作为。但由于生产劳动过重、分配收入低、文化生活贫乏、缺乏组织管理而遇到一系列困难。1970年大学、工厂开始招生、招工后，不少知青利用各种途径和方式回城。1973年夏召开的全国知青上山下乡工作会议，总结了几年来的情况，对知识青年下乡、管理、返城等政策作出若干调整。

周思聪：《长白青松》（国画 · 1973 年）

美·术·点·评

《长白青松》是周思聪的代表作之一。图中抱松树的女孩原型是著名工笔画画家潘洁兹先生的女儿潘文宣。作为知识青年下乡到东北虎林插队，在一次扑灭山火中牺牲，同时遇难的有13人。画作表达了对逝者的追颂，对生者的慰藉。画面中女主人公手捧青松，风尘仆仆，老校长看到救火英雄激动不已，门口的孩子们好奇而羡慕地望着发生的这一幕。作品一问世就感动了亿万观众，其"红、光、亮"格调和知青题材以及表层的颂扬主题，十分符合当时的政治大背景。不过，更多的观众是被画中在动乱年代所抒写的师生情感、人情味儿打动。

党史解读

《长白青松》中的知青，有其真实的历史原型。1970年冬，北大荒烧荒时发生大火。黑龙江生产建设兵团四师三十五团的知青闻讯后，积极赶去扑救山火。赶到火场知青们赤手空拳，被逼到狭窄的火道里，14个年轻的生命被大火吞噬。现在黑龙江虎林县庆丰农场里，还有他们的墓碑，所有的墓碑上都刻着相同的日期：1970年11月7日。

上千万的知识青年到农村和边疆，经受了锻炼，接触了生产实践，增长了才干，为开发贫困不发达地区作出了贡献。后来，他们中间也出现了一批国家建设人才。但是，在青春年华失去接受学校教育的机会，造成人才生成的断层。在此期间，国家和企事业单位为安置知识青年上山下乡所支出的经费达300多亿元，千百万知识青年的家长和部分地区的农民也因此加重了负担。上山下乡知识青年得不到妥善安排，引发了一些社会问题。

梁岩：《申请入党》（国画·1973年）

美·术·点·评

1973年，画家梁岩跟随石家庄市群众艺术馆组织的创作小组到海河工地深入生活，工地上铁姑娘战斗队的事迹激发了画家的创作欲望，一气呵成创作了《申请入党》这一经典画作。在此画面中，梁岩把形象整体的严谨、灵性、情感等等都表现得十分恰当。画家重点捕捉描绘画中人物的眼神，通过对画中人物坚定而犀利的目光的刻画，透视出一种对党的渴望与信仰。画家对人物形象的处理具有一定的时代特色，服装、工具等都是当时劳动人民生活的真实写照。此外，作品还保留有中国人物画的风骨与韵味。

党史解读

这幅画创作于1973年，是在纪念毛泽东题词根治海河十周年的背景下产生的。

海河是华北地区主要大河之一，由北运河、永定河、大清河、子牙河、南运河五河汇流至天津后入渤海。海河水系支流众多，汛期同时涨水，入海口宣泄不畅，常常形成洪灾。从1368年到1948年的580年间，海河流域发生过387次严重水灾，天津被淹泡过70多次。从1958年开始对海河水系进行了全面整治。1963年海河大水后，毛泽东给海河工程题词："一定要根治海河。"一声令下，一场治水的人民战争打响了。几十万治河大军疏浚和开挖了黑龙港河、子牙新河、滏阳新河、大清河等19条大型排洪排涝骨干工程和35条较大支流、183条支流，修筑总长1400公里的14道大型堤坝，基本上解除了海河南系洪水对天津市，京广、津浦铁路的威胁。几十年过去了，海河流域基本没有发生过重大洪涝灾害。

在治河大军中涌现出了许多巾帼英雄。1970年保定市就成立了一个铁姑娘民兵连，由郊区公社的90多名女青年组成，最大的二十五六岁，小的十七八岁。铁姑娘们参加了清理白洋淀的工程，白洋淀"虫多、蛇多、地潮、蚊子咬，大苇茬子乱扎脚"，可是她们一天都不歇工。六年间，这群姑娘打成机井18眼，其中百米以上的15眼，扩大水浇地面积2500亩。

沈嘉蔚：《为我们伟大的祖国站岗》（油画 · 1973 年）

美·术·点·评

《为我们伟大的祖国站岗》描绘了两个在祖国北方站岗的年轻解放军形象。他们迎着初升的太阳，在哨楼上远眺，两人形成金字塔式的构图，稳定而坚实有力。画面的色彩非常明快，人物的动作有点舞台化，画家巧妙地利用了哨楼高耸的特点，将视线放在画面的底边，使军人的形象显得更加高大。这种风格正是来自画面上那两位战士正锁眉警惕着的前方——苏修。画面纵深感强，哨所下白雪皑皑，北风呼啸，与哨楼上坚毅的战士形成很好的对比，犹如同名铿锵有力的歌曲。

党史解读

“手握一杆钢枪，身披万道霞光，我守卫在边防线上，为我们伟大的祖国站岗。”这是歌曲《我为伟大的祖国站岗》中的歌词。这首歌创作于珍宝岛事件之后的1971年，和这幅画有着相同的历史背景。

1964年以后，苏联政府在中苏边界大量增兵，使边界形势恶化，造成一系列流血事件。珍宝岛位于黑龙江省虎林县境内乌苏里江主航道中心线中国一侧，自古就是中国的领土。1967年1月到1969年3月2日前，苏军即入侵珍宝岛地区16次，多次打伤执行正常巡逻任务的中国边防军人。1969年3月2日，中国边防部队巡逻分队登岛执行巡逻任务，遭到70余名苏军的突然袭击，伤亡6人。中国边防部队被迫进行自卫还击，击退入侵苏军。3月15日，苏军在坦克和装甲车的掩护下，从珍宝岛北端侵入。中国边防部队同入侵苏军共激战9个多小时，击退了苏军三次进攻。17日，苏军再次入侵珍宝岛，中国边防部队以炮火将其击退。至此，珍宝岛自卫反击战宣告结束。自卫反击战打击了苏联霸权主义行径，捍卫了中国的主权尊严和领土完整。珍宝岛事件也使得党内高层对国际形势严重性的估计。此后，在全国范围内掀起了大规模的战备高潮。

冯远：《领袖·父亲·设计师·儿子》（国画·2004年）

美·术·点·评

冯远的《领袖·父亲·设计师·儿子》是中国改革开放总设计师邓小平的肖像画。他满头银发，面容严肃但也显现出了老人的憔悴，上穿白色短袖衬衣，下着黑色长裤，脚穿白色袜子和黑色布鞋，水墨语言也十分朴素，但却恰到好处地将主人翁集领袖与设计师、父亲与儿子几种不同身份汇集一身。让人感到极为朴实和亲切，可以说，这看似普通的形象却又极不普通，在平淡中见高明。

党史解读

“文化大革命”初起，邓小平就被诬为“资产阶级反动路线”的代表而被打倒。1969 年 10 月，邓小平一家被疏散到江西南昌市郊新建县望城岗，住在一所步兵学校旧址的小楼里，由当地革委会监管。生活安顿好后，邓小平和卓琳被安排到新建县拖拉机修造场参加劳动。邓小平做些力所能及的钳工活，卓琳主要是拆洗线圈。每天上午去工厂劳动，中午回家吃饭，下午在家做家务。晚上才有时间听听广播看看书。从住处到工厂大约 20 分钟的路程，沿着荒坡田埂修了小道，每天一来一回，这就是后来著名的“邓小平小道”。一直到 1971 年，邓小平一家人在这里过着平常又安静的被监管生活。林彪事件后，邓小平的问题出现了转机。1972 年 8 月 14 日，毛泽东对邓小平的信作出肯定批示。1973 年 2 月，邓小平一家告别了步校，回到了北京，不久邓小平重返中央，领导了后来的全面整顿。

马刚：《毛泽东会见尼克松》（油画·2009年）

美·术·点·评

1972 年毛泽东与尼克松的会见，是震惊世界的事件。画家马刚描绘这一历史事件时，突出毛泽东和尼克松交谈时的场景，弱化其他人物。画面中的毛泽东坐在沙发上，精神很好，但略带一点病后初愈的感觉，浑然有画意。毛泽东抬手的姿势，在形象上很有表现力。尼克松坐在旁边，笔挺的西装见棱见角，姿态谦逊，也有一种对比。画家想表现一个人口众多的贫穷国家的领袖，在面对世界最富、最强的大国总统时，真正显示了一种伟人的气派。很多“文革”时期美术作品中的毛泽东的形象是样式化，这幅画作有着新的突破。

党史解读

进入 20 世纪 70 年代，国际形势发生了巨大变化。毛泽东、周恩来审时度势，及时对外交工作出富有远见和胆略的重大决策，打开了我国的对外事务的新局面。局势转变的带关键性的一环，是中国同美国关系的缓和。

新中国成立后，美国对中国采取敌视政策长达二十年之久。在变化了的国际形势下，中美两国政府领导人都认为有必要也有可能进行改善两国关系的谈判，实现两国关系正常化。1970 年 7 月，尼克松在接受采访时表示，他赞成在外交上承认中国。12 月，毛泽东在与美国记者斯诺的谈话中说：“如果尼克松愿意来，我愿意和他谈，谈得成也行，谈不成也行。”1971 年春，在日本名古屋举行的世乒赛，为正在酝酿的中美关系的突破提供了机会。美国乒乓球队几次表示，希望赛后能访问中国。毛泽东决定：邀请美国乒乓球队访问中国，以中美人民之间的交往作为打开两国官方关系的序幕。4 月 10 日，美国乒乓球代表团抵达北京。这就是当时被人们誉为“小球转动大球”的“乒乓外交”。1971 年 7 月，美国总统特使基辛格秘密访问北京。

1972 年 2 月 21 日，美国总统尼克松抵达北京，对中国进行访问。当天下午，毛泽东会见尼克松、基辛格等美国客人，宾主就中美关系和国际事务认真、坦率地交换了意见。2 月 28 日，两国在上海发表《联合公报》。中美《联合公报》的发表是中美关系史上的里程碑。它标志着曾经长期尖锐对立的中美两国从此走上实现关系正常化的道路。

郭全忠：《千言万语》（国画·1979年）

美·术·点·评

《千言万语》是郭全忠乡土现实主义水墨画的代表作。在这件作品中，画家拒绝了英雄的、唯美的人物形象，追求的真实的、处于自然状态下的人物行为与心理。画家采用结构性笔墨塑造人物形象，用随意的富有生命力的笔墨表现，达到了形象真实生动与笔墨表现自由的统一。同时，在现实主义的基调上融入了大写意笔法，强化了画家的心境表达，使得画面更具深度与穿透力。

党史解读

1973年6月9日，周恩来陪同越南领导人来到了阔别已久的延安，参观宝塔山、枣园、杨家岭和凤凰山等革命旧址。他在同延安地区党政负责人谈话时，当得知延安群众的生活仍十分困苦，难过地流下眼泪，说：延安人民哺育了我们，取得了全国革命的胜利。我们在中央，对延安工作关照不够。晚饭时，周恩来只吃了一小碗小米饭，边吃边说："延安小米真好吃，真香！"当地干部想劝他多吃一点，他说："我这个总理没当好，延安人民生活还很苦，我怎能吃得下去呢？"吃饭中间，周恩来向当地领导提出了"延安三年变面貌、五年粮食翻一番"的要求。6月10日，周恩来登上飞机和延安人民挥手告别。他给延安人民留下的最后一句话是："等你们把延安建设好了我再来。"

周恩来对延安的情义，还反映在他送侄子周秉和到延安插队，投身改变延安贫穷面貌中。周秉和扎根延安，建设延安，后来在那里入了党，当了民兵连长。

王盛烈：《海风》（国画 · 1962 年）

美 · 术 · 点 · 评

王盛烈的《海风》描绘了一群女民兵立于海边，她们背系斗笠，手持长枪，人物塑造高大威武，分别作正面、侧面和半侧面站立，英姿勃发。她们背后为浩瀚的大海，渔船往来，而护卫人民生命财产安全的就是这些巾帼英雄。她们神情生动活泼，或三五而聚，或于江边远眺，画面构图错落有致。海风吹过，扬起她们的发鬓，富有浪漫主义热情。画作中人物造型线条勾勒准确传神，面部刻画极富生活气息，是一件成功表现女民兵的作品。

党史解读

“高山下，悬崖旁，风卷大海起波浪，渔家姑娘在海边，练啊练刀枪……”这首《渔家姑娘在海边》是电影《海霞》里的插曲。影片以20世纪60年代初东南沿海的渔民生活为背景，展现了一群女民兵的成长道路。它和这幅创作于1962年的《海风》意境吻合。

“文化大革命”以来，在江青等人的控制下，文化领域百花凋零，一片萧条。1975年春节前，《海霞》摄制完成。周恩来对影片表示肯定和赞赏，朱德、叶剑英等几位老帅先后调看。但江青却说：《海霞》“基调很坏”，“不是好影片”。张春桥批示要对《海霞》严加查处。他们授意文化部的亲信诬蔑《海霞》“是黑线回潮的代表作”，有“严重的路线问题”，“突破了样板戏的框框”等，责令摄制组检查创作思想，展开批判。

1975年7月，毛泽东同邓小平谈话时提出：“样板戏太少，而且稍微有点差错就挨批。百花齐放都没有了。别人不能提意见，不好。”当月，毛泽东又对江青提出：“党的文艺政策应该调整一下，一年、两年、三年，逐步逐步扩大文艺节目。”毛泽东的谈话为邓小平抓住机会促进文艺工作的整顿创造了条件。在邓小平的支持下，国务院政治研究室向毛泽东转呈了文艺界人士的信件和材料，其中就有反映了“四人帮”扼杀电影《海霞》的。毛泽东在有关材料后批示：印发政治局同志。这样，中央政治局审查通过了《海霞》修改后在全国上映。《海霞》在全国公映之后，立即引起了巨大轰动，给了江青一伙沉重的一击。

黄胄:《鞠躬尽瘁为人民》(国画 · 1977 年)

美 · 术 · 点 · 评

1977 年,黄胄为周总理纪念馆创作了此画,表达了画家对总理的无限哀思和敬仰。此纪念性长卷营造了欢乐的气氛,以总理独特的笑貌和手势为中心,各民族和各年龄段的人们宛如盛装聚会,再现了领袖为人民、国家鞠躬尽瘁的奉献精神。作品人物形象以线造型,通过流畅、轻松活泼的线条造成一种特别的韵味;色彩与墨色搭配使用,强烈而鲜艳,具有强烈的视觉扩张感,既有传统意味,也富有现代观念。

党史解读

1976年1月8日，周恩来总理逝世。他的逝世引起全党全军和全国各族人民的无限悲痛，出现了十里长街、万人同哭的悲壮送殡场面，这也反映了人民对国家前途的担忧。在为周恩来治丧期间，“四人帮”发出种种禁令，竭力阻挠和诬蔑各地群众的悼念活动，激起民愤。首都人民从3月底开始，自发地汇集到天安门广场，在人民英雄纪念碑前敬献花圈、花篮，张贴传单，朗诵诗词，发表演说。4月4日清明节，悼念活动达到高潮，到天安门广场的群众达二百多万人次。“丙辰清明，泪雨悲风。英雄碑前，万众云涌。”送花圈的队伍绵延不断，整个广场出现了共和国历史上前所未有的“花山诗海”。声势浩大，群情激愤，锋芒直指“四人帮”。4月4日这天，南京的雨花台、郑州的二七纪念塔、杭州的西子湖边、西安古城的钟楼下……都出现了群众自发悼念周总理的活动高潮。当晚，中央政治局在江青等人左右下，把天安门广场的事态定为反革命事件，决定清理广场的花圈、标语等。4月5日凌晨，群众看到广场被清理一空，同一部分民兵、警察和战士发生严重冲突。当晚，大批民兵和警察奉命进入广场，驱赶、殴打和逮捕了留在广场的群众。这次天安门事件是人民群众反对“四人帮”倒行逆施的集中表现，人民群众对“文化大革命”的抵制、对周恩来和邓小平的拥护集中爆发出来，鲜明地表现了人心向背。它为后来粉碎江青反革命集团奠定了群众基础。

梁岩：《英雄的人民不可战胜》（国画・1976年）

美·术·点·评

1976年唐山大地震后，画家梁岩深入灾区创作了《英雄的人民不可战胜》，表现了中国各阶层人民面对灾难时，众志成城和不可战胜的坚强意志。画面描绘了工人、解放军、农民等四个人物形象，代表了千万中国民众，人物形象乐观的笑容传达了不可战胜的寓意。画面采用三角构图，凸显坚不可摧的坚强，人物形象造型准确且笔墨潇洒，有一种酣畅淋漓的洒脱，给人以震撼力。

党史解读

1976年7月28日，河北省唐山、丰南地区发生了里氏7.8级的大地震。这次地震烈度高达11度，是中国历史上罕见的城市地震灾害。有百万人口的华北工业重镇唐山顷刻间夷为平地。北京市和天津市受到严重波及。地震共造成24.2万人死亡，16.4万人重伤，直接经济损失高达54亿元。

唐山地震发生后，中共中央立即成立中央抗震救灾指挥部，统一领导和组织救援活动。十几万解放军指战员，几万多医务和其他救援人员火速组成抢险队、医疗队、建筑队等，从四面八方昼夜兼程赶赴灾区。他们冒着余震和暴雨，舍生忘死，排险救人，运送物资。8月4日，党中央派出以华国锋为团长的中央慰问团赴灾区慰问受灾群众。经过二十多天努力，抢救出大批受难人员，安顿了几十万受灾群众，初步恢复了生产和运输。唐山的重建家园工作1976年底着手准备，1978年开始。历经多年建设，如今的唐山成为一座功能分区明确、布局合理、市政建设配套、抗震性能良好、生产生活方便、环境优美的新型城市。

陈丹青：《泪水洒满丰收田》（油画 · 1976 年）

美·术·点·评

1976 年，新中国的开国领袖毛主席逝世时，陈丹青正在西藏写生。大幅油画《泪水洒满丰收田》就是这种特殊时期的作品。画面上金灿灿的麦田说明又是一个丰收年，广播中传来毛主席逝世的噩耗，让藏族群众停止收割陷入巨大悲痛之中，甚至蹲在麦田中大声痛哭。作品中麦田的金黄色与藏袍的深黑色形成鲜明对比，使得气氛愈加深沉凝重，也突出了人物的复杂感情。画面感情真挚诚朴，具有浓郁的生活气息，也彰显了画家精湛的现实主义表现能力。

党史解读

1976 年 9 月 9 日，中国共产党、中国人民解放军、中华人民共和国的主要缔造者毛泽东逝世。在中国人民看来，毛泽东把毕生献给了中国人民，他是近代以来中国伟大的爱国者和民族英雄，是领导中国人民彻底改变自己命运和国家面貌的一代伟人。他为中国共产党和中国人民解放军的创立和发展，为中国各族人民解放事业的胜利，为中华人民共和国的缔造和我国社会主义事业的发展，作出了彪炳史册的贡献。他在探索中国社会主义道路过程中出现的错误，特别是“文化大革命”这样严重的错误，使中国的社会主义事业走了大的弯路，这是应该引为沉痛教训的。全面评价毛泽东的一生，他的功绩是第一位的，是不可磨灭的。

在悼念毛泽东逝世的日子里，全国下半旗志哀。9 月 11 日至 17 日，在人民大会堂举行吊唁活动。全国各机关、部队、厂矿、企业、商店、农村、学校、街道等一切基层单位举行吊唁活动。全国人民沉浸在巨大的悲痛之中。9 月 18 日，首都工农兵各界群众参加的百万人追悼大会在北京天安门广场隆重举行。党政军机关干部和群众秩序井然地肃立在天安门广场和东西十里长安街上。低回的哀乐声、长鸣的汽笛，传遍祖国大地。人们泪流满面，痛哭失声，同时也为周恩来、朱德、毛泽东相继去世后的国家前途深感忧虑。

画作反映了西藏人民对毛泽东的深切悼念。9 月 18 日下午，西藏自治区和拉萨市的追悼大会在拉萨的人民文化宫广场举行，五万多名藏汉各族干部群众参加了大会。

古元:《十月的喜讯》(版画·1976 年)

美·术·点·评

古元的《十月的喜讯》创作于 1976 年"文革"刚刚结束之时。画面中两位满头白发的老教授在得知"四人帮"被粉碎后相拥而泣。古元是一位善用细节烘托主题的艺术家，画面中挂历上的日期以及教授衣服口袋中的信封告诉了人们刚刚发生的事件，老教授眼角的一颗晶莹泪珠表达了他无比激动的心情。此外，待磨的镰刀、毛主席语录、写有"五七干校"的草帽等交代了"文革"那个特殊的历史时代。作品昭示着一个生机勃勃的新时代的到来。

党史解读

毛泽东逝世后，“四人帮”加紧了夺取党和国家最高领导权的活动。9月，王洪文撇开中办值班室，在中南海另设值班室，企图切断党中央同各地的联系。8月下旬，“四人帮”还指使其亲信在上海加紧装备民兵，突击发枪 74220 支，弹药 1000 多万发。“四人帮”还伪造一个“按既定方针办”的所谓毛主席临终嘱咐，反复宣传，以党内“正统”自居。身为党中央第一副主席的华国锋，认识到必须消除这个党和国家的痈疽。“四人帮”篡党夺权活动，使叶剑英、李先念等老一辈革命家深感忧虑。他们提出扭转危局的建议，酝酿解决“四人帮”问题的办法。华国锋、叶剑英、李先念、汪东兴等人经过慎重考虑和反复商量，并征得中央政治局多数同志的同意，决定对“四人帮”采取断然措施。10 月 6 日晚，华国锋、叶剑英代表中央政治局，对江青、张春桥、王洪文、姚文元及其在北京的帮派骨干实行隔离审查。作恶多端的“四人帮”被一举粉碎。

10 月 14 日，党中央公布粉碎“四人帮”的消息，人们奔走相告，举国一片欢腾。10 月下旬，全国举行盛大集会和游行，庆祝这一胜利。21 日，北京 150 万军民举行声势浩大的庆祝游行。天安门广场上红旗如林，歌声、锣鼓声、鞭炮声、口号声响成一片。人们载歌载舞，开怀畅饮，很多大中城市的烟花爆竹销售一空，大小商店的酒柜前排起了长队。

粉碎“四人帮”，终于结束了“文化大革命”这场灾难，使社会秩序得以恢复正常，党和国家的工作得以重新走上健康发展的轨道。

改革开放 创新路

16

走过不少弯路，吃过不少苦头之后，党对于搞建设必须适合中国国情有了深切体验。十一届三中全会以后，党中央开始推动改革开放的进程。经济体制改革，首先在农村取得成功。城市经济体制改革也在十一届三中全会后开始试点。随着改革的推进，对外开放有了重大突破，创办经济特区成为一个新思路。改革开放起步的几年里，新事物接踵涌现，国家和社会生机勃勃，欣欣向荣。

美·术·点·评

油画《科学的春天》表现的是在“文革”结束后的1978年3月，中共中央在北京人民大会堂召开的全国科学大会的历史。画面选取了参加这次大会的科技工作者们激情昂扬地步出会场的场景。科技工作者们身着那个年代特有的蓝、灰色中山装，3月春天的阳光映照在每一个人的面庞之上，并与他们幸福的笑容一起绽放。画面构图饱满，气势袭人，表现出了改革开放给科技工作者们带来的乐观开朗和积极向上的精神面貌，既是科学的春天，也是祖国的春天。

丁一林：《科学的春天》（油画·2009年）

党史解读

“文化大革命”对科学文化事业造成极大破坏。一段时间里，学校关闭，专家学者下放“改造”，科研机构大量撤销，科学技术水平同世界先进国家的差距拉得更大。

为了动员全国科技界向科学技术现代化进军，1977 年 5 月，中央政治局会议决定召开一次全国科学大会，对“文化大革命”前十七年的科学和知识分子工作作一个正确估计，把知识分子的积极性调动起来。1978 年 3 月，全国科学大会在北京举行。出席大会的代表共 5586 名。邓小平在开幕式上宣布：召开这次大会的目的，就是动员全党全国重视科学技术，加速我国科学技术的发展。他强调指出：四个现代化，关键是科学技术的现代化。科学技术是生产力。我国的知识分子已经是工人阶级的一部分，是我们党的一支依靠力量。他深情地向与会的科技工作者们表示:“我愿意当大家的后勤部长。”这篇讲话，犹如一股清新的春风吹进广大知识分子的心扉。目睹大会盛况，中国科学院院长郭沫若在闭幕式上饱含激情地说：“科学的春天到来了！”这次大会不但推动了科技领域的拨乱反正，而且对社会主义现代化建设事业产生了深远影响。中国的科学事业，开始重新展现出春天的景象。

程丛林：《夏夜·恢复高考的日子》（油画·2009 年）

美·术·点·评

这是一幅群像，描绘了 1977 年恢复高考后大学生夏日夜读的盛况：千人大厅座无虚席，群情振奋如春潮涌动，刚刚获得新生的学子们表现出对知识的渴望。作者用写实手法，以充满精神意蕴的画面，表现出走出特殊年代之后的年轻人背负的沧桑，从而引发观者的强烈共鸣。整幅画面用色凝重单纯，在宏大、概括的构图中又能兼顾每个个体形象的塑造，充满严肃厚重的时代感。

党史解读

教育是“文化大革命”的重灾区。自1966年起，高等学校招生取消考试，采取推荐与选拔相结合的办法。此后，全国高校停止招生达六年之久。1972年，全国大多数高校恢复招生，但招生对象规定为：具有两年以上实践经验的优秀工农兵，不招收应届高中毕业生。由于不进行文化考试，高校招收的工农兵学员文化程度参差不齐，毕业时多数人未达到应有的水平。各条战线上人才奇缺，出现断层。

粉碎“四人帮”后，并没有很快改变推荐上大学的做法。1977年8月，邓小平在科学和教育工作座谈会上提出：“今年就要下决心恢复从高中毕业生中直接招考学生，不要再搞群众推荐。从高中直接招生，我看可能是早出人才、早出成果的一个好办法。”根据邓小平关于改革高校招生制度的一系列指示精神，10月，国务院批准了教育部《关于1977年高等学校招生工作的意见》。这个文件废除了推荐制度，恢复文化考试，恢复从应届高中生中招生的制度等。恢复高考，在社会上引起了强烈反响。这一年，有570万青年报考，出现了“家家学文化，户户读书声”的新气象，社会风气为之一新。

李秀实：《疾风》（油画 · 1979 年）

美·术·点·评

李秀实的油画《疾风》以"疾风知劲草"为主题，生动地塑造了邓小平逆风而进的形象。画面以阴沉疾驰的流云为背景，映衬出邓小平的身姿及其不凡的经历和气度，旁边几枝迎春花的出现，不仅使画面增添了动感，也预示着一个新时期的来临。

党史解读

经过十年动乱，百废待举、百业待兴，但1977年8月召开的中共十一大没有为"文化大革命"结束后的新时期制定正确的路线方针，而是继续坚持了"两个凡是"的观点，即"凡是毛主席作出的决策，我们都坚决维护，凡是毛主席的指示，我们都始终不渝地遵循"，仍然坚持"以阶级斗争为纲"的错误理论。邓小平在正式恢复工作以前，在写给中央的信中就针对"两个凡是"的观点提出批评。十届三中全会上正式决定恢复邓小平的工作和职务，他在全会的发言中强调，不能割裂、歪曲毛泽东思想。1978年5月11日，《光明日报》发表题为《实践是检验真理的唯一标准》的文章，从根本理论上否定了"两个凡是"的错误方针，逐渐形成了一场大讨论。从6月起，中央党、政军各部门，全国绝大多数省、自治区、直辖市和大军区的负责人发表文章或讲话，支持和赞成这篇文章表达的精神，为拨乱反正奠定了思想基础。1978年12月召开了党的十一届三中全会，在此前为之作准备的中央工作会议上，邓小平作了题为《解放思想，实事求是，团结一致向前看》的讲话，为全会提出了基本指导思想。这次全会彻底否定了"两个凡是"的方针，重新确立了解放思想、实事求是的指导思想，实现了思想路线上的拨乱反正；停止使用"以阶级斗争为纲"的口号，作出工作重点转移的决策，实现了政治路线的拨乱反正。全会作出实行改革开放的新决策，开始了中国的历史性转变。这次全会后，邓小平成为党中央领导的核心。

王少伦：《1978年11月24日夜·小岗》（油画·1999年）

集体创作：《生死印——1978年安徽凤阳农村承包责任制》（国画·2009年）

美·术·点·评

油画《1978 年 11 月 24 日夜·小岗》记录了安徽凤阳小岗村农民自发搞起大包干，揭开农村改革序幕这一具有历史意义的时刻。画面中，画家王少伦用现实主义的创作手法赋予了平凡人物历史性的庄严，18 户普通的农民正“偷偷地”进行历史性的改革。画面中心的亮光，照亮了整个画面，也照亮了改革开放后中国农村的光明前途。

由安徽国画院集体创作的国画《生死印——1978 年安徽凤阳农村承包责任制》是 2009 年“国家重大历史题材美术创作工程”中的作品。同样描绘了安徽凤阳农民签下“生死状”，将村集体土地分开承包，开创家庭联产承包责任制的场面。作品真实地还原了历史。画面中，农民聚集室内偷偷地按手印，这体现了当时农民探索家庭联产承包的小心与谨慎。作品以工笔重彩创作为主，体现了中国画的时代风貌。

党史解读

到 1978 年，中国还有一亿多农民没有解决温饱问题，主要的问题在于陈旧落后的“三农”制度和政策束缚了农民的生产积极性。安徽是个农业大省，当时农村人口占全省的 90%，长期以来，温饱问题一直没有解决。1978 年夏秋之际，安徽遭受百年不遇的特大旱灾，以万里为第一书记的中共安徽省委决定借地度荒——把土地借给农民耕种，不向农民征统购粮的决策。这一决策激发了农民的生产积极性，战胜了特大旱灾，还引发出一些农民包产到户、包干到户的行动。1978 年冬，凤阳县梨园公社小岗生产队，偷偷搞起了包干到户。开始，也像其他生产队一样，他们搞了包干到组，但在一个组里干活也有矛盾。有的队员说：这样也干不好，不如干脆包干到户。大家一致同意，但这可是国家的文件规定甚至法律都不允许的。于是，20 个村民冒着坐牢的风险在土地承包责任书按下鲜红手印，实行“大包干”。这一“按”竟成了中国农村改革的第一份宣言，掀开了中国改革开放的序幕。在安徽、四川的影响下，一些地方也开始实行农村联产责任制。农村出现的改革势头，引来议论和阻挠，却得到邓小平的支持。1980 年 4 月和 5 月，邓小平两次就农村政策问题同中央负责人谈话，提出土地承包给个人不会影响制度的社会主义性质。在中央的肯定下，包产到户、包干到户的“双包”责任制迅速推广。

方土:《特区开发》(国画·2009 年)

美·术·点·评

《特区开发》画面构成先以现实手法描绘了一群勘测队员埋下"特区界"基石的场面，再以泼墨手法描绘了"蛇口第一爆"的场景，这些都是深圳特区开发极具纪念意义的历史时刻；此外，画家还以重构手法描绘了"拓荒牛"。作者方土说：特区开发这一题材相当不好画，它是没有最后时间封顶的，所以我的画面表现选择了特区开发的早期，用到勘测队、爆破、拓荒牛与重型机器的叠比，还有后面正在崛起的城市来形成我的构思与呈现。

党史解读

"1979年，那是一个春天，有一位老人在中国的南海边画了一个圈……"随着改革的推进，对外开放开始有重大突破。在邓小平首肯下，1979年，中央决定对广东、福建两省的对外经济活动实行特殊政策和优惠措施。1980年，中央决定在深圳、珠海、汕头和厦门设置经济特区。

在特区，诞生了一系列影响时代的大观念、大变革、大事件。1981年，深圳蛇口工业区门口矗立起一块醒目的标语——"时间就是金钱，效率就是生命"，成了争论的焦点。1984年，邓小平肯定了蛇口的经验，思想解放在特区迅速开花结果——第一个进行分配制度改革；第一个实行工程招标，创造一天盖三层楼的奇迹；第一个改革人事制度，实行聘用制；创办第一家股份制保险公司、第一家股份制中外合资企业……无数"第一个"从特区涌出，像春雷惊动大地。作为特区代表的深圳，30多年前只是个不起眼的小渔村，到今天已经成为国际大都市。2009年，深圳GDP超过8200亿元，较1979年增长了979倍；深圳特区成立之初，规划的人口是80万，到今天，已突破1400万。在珠三角，依托于外向型经济，虎门、顺德、中山、南海迅速崛起。在长三角，民营经济和乡镇企业迸发出前所未有的能量，浙江的温州、江苏的苏、锡、常成为全国的样板。市场观念、市场运作也深入人心。特区不仅迅速改变了自身面貌，而且为推动全国改革开放发挥了重要窗口和示范作用，为探索中国特色社会主义现代化道路积累了成功经验。

詹建俊:《潮》(油画 · 1984 年)

美·术·点·评

詹建俊的《潮》创作于改革开放不久的1984年。画面以涌动绿潮的原野为背景，描写了一个充满信心，具有生命活力的青年农民形象。画面中，作者借刚刚发芽的杨柳树枝象征着春风吹拂人间，大地苏醒。这是对春天的描绘，也是对改革开放后社会焕发生机的描绘。整幅画面洋溢着春天的活力与生命的气息，作品曾荣获第六届全国美术作品金质奖章。

党史解读

“青悠悠的那个岭，绿油油的那个山，丰收的庄稼望不到边”，这是1983年的电影《咱们的牛百岁》中的插曲。它展现了20世纪80年代前期中国农村改革复苏的景象。

经济体制的改革，首先在农村取得突破性的进展。在中央的支持和推动下，到1983年初，全国农村实行包产到户、包干到户的生产队达93%。农村家庭联产承包责任制实行后，把集体所有的土地长期包给各家农户使用，农民生产的东西，“保证国家的，留足集体的，剩下都是自己的”。这种责任制使农民获得生产和分配的自主权，把农民的责、权、利紧密结合起来，不仅克服“吃大锅饭”等弊病，而且纠正了管理过分集中、经营方式过分单一等缺点，受到农民的普遍欢迎。它促进了农业生产的发展，见效之快，是人们没有预想到的。许多地方一年就见效，农民收入大幅度增长，甚至翻了一两番。1982年9月党的十二大以后，经济体制改革全面展开。农村改革以稳定和完善家庭联产承包责任制为主要任务。到1987年，全国有1.8亿农户实行了这种责任制，占全国农户总数的98%。1983年10月，党中央作出决定，废除人民公社，建立乡（镇）政府作为基层政权，同时成立村民委员会作为群众性自治组织。

家庭联产承包制的普遍实行，人民公社制度的取消，为农村商品经济的发展创造了条件。党中央把农村经济纳入了有计划的商品经济的轨道，促使传统农业逐步向专业化、商品化、现代化方向发展。全国农村春潮涌动，繁荣兴旺。

艾轩:《有志者》(油画 · 1980 年)

美·术·点·评

《有志者》再现了一个渴望知识的伤残女性青年形象。画中人物拄着拐杖，正认真地阅读着，字典旁边还有一个啃了一半的面包，她对知识的渴望已经达到了"忘食"的境界。时间似乎在这一刻停留了下来，停在了这个美丽感人的瞬间。整幅画面，绘画语言精致，细节的微妙关系处理得十分谨慎，透露出画家的情感与思绪，同时不失理性的秩序，画面感染力和征服力十分强烈。

党史解读

看到这幅画，很容易让人联想到张海迪。张海迪1955年出生在济南，5岁时因患脊髓血管瘤导致高位截瘫。从那时起，她开始了独特的人生之路。她无法上学，就在家里自学完成中学课程。张海迪怀着"活着就要做个对社会有益的人"的信念，以保尔为榜样，勇于把自己的光和热献给人民。15岁时，张海迪跟随父母下放到聊城农村，就给当地的孩子当起了老师。她还自学针灸，为乡亲们无偿治病。张海迪没有机会走进校园，自学了大学英语、日语、德语和世界语，并攻读了大学和硕士研究生的课程。 1983年张海迪开始从事文学创作，先后翻译了数十万字的英语小说，编著了《生命的追问》、《轮椅上的梦》等书籍。她以自己的言行，回答了亿万青年关心的人生观、价值观问题。1983年，《中国青年报》发表《是颗流星，就要把光留给人间》的报道，张海迪闻名全国，成为"当代保尔"。邓小平亲笔题词："学习张海迪，做有理想、有道德、有文化、守纪律的共产主义新人！"

刘文西：《春天》（国画·1999年）

刘大为：《晚风》（国画·1991年）

美·术·点·评

刘文西的《春天》也是一幅"春天的故事"的画卷，描绘了邓小平正在公园中散步的情景。作品让国家领袖走下神坛，表现出他们普通人的一面。此外，作为背景的公园外的高楼大厦，也暗示了改革开放所取得的卓越成就。

《晚风》是著名画家刘大为的代表作品。画作成功地刻画了改革开放的总设计师邓小平伟大而平凡的形象。画面上的小平同志安详地坐在家院中，自然放松，平和亲切。老人沉思的表情发人深省，折射出睿智与坚定。画面环境的处理写实且又富于装饰意味。表现手法在保持工笔画细腻典雅的基础上，又吸收了古典油画、素描的手法，使形象更加丰满。作品风格朴素，通过含蓄而有意味的形象，引发观众油然而生的敬仰之情。

党史解读

20 世纪八九十年代之交，党和国家的发展处在又一个紧要关头。苏联解体，东欧剧变，冷战结束。西方国家加紧对原社会主义国家的争夺和渗透，一些发展中国家呈现强劲发展势头，中国面临的严峻挑战仍然存在。面对复杂形势，一些人对社会主义前途缺乏信心，一些人对改革开放提出了姓"社"还是姓"资"的疑问。路该怎么走，能不能把改革开放和社会主义现代化建设继续推向前进，成为进入 90 年代后党必须解决的重大问题。

关键时刻，1992 年 1 月 18 日至 2 月 21 日，邓小平先后视察武昌、深圳、珠海、上海等地。视察途中，他多次发表重要谈话强调，党的基本路线要管一百年，动摇不得。改革开放胆子要大一些，敢于试验。判断的标准，应该主要看是否有利于发展社会主义社会的生产力，是否有利于增强社会主义国家的综合国力，是否有利于提高人民的生活水平。计划多一点还是市场多一点，不是社会主义与资本主义的本质区别。中国要警惕右，但主要是防止"左"。要抓住时机，发展自己，关键是发展经济。发展才是硬道理。在整个改革开放过程中必须始终坚持四项基本原则，必须反对腐败，廉政建设要作为大事来抓。这些谈话从理论上回答了长期困扰和束缚人们思想的许多重大认识问题，是把改革开放和现代化建设推向新阶段的又一个解放思想、实事求是的宣言书。党中央迅速将邓小平的南方谈话传达到全党。以邓小平南方谈话和党的十四大为标志，中国的改革开放和现代化建设事业，进入新的发展阶段。

李琦：《我们的总设计师》（国画 · 1992年）

美·术·点·评

李琦的《我们的总设计师》用极其简练的线条笔墨，再现了中国改革开放的总设计师邓小平的形象。画作中的小平同志，深邃的眼神，微笑的嘴角，领袖的雄伟气魄跃然纸上。画面少有墨色渲染，只有面部淡淡的设色，这是面对霞光的蓬勃朝气。作品表现出画家对于笔墨线条、人物精神的驾驭能力。

党史解读

到1995年，我国经济提前实现原定2000年比1980年翻两番的目标。在此基础上，党中央进一步提出：到2010年实现国民生产总值比2000年翻一番，使人民的小康生活更加宽裕，形成比较完善的社会主义市场经济体制。正当全国人民为实现跨世纪的目标而奋力前进的时候，1997年2月19日，中国改革开放和现代化建设的总设计师邓小平逝世，全国各族人民陷于极大的悲痛中。中国共产党能否继续沿着邓小平开辟的中国特色社会主义道路走下去，引起全世界的关注。

1997年9月12日至18日，中国共产党召开第十五次全国代表大会。大会通过了江泽民作的《高举邓小平理论伟大旗帜，把建设有中国特色社会主义事业全面推向二十一世纪》的报告。大会首次使用“邓小平理论”这个科学称谓，把这一理论作为指引党继续前进的旗帜。江泽民强调：邓小平理论围绕什么是社会主义、怎样建设社会主义这个根本问题，第一次比较系统地初步回答了中国社会主义建设的一系列基本问题，因而是当代中国的马克思主义。

党的十五大在世纪之交的关键时刻，承前启后、继往开来。在迈向新世纪的征途上，全党按照十五大的部署，全面推进改革开放和现代化建设，在纷繁复杂的国际国内条件下，面对来自经济、政治和自然界的严峻挑战，取得了一系列重大胜利。以江泽民为核心的中央领导集体在抓住经济建设这个中心的同时，更加重视党的自身建设。“三个代表”重要思想提出后，成为党长期坚持的指导思想。

昂首迈进新时代

17

李琦：《同心曲》（国画·1996年）

美·术·点·评

面对大众，衣着朴素，手拿笛子，亲切微笑，神采飞扬，这是《同心曲》塑造的江泽民同志的形象。据画家自己介绍，画作是他 1995 年 5 月参加全国“百名文艺家万里采风团”到上海采风，目睹了浦东的巨大变化，特别是在上海工人文化宫展厅里，看到江泽民同志在劳模联欢会上吹笛子的照片，心情久久不能平静而创作的。画作造型准确，精到传神，以神夺人，刻画出江泽民同志与人民心连心，带领人民以崭新面貌走向未来的时代风采。

党史解读

1995 年 9 月，在党的十四届五中全会上，江泽民就社会主义现代化建设中若干重大关系问题作了阐述，其中最主要的是正确处理改革、发展、稳定的关系，他强调改革是动力，发展是目的，稳定是前提。

党的十四大后，党领导全国人民解放思想，开拓进取，在建立社会主义市场经济体制的深刻变革中，取得了巨大成就。1993 年 11 月，在党的十四届三中全会上，通过了关于建立社会主义市场经济体制若干重要问题的决定，使十四大提出的经济体制改革目标和基本原则具体化。从 1994 年起，国有企业改革进入到转换机制、制度创新的阶段。以邯郸钢铁总厂为典型，一批企业为建立现代企业制度进行了有益探索。同时党中央还大步推进财税、金融、外贸、价格、社会保障等方面的体制改革。市场在资源配置中的基础性作用明显增强，国家宏观调控体系逐步健全。中国大地呈现出改革开放全面推进、经济建设迅猛发展的蓬勃景象。

孔维克:《孔繁森》(国画 · 2001 年)

美 · 术 · 点 · 评

画家借鉴了西方绘画中素描和造型的艺术手法，同时融入中国绘画毛笔用线和墨色晕染的传统技巧来塑造人物的形象。画面通过捕捉孔繁森那眯起的双眼、嘴角坚毅而又和蔼的微笑刻画人物。对人物面部寥寥几笔皴擦，便展现出人在高原强烈日光照射下的感觉，让这位鞠躬尽瘁的公仆形象鲜活起来。画面以景喻人，以高远纯净的雪域蓝天作为背景衬托，赞颂了孔繁森的崇高情怀。

党史解读

“一尘不染，两袖清风，视名利安危淡似狮泉河水；两离桑梓，独恋雪域，置民族团结重如冈底斯山。”这副孔繁森葬礼上的挽联，形象地概括了他的一生。

孔繁森是山东省聊城市人，中共党员，两次进藏工作，在雪域高原奋斗十个春秋，生前任西藏阿里地区地委书记。1979 年，孔繁森告别年逾古稀的老母、体弱多病的妻子和尚处幼年的孩子，在海拔 4700 多米的岗巴县一干就是三年。1988 年，他克服困难再次带队进藏，任拉萨市副市长，分管文教、卫生和民政工作。他跑遍全市绝大部分中小学校、敬老院和养老院，为教育事业奔波操劳，给孤寡老人送去温暖。他还领养了地震灾区的三个藏族孤儿。1992 年，他又到被称为“世界屋脊的屋脊”阿里地区任地委书记。阿里地广人稀，常年气温在零度以下，恶劣的自然环境、艰苦的生活条件令人望而却步。1993 年春，孔繁森赴任后，在他的带领下，经过广大干部群众的努力，阿里经济有了较快发展，1994 年全地区国民生产总值比上年增长 37.5%。他受到藏族群众的普遍称赞，被誉为“新时期领导干部的楷模”。1994 年 11 月 29 日，他在考察工作途中因车祸殉职，终年 50 岁。

1995 年 4 月，《人民日报》发表《向孔繁森同志学习》的社论。江泽民同志题词：向孔繁森同志学习。此后，在全国掀起了学习孔繁森的热潮。孔繁森的事迹连同他的精神，传遍华夏大地。

焦小健:《袁隆平》(油画·2009 年)

美·术·点·评

作者用突出的人物和水稻构成画面，直截了当，单纯有力。刻意在视觉上将人物头部和的水稻的高度放在同等位置，并让人物采用坐姿，符合袁隆平既是科学家又是种田人的双重身份。那种老年人坐着的姿态和手上的皮肤皱褶真实生动。因为是现实题材和现代人物，作者自然地让色彩的亮度高于色彩的明度，从而将袁隆平质朴坚韧的性格与平实的外表描绘的生动传神。

党史解读

袁隆平，1930 年生于北京，中国水稻育种专家，被广泛誉为“杂交水稻之父”。1953 年袁隆平毕业于西南农学院。20 世纪 60 年代初，他开始致力于杂交水稻的研究，70 年代起先后主持育成“南优 2 号”等杂交水稻品种。1975 年他与同事们又研究出一整套生产杂交种子的制种技术，使得杂交水稻得以大面积推广，比常规良种约增产 20% 左右，是水稻育种史上的一次重大突破。目前，中国杂交水稻已在世界上 30 多个国家和地区进行研究和推广，对于解决中国乃至世界粮食增产问题作出了重要贡献。

一粒种子改变了世界。作为新一代科研人员的代表，袁隆平当选为中国工程院院士、美国科学院外籍院士、联合国粮农组织首席顾问、湖南省科协副主席和湖南省政协副主席等职。“山外青山楼外楼，自然探秘永无休，成功易使人陶醉，莫把百尺当尽头。”这是挂在袁隆平家中的一首自作诗。袁隆平没有止步，他又提出超级杂交稻分阶段实施的战略目标：把塑造优良的株叶型与杂种优势有机结合起来，提出了旨在提高光合作用效率的超高产杂交水稻选育技术路线。

施江城:《高峡平湖图》(国画 · 2009 年)

美 · 术 · 点 · 评

《高峡平湖图》是表现 1997 年三峡大坝合龙的新山水画力作。画家将大坝推至中景，突显出大坝横线的美感，使大坝、工地、江水、群山浑然一体，形成一个统一的基调；画面同时配以云雾缭绕、波浪翻滚等细节，表现了三峡地区山水的浩荡、秀奇。在用笔上，画家主要采用中锋表现，用各种皴擦点染丰富细节；用色方面，以赭石、花青为基本色调，表现出典雅、秀润的长江山水的美学特质；题款方面，选用了毛泽东《水调歌头 · 游泳》中的词句"当惊世界殊"，以"高峡平湖图"的主题完美结合。整幅画面厚重而遒劲，刚健而婀娜。

党史解读

长江三峡水利枢纽是人类征服自然、改造自然的壮举。为了三峡工程，中华民族经过了几代人的构想、勘测、设计、论证。

孙中山的《建国方略》中就提出在三峡建造坝堰的构想。国民政府也曾组织过前期勘测工作，无果而终。中华人民共和国成立后，毛泽东在《水调歌头·游泳》里说："更立西江石壁，截断巫山云雨，高峡出平湖"，提出建设三峡工程的设想。在周恩来的主持下，开始了三峡工程的勘探、设计、论证工作。综合当时的国力、技术和国内国际形势等因素，毛泽东最终决定暂缓实施三峡工程，先修建葛洲坝水电站，作为三峡水电站的实验工程。"文化大革命"结束后，三峡工程又被提上议事日程。经过长期广泛的勘探、研究和论证，1992 年 4 月 3 日，关于兴建长江三峡工程的决议在七届全国人大五次会议上获得通过，标志着三峡工程正式进入实施阶段。1994 年 12 月 14 日，在三峡坝址举行了开工典礼。1997 年 11 月 8 日，三峡工程实施大江截流合龙。2006 年 5 月 20 日，大坝封顶，三峡大坝全线建成。三峡水电站大坝高程 185 米，蓄水高程 175 米，水库长 600 多公里，安装 32 台单机容量为 70 万千瓦的水电机组，现为全世界最大的水力发电站。

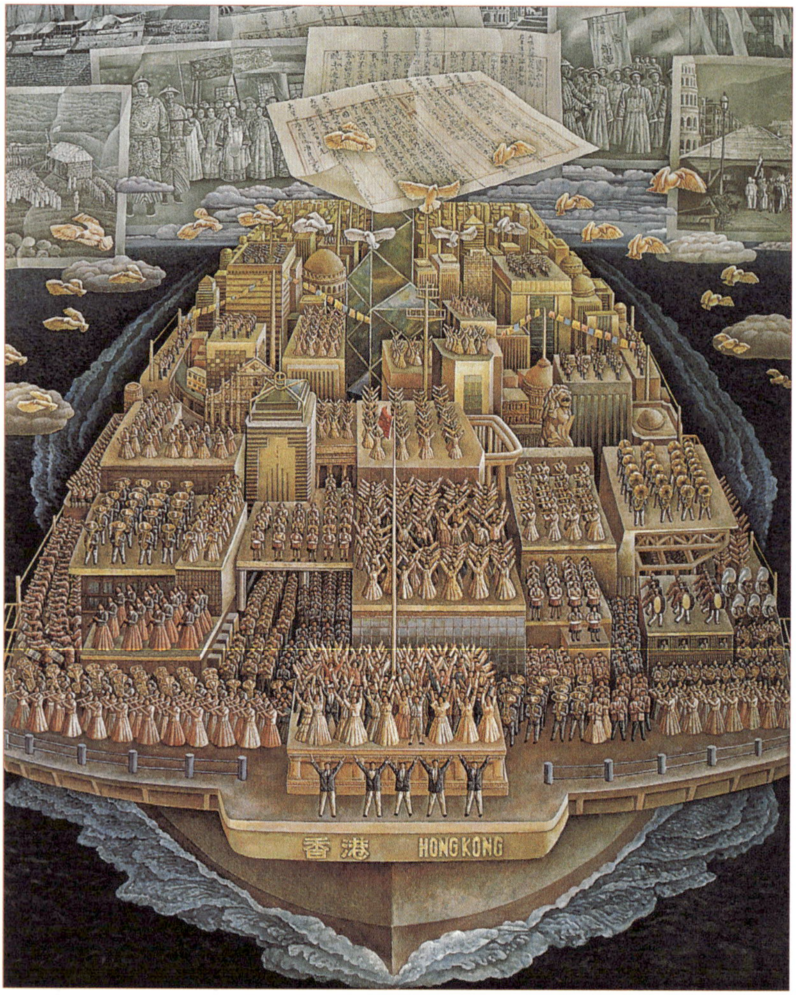

张敏杰：《归航》（油画 · 1997 年）

刘宇一、刘浩眉：《千禧》（油画 · 1999—2000 年）

美·术·点·评

张敏杰的油画《归航》以轮船归航作为香港回归的象征，并以之作为主要构图进行创作。作者通过宏大的场面构图，夸张的巨轮，众多的各色人物，装饰性极强的排列组合，加上画面中许多香港历史存照渐次叠加，渐行渐远的空间处理和巨轮迎面冲来的视觉效果，形成在大构图中，色彩之间和物景之间的强烈对比，使画面横有重量质感，纵有深厚层次，形成主题鲜明的张力。这是画家迄今唯一一幅以历史作为创作主题之画作，也是主题创作的上乘之作。

《千禧》以1999年12月20日中国对澳门行使主权的史实为题材，表现了党和国家领导人与澳门各界人士共同庆祝澳门回归的喜庆场面。画面以中华民族传统的舞龙、戏狮为主线，寓意澳门回归祖国后将更加繁荣昌盛。作品背景的处理上采用了浪漫主义的手法：中景表现了澳门作为现代化国际旅游城市的名胜及标志性建筑物；远景则勾勒出巍峨的雪山与蜿蜒的长城，象征着澳门自古即与祖国山水相依、骨肉相连。

党史解读

进入历史新时期后，邓小平提出了“一国两制”的创造性构想，为完成祖国统一大业指明了正确道路。

“一国两制”构想首先被成功运用于解决香港和澳门问题。香港和澳门自古以来就是中国领土，后被英国和葡萄牙殖民主义者通过一系列不平等条约强占。到20世纪80年代，解决香港和澳门问题的时机渐趋成熟。按照“一国两制”构想，1984年12月，中英两国政府正式签署联合声明，宣布中华人民共和国政府将于1997年7月1日对香港恢复行使主权，设立直辖于中央人民政府的香港特别行政区。香港特别行政区享有高度的自治权，现行的社会、经济制度不变，生活方式不变。1987年4月，中国和葡萄牙两国政府签署了关于澳门问题的联合声明，宣布中华人民共和国将于1999年12月20日对澳门恢复行使主权。

1997年7月1日，中国人民终于迎来期盼已久的时刻。在香港政权交接仪式上，江泽民庄严宣告：“中国对香港恢复行使主权。中华人民共和国香港特别行政区正式成立。”鲜艳的五星红旗和香港特别行政区区旗在雄壮的国歌声中升起，五洲四海，万众瞩目，神州大地，一片欢腾。历经百年沧桑的香港终于回到祖国怀抱。1999年12月20日，中国和葡萄牙两国政府在澳门也如期举行了政权交接仪式。澳门的回归，标志着在中国国土上彻底结束了外国列强的占领。这是旧中国的政府不能也不敢解决的问题，是中国共产党对于中华民族的历史性贡献。

高泉:《1998 年夏 · 丰碑》(油画 · 1998 年)

美 · 术 · 点 · 评

《1998 年夏 · 丰碑》再现了 1998 年广大解放军官兵在党领导下抗洪抢险的战斗场面。解放军官兵一字排开呈水平线构图，队伍从右至左延伸远处，突出了抗洪任务的严峻，也彰显了抗洪官兵众志成城不怕危难的大无畏精神。江泽民站立在画面的最中央，在抗洪第一线指挥着抗洪战斗。画面上方乌云天黑的墨青色与洪水的黄色调融为一体，洪水的处理动感十足，把抗洪的惊险场面再现观众眼前。整幅画面刻画细腻，情感丰富，让观众对抗洪官兵的坚强肃然起敬。

党史解读

1998年夏，我国遇到一场历史罕见的特大洪涝灾害。长江、嫩江、松花江发生超历史纪录的特大洪水。面对特大洪水的袭击，党中央和国务院正确判断，周密部署，人民解放军和武警部队在抗洪斗争中起到了中流砥柱的作用。8月7日，长江上游出现了第四次洪峰，长江九江大堤发生决口。中央军委紧急调动部队进行堵口，于12日堵口成功。8月12日，长江上游出现第五次洪峰。

8月13日至14日，江泽民到长江荆江大堤、洪湖大堤、武汉龙王庙、月亮湾等险段指挥抢险，慰问军民，发出决战决胜的总动员令，给抗洪军民以极大的鼓舞。全国上下万众一心，军民协同作战，终于夺取抗洪抢险斗争的全面胜利。1998年9月29日，中共中央、国务院举行全国抗洪抢险总结表彰大会，江泽民、李鹏、朱基、李瑞环、胡锦涛、李岚清等党和国家领导人出席。江泽民说，坚决战胜这场洪水，是保护人民生命财产安全，保卫改革开放和现代化建设成果的一场重大斗争，也是对中国人民与天奋斗的勇气、信心和力量的一场严峻考验。他强调指出，在同洪水的搏斗中，我们的民族和人民展现出了一种崇高的精神。这就是万众一心、众志成城，不怕困难、顽强拼搏，坚韧不拔、敢于胜利的伟大抗洪精神。

杨之光：《九八英雄颂》（国画 · 1999 年）

美 · 术 · 点 · 评

杨之光的《九八英雄颂》描写了九八抗洪当中解放军战士结成人墙挡住洪水的战斗场面。作品构图上以人墙为线索形成对角线构图，增加画面的动势，凸显出抗洪救灾任务的艰难；创作技法上，采用画家独创的没骨画法完成，墨与色彩的运用大胆，具有时代特色，在真实表现人物形象的同时又不失中国传统水墨的韵味。该作品是杨之光类似作品的最后一幅，在其水墨革命与革命水墨的交织中留下感人的句号。

党史解读

这幅画是以九八抗洪中牺牲的高建成为原型创作的。画家在谈到这幅画的创作过程时说，看到英雄高建成他们的事迹，不能平静下来。英雄牺牲了，我们有责任给英雄树碑立传。不光是给高建成一个人，而是给众多的英雄树碑立传。

画面背后的故事是：1998 年 8 月 1 日晚，连政治指导员高建成所在的空军某高炮团奉命奔赴湖北咸宁簰洲湾参加抢险战斗。急行军中，长江大堤突然决口，四五米高的巨浪扑面而来。在紧急关头，他不顾个人安危，迅速组织抢救遇险群众和官兵。洪水越来越大。他救出几批遇险人员后，用尽力气将正在水中挣扎的新战士推到一棵大树边，自己却被一个巨浪卷走，壮烈牺牲。1998 年 8 月 12 日，中央军事委员会发布由江泽民主席签署的命令，授予他“抗洪英雄”的荣誉称号。

黄名芊:《绿色畅想》(国画 · 2000 年)

美 · 术 · 点 · 评

《绿色畅想》的作者以独特的审美视角和富有诗意的笔墨来描绘西部风光，水墨酣畅，意境隽永。画面中的沙海层叠起伏、寥廓凝重，依稀有治沙的草方格，远处是绿色的树林，近前是耀眼的红花，映照出时代与梦想和变化。画家通过构图、笔墨、色彩、造型等各方面的对比描绘，处处透出创新的气韵，让人深感天地之雄、艺术之美。

党史解读

没有西部的小康，就没有全国的小康；没有西部的现代化，就没有全国的现代化。实施西部大开发战略，是按照邓小平“两个大局”的战略构想，当沿海地区发展到一定程度，需要拿出更多力量来帮助内地发展。

1999 年是西部大开发的决策之年。是年 3 月，江泽民在“两会”党员负责人会议上将西部大开发提上议事日程。6 月，他在西安召开的西北五省（区）国有企业改革与发展座谈会上，系统阐述了西部大开发的战略构想。这一年，党中央、国务院多次召开会议研究部署西部大开发有关问题。党的第三代中央领导集体从现代化建设的全局和长远发展的战略高度，不失时机地作出了实施西部大开发的战略。无数创业者跃跃欲试投身西部开发建设。

20 世纪前十年，是西部有史以来面貌变化最大的十年。退耕还林、退牧还草、三江源保护、青藏铁路、西电东送、西气东输等重大工程，还有特色优势工业和民生工程的建设等，让西部的面貌焕然一新。胡锦涛在西部大开发五周年期间指出：实施西部大开发、加快中西部地区发展，是中央从我国改革开放和社会主义现代化建设全局出发作出的重大战略决策。继续实施好西部大开发战略，对确保实现全面建设小康社会的宏伟目标十分紧要。

科学发展铸辉煌

18

党的十六大鲜明回答了新世纪新阶段党的旗帜、道路以及目标等重大问题，标志着党进入了高举邓小平理论和“三个代表”重要思想的旗帜、全面建设小康社会、开创现代化建设新局面的新的历史时期。2003年10月，中共十六届三中全会对科学发展观的理论内容和思想内涵进行了第一次科学表述，提出要坚持以人为本，树立全面、协调、可持续的发展观，促进经济社会和人的全面发展。科学发展观符合我国发展的客观规律，是统领经济社会发展全局的指导思想。

杨之光：《抗非白衣战士邓练贤像》（国画 · 2003 年）

美·术·点·评

在国画《抗非白衣战士邓练贤像》中，画家杨之光用传统笔墨再现了邓练贤的英雄形象。画面背景为英雄悼词，彰显出“抗非”英雄的悲壮，令人肃然起敬。杨之光在这幅作品中延续了其严谨的写实人物画风，人物形象以线描轮廓，线条之中兼顾形、质、结构的变化，人物面部描绘严谨，注意结构与光影之间的变化，画面在一笔一墨之间表现出英雄的大无畏精神，追求传统“以形写神”美学精神。

党史解读

每一场特殊战斗，都需要一批特殊战士；每一次生死搏斗，都会涌现一批英雄。在抗击“非典”的斗争中，广大医护人员、科研人员挺身而出，不辱使命。钟南山、丁秀兰、林江涛、姜素椿、叶欣等一个个感人的名字将永久被人们记住。这其中，第一批“扫雷者”、中山大学附属第三医院的优秀共产党员邓练贤以自己宝贵的生命，为广大医护人员树起了旗帜。邓练贤是中山大学附属第三医院传染病科党支部书记，主任医师。2003 年 2 月 3 日因抢救“非典”病人而染病，于 2003 年 4 月 21 日光荣殉职。他临危不惧的奉献精神，待病人如亲人的情操，脚踏实地做人的品德，先锋模范的大无畏精神受到高度称赞。胡锦涛 4 月 23 日作出批示，对邓练贤的逝世沉痛悼念，并指出：“有广大医护人员的奋斗与贡献，有全国上下的团结一致，众志成城，我们就一定能战胜疫病。”

陈绍华:《绿 · 来自您的手》(宣传画 · 1984 年)

美·术·点·评

《绿，来自您的手》是国内平面设计中的领军人物陈绍华1984年的作品，图片中一只纤纤细手，牵着几条柳枝，柔美的柳枝带给人随风飘动之感。手的后面，是一大片翠绿的山坡，山坡上五颜六色的彩蝶飞在丛中，绿得让人舒服、绿得让人感动，带给人无限的惬意。一眼看上去，就知道这是一幅关于环保的设计作品，因为图片中的那种美好让谁会不感动呢？这幅作品也是作者的成名之作，1984年，陈绍华在第六届全国美展上凭着此幅作品获招贴画金牌奖，从此崭露头角。

党史解读

科学发展观的内涵极为丰富，涉及经济、政治、文化、社会发展各个领域，既有生产力和经济基础问题，又有生产关系和上层建筑问题；既是重大的理论问题，又是重大的实践问题，其中一个重要的方面是坚持可持续发展。这就要统筹人与自然和谐发展，处理好经济建设、人口增长与资源利用、生态环境保护的关系，推动整个社会走上生产发展、生活富裕、生态良好的文明发展道路。我国人口众多，资源相对不足，生态环境承载能力弱，这是基本国情。特别是随着经济快速增长和人口的不断增加，能源、水、土地、矿产等资源不足的矛盾越来越尖锐，生态环境的形势十分严峻。高度重视资源和生态环境问题，增强可持续发展的能力，是全面建设小康社会的重要目标之一，也是关系中华民族生存与长远发展的根本大计。

杨小吾：《情系乌蒙》（国画·2004年）

美·术·点·评

画作《情系乌蒙》兼工带写，彩墨并重，以极具贵州山区特色的景物作为塑造人物的环境，用抒情的笔调营造出诗一般的画境。画家抓住人物神态，着重刻画胡锦涛同志亲切、和蔼及牧羊老人开朗、热切的表情。画家以抒情笔调和艺术手法将人物放置于生活环境中，避免了以往一些表现领袖人物的画作流于空洞刻板的不足，让作品有着深刻的思想内涵，也体现了画家驾驭重大题材的高超技艺。

党史解读

胡锦涛同志曾于1985—1988年在贵州担任省委书记。他特别关注贫困地区和少数民族地区的社会经济发展，多次深入毕节地区调研，针对当地经济贫困、生态恶化、人口膨胀的状况，从强国富民的战略高度，倡导和推动建立全国第一个综合改革试验区——毕节开发扶贫、生态建设试验区，以此推动可持续发展的路子。

可持续发展战略事关中华民族的长远发展。可持续发展思想，是1994年3月我国政府制定的《中国21世纪议程》中提出的。党的十六大提出的全面建设小康社会的目标体系明确规定：可持续发展能力不断增强，生态环境得到改善，资源利用效率显著提高，促进人与自然的和谐，推动整个社会走上生产发展、生活富裕、生态良好的文明发展道路。党的十六届三中全会提出要树立全面协调可持续的发展观。党的十六届五中全会指出，要加快建设资源节约型、环境友好型社会，大力发展循环经济，加大环境保护力度，切实保护好自然生态。党的十七大强调要建设生态文明，这是党第一次把它作为一项战略任务明确提出来。

尚可、陈世宁、张承志、许朝晖:《万众一心》(漆画·2004年)

美·术·点·评

《万众一心》画面的整个背景是身着民族服装的各族群众，他们仰望国旗，目光真诚热烈，充满了对祖国的热爱和自豪感。众多观看升旗仪式的群众形象占据了大部分画面，这样的构图让整个画面显得内容丰富、气魄宏大，同时又显示出56个民族团结一心的精神面貌。画面前景安排以威武的升旗手、飘扬的红旗和高飞的和平鸽作为画面核心，点出人们对和平美好的追求，体现和谐社会中各民族团结发展的精神导向，洋溢着一种热烈与奔放的爱国主义激情。整个画面用色明快浑厚，斑斓绚丽，尽显传统漆画的色彩之美，人物造型也简洁概括，没有用太多光影来表现人物的立体感，而是全以正面形象直接表现人物，使画面在庄严、规整中蕴含昂扬向上的激情，从而对观者产生强大的艺术感染力。

党史解读

构建社会主义和谐社会，是党从全面建设小康社会、开创中国特色社会主义事业新局面的全局出发提出的一项重大任务，适应了我国改革发展进入关键时期的客观要求，体现了广大人民群众的根本利益和共同愿望。我们构建的社会主义和谐社会，应该是民主法治、公平正义、诚信友爱、充满活力、安定有序、人与自然和谐相处的社会。

党中央提出，到2020年，构建社会主义和谐社会的目标和主要任务是：社会主义民主法制更加完善，依法治国基本方略得到全面落实，人民的权益得到切实尊重和保障；城乡、区域发展差距扩大的趋势逐步扭转，合理有序的收入分配格局基本形成，家庭财产普遍增加，人民过上更加富足的生活；社会就业比较充分，覆盖城乡居民的社会保障体系基本建立；基本公共服务体系更加完备，政府管理和服务水平有较大提高；全民族的思想道德素质、科学文化素质和健康素质明显提高，良好道德风尚、和谐人际关系进一步形成；全社会创造活力显著增强，创新型国家基本建成；社会管理体系更加完善，社会秩序良好；资源利用效率显著提高，生态环境明显好转；实现全面建设惠及十几亿人口的更高水平的小康社会的目标，努力形成全体人民各尽其能、各得其所而又和谐相处的局面。

陈雷：《青藏铁路》（油画 · 2007 年）

美 · 术 · 点 · 评

油画《青藏铁路》以雪山为背景，高原牛群为近景，凸显了雪域高原的雄姿和建设铁路的艰难。画面在黄金分割线上，描绘了一列正在飞驰的火车，艺术地展现了我国经济建设的成果。

党史解读

“黄昏我站在高高的山岗，看那铁路修到我家乡，一条条巨龙翻山越岭，为雪域高原送来安康。那是一条神奇的天路，把人间的温暖送到边疆，从此山不再高路不再漫长，各族儿女欢聚一堂……”这是《天路》描绘的画卷。

20世纪50年代，党和政府就把改善西藏交通状况，当作发展经济，巩固国防，加强民族团结的大事来抓。1958年9月，青藏铁路西宁至格尔木段分别在西宁和关角隧道开工。在经历二十多年建建停停的曲折过程后，1979年9月，青藏铁路铺轨到达戈壁新城格尔木。1994年7月，在中央第三次西藏工作座谈会上，党中央指出，要抓紧做好进藏铁路建设的论证和勘查工作。西部大开发战略的全面实施，为加快进藏铁路建设提供了历史机遇。2001年6月29日，青藏铁路开工典礼在青海省格尔木市南山口火车站和西藏自治区拉萨河畔造耳峰隧道出口同时举行，标志着这项举世瞩目的宏伟工程正式实施。青藏铁路是世界上海拔最高、线路最长的高原冻土铁路，其中位于海拔4000米以上的路段近1000公里，占全线总长的84%。火车将在飞机飞行高度以上的地方行驶，难怪它被称为“天路”。工程建设还面临着多年冻土、高寒缺氧、生态脆弱三大世界性工程技术难题。经过数万筑路大军历时五年的艰苦奋战，青藏铁路格尔木至拉萨段于2006年7月1日建成通车。

青藏铁路的建成通车，极大地改善了西藏自治区交通条件，促进了西藏地区经济发展。通车后，把煤炭、天然气、石油液化气等能源运进西藏，大量粮油蔬菜等日用必需品运到沿线城镇和农牧区。青藏铁路对增进藏族同胞与全国各族人民的相互团结，推进西藏和谐社会建设，巩固国家西南边防作用显著。

苗再新:《梦圆时刻》(国画 · 2009 年)

美 · 术 · 点 · 评

画家苗再新善于通过驾驭画面结构，以达到理想的艺术效果。《梦圆时刻》用以小见大的手法，描绘了奥运开幕式当晚的盛况。画面中数不清的年轻人用自己的方式表达着难以抑制的心中喜悦，前方的小伙子将国旗绘在脸上，展开双臂；后面的年轻人们有的扬起手中的北京奥运会旗帜或国旗；画面左方一个戴五环眼镜装饰的年轻人做出“V”形手势；夜空里的烟火斑斓璀璨。作品画面色彩鲜亮，具有浪漫主义特征；构图富有动感，层次分明，人物丰富而不凌乱，具有很强感染力！

党史解读

一个世纪前，有识之士就曾发出“中国什么时候能举办奥运”的期盼；1932 年刘长春孑然一身代表中国参加奥运会，开创了中国参加奥运会比赛的历史；1979 年中华人民共和国奥委会的合法席位得以恢复；1984 年在洛杉矶举办的第 23 届奥运会上，中国体育代表团实现了在奥运会上金牌及奖牌零的突破，展示出新兴体育强国的风采。2001 年 7 月 13 日，在莫斯科举行的国际奥委会第 112 次全会上，当宣布北京赢得 2008 年奥运会主办权的那一刻，历史的瞬间变成了永恒的欢乐。申奥成功，中国人民由衷地喜悦，尽情地欢呼。在占世界人口 1/5 的中国举办奥运会，是有史以来的第一次，奥林匹克运动将更大规模地普及，奥林匹克精神会更广泛地弘扬。2008 年 8 月 8 日，五星红旗、五环旗在国家体育场冉冉升起，奥林匹克会歌在万众瞩目中悠扬奏响，第 29 届奥运会的圣火燃亮北京的星空，北京奥运会开幕式展示了从古到今的中国之美。奥林匹克运动第一次将盛典的舞台，搭建在东方的沃土。13 亿中国人第一次在自己的家园圆了奥林匹克之梦。

吴冠中：《鸟巢》（彩墨・2008年）

崔开玺：《北京的春天》（油画・2008年）

美·术·点·评

吴冠中的画作综合了西画与中国画的精髓，用笔简练。其后期作品常喜以点、线造型，诠释自然之美。《鸟巢》是其2008年的作品。画面中鸟巢用抽象的线绘出结构，线条看似随意而自然天成，结构间点缀以红、黑、黄、绿等色彩斑点，和平鸽从四面八方涌向鸟巢。作品为吴冠中晚年代表作品，将西方的抽象主义和中国传统水墨结合起来，表现语言极具现代性而感情真挚。画作表达了作者对北京奥运和祖国的美好祝福。

《北京的春天》以第29届北京奥运会主会场鸟巢为背景，整个画面用色热烈、笔触奔放，富有动感。画家故意放低视角，抬升地平线在画面的位置，近景、中景、远景合理搭配。作为画中主体的鸟巢被安排在画面的远景，因为地平线的抬升更凸显出鸟巢的高大。近景以姹紫嫣红的北京市花月季占据了画面的大部分。一近一远对比强烈，绚丽的月季也为灰色冷峻的鸟巢建筑增加了一股诗意和温情。中景以三五成群的游人点缀画面。同时繁密茂盛的月季花海象征着和平盛世的时代风貌，让人感觉到北京春意盎然、繁荣喜庆气息扑面而来。

党史解读

2008年8月24日，燃烧了16天的奥运圣火，在国家体育场缓缓熄灭。放飞梦想的“鸟巢”，用不舍的温情点亮告别的夜晚，为第29届夏季奥林匹克运动会画上圆满的句号。204个国家和地区，1万多名运动员，45亿观众，北京奥运会成为有史以来参赛国家和地区最多的一届奥运会，也是奥运会历史上转播规模最大的一次。“同一个世界，同一个梦想”，北京奥运会展现了世界人民团结友谊的和谐图景，这是北京的光荣，也是奥林匹克的光荣。

美·术·点·评

《奥林匹克颂》画幅长112米，高5米，作品历经7年完成。《奥林匹克颂》不仅画面尺幅之大令人震撼，而且2000余个人物形象、千姿百态的各类运动、色彩奇幻的背景渲染，令人叹为观止。此画是一首充满梦幻色彩的体育史诗。画面中人与神的结合、神话与现实的结合、历史与当下的结合，生动诠释了现实主义与浪漫主义结合的艺术处理手法。

刘宇一、刘浩眉:《奥林匹克颂（局部）之圣火祥云》（油画 · 2001—2008 年）

王吉松：《出征》（油画 · 2007 年）

美·术·点·评

画家选取航天器发射前，国家主席胡锦涛亲自为航天员杨利伟送行这一历史时刻作为创作的主题，写实严谨，人物刻画细致入微。画面中杨利伟的神情坚定而自信，胡锦涛亲切和蔼地挥动手臂。画面构图以简驭繁，焦点集中，主题得到了很好的凸显。

党史解读

2003 年 10 月 15 日 5 时，酒泉卫星发射中心的广场上，已经站满了送行的人们。大家怀着激动的心情和共同的期待——为英雄送行。5 时 28 分，身着航天服的首飞航天员杨利伟向大家走来。“总指挥同志，我奉命执行中国首次载人航天飞行任务，准备完毕，待命出征，请指示。中国人民解放军航天员大队航天员杨利伟。”“出发！”载人航天工程指挥部总指挥李继耐庄重地下达了命令。8 时 59 分，巨型运载火箭喷射出一团橘红色的烈焰，托举着“神舟”五号载人飞船拔地而起，直刺苍穹。飞船一步一步升到预定高度，进入轨道。清晨 6 时 23 分，经过绕地 14 圈飞行，杨利伟乘坐飞船，在东经 111 度 29 分、北纬 42 度 06 分的着陆场安全着陆。6 时 51 分，飞船返回舱舱门打开，杨利伟从舱中走出，向人们挥手致意，掌声和欢呼声在辽阔的大草原上回响。我国首次载人航天飞行获得圆满成功！中国探索太空的伟大创举开启了崭新一页。

2005 年 10 月 12 日至 17 日，“神舟”六号载人飞船第一次将两名中国航天员同时送上太空。2008 年 9 月 27 日 16 时 41 分，我国航天员翟志刚打开“神舟”七号载人飞船轨道舱舱门，首度实施空间出舱活动，茫茫太空第一次留下中国人的足迹。2011 年 11 月 3 日，“神舟”八号飞船和“天宫”一号目标飞行器，成功实施了交会对接，形成组合体。2012 年 6 月 29 日，“神舟”九号飞船安全着陆，我国首次载人交会对接任务圆满成功。中国在飞天之路上凯歌行进。

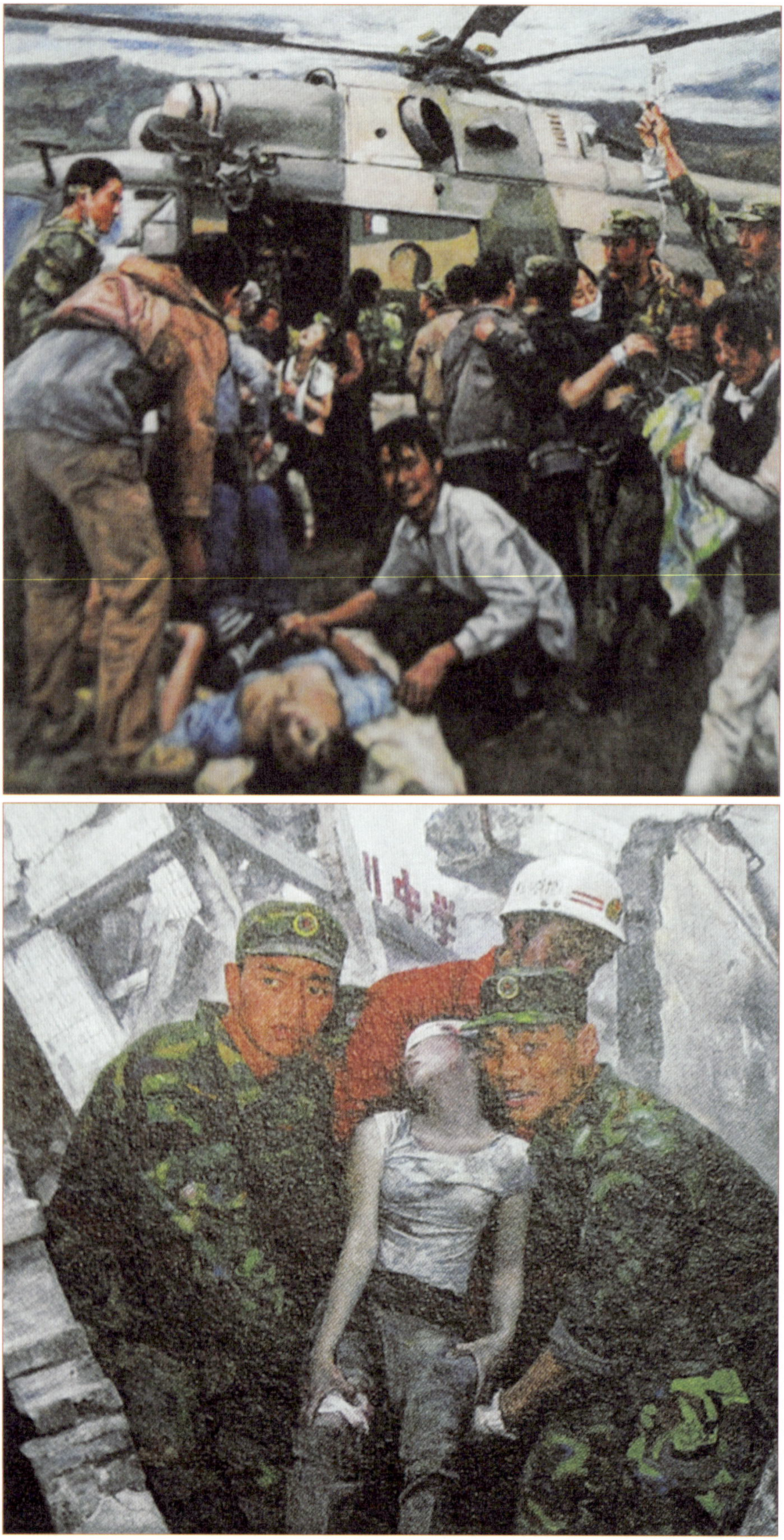

集体创作：《汶川·热血五月》（油画·2008年）

美·术·点·评

《汶川·热血五月》是26位写实画派艺术家以汶川地震中数千份新闻图片为依据创作出来的大型油画作品，表现中国人民众志成城、抗震救灾的感人情景，表达艺术家对灾区人民的深切爱心。作品描绘场面丰富，具有史诗般的震撼力，表达出艺术家与灾区人民"同呼吸，共命运"的思想境地。中国艺术研究院院长王文章说，这组作品充分显示了中国写实画派在艺术发展中的重要地位。反映刚刚发生的抗震救灾的现实生活，有这样的思想感染力，达到这样的艺术高度，写实画派又开拓了一个新境界。

党史解读

2008年5月12日14时28分。北纬31度，东经103.4度。四川省汶川县发生8.0级特大地震。地动！山崩！楼塌！桥断！短短80秒，使数百万生命置于生死边缘。这次地震是新中国成立以来破坏性最强、波及范围最广、救灾难度最大的一次地震，影响范围波及四川、甘肃、陕西、重庆等16个省（区、市），受灾人口4561万人。地震造成极大破坏，人员伤亡惨重。地震发生后，胡锦涛总书记立即作出重要指示，要求尽快抢救伤员，确保灾区人民群众生命安全。震后仅两小时，温家宝总理急赴灾区，现场指挥抗震救灾工作。中央连夜成立抗震救灾总指挥部，全面负责当前的抗震救灾工作。按照中央的部署，抗震救灾工作紧张、全面地展开。灾区各级党委、政府和各地区、各部门紧急行动、全力以赴；解放军、武警官兵和公安民警顽强奋战；全国各族人民万众一心。经过一个阶段艰苦卓绝的努力，最大程度抢救了被困群众，受灾群众基本生活初步得到安排，社会治安秩序保持总体稳定。

苗再新:《人民子弟兵》(国画 · 2008 年)

美·术·点·评

在汶川抗震救灾中，解放军战士发扬战时精神，冲锋在救灾前线，为保卫人民群众的生命财产作出了重要贡献。《人民子弟兵》描绘的是解放军在灾后的废墟上抢救伤员的场景。画面中房屋已经全部倒塌，解放军战士在机械无法进入的条件下用双手撬开一块块残垣断墙，寻找生还者，画面前方一位解放军战士抱着一位刚从废墟中抢救出来的小女孩，准备送往救护处，场面极为感人。画面背景采用横向构图，充分表达出对灾难的悲悯之情，与灰色的背景不同，前方的解放军战士与受伤的小女孩彩色处理，形成鲜明对比，突出了情节，让人印象深刻。

党史解读

汶川地震发生后，在抗震救灾现场，人民解放军和武警部队发扬听党指挥、服务人民、英勇善战的优良传统，哪里有险情，哪里就有迎风飘扬的军旗；哪里有呼救，哪里就有奋不顾身的战士，把成千上万群众的生命从死亡线上夺了回来。王毅和邱光华是千万英雄中的典型。

王毅是武警某师参谋长。为尽快实现党中央、国务院、中央军委关于尽快进入汶川重灾区的决心意图，王毅率670名官兵直奔汶川。行进途中山体塌方将山路覆盖，王毅带上200名精干徒步进发！13日23时，200名官兵徒步强行军90多公里，终于率先到达汶川县城。震后隔绝33个小时的汶川与外界有了联系。邱光华是成都军区某陆航团副师职飞行员。汶川地震发生后，邱光华主动承担急难险重飞行任务，先后飞行63架次，输送救灾人员87人，转移受灾群众234人。5月31日，邱光华率机组执行运送受伤群众任务，因高山峡谷局部气候瞬时变化、突遇低云大雾和强气流撞山失事，与机组成员一起不幸遇难，以身殉职。

杨顺泰:《一轴四馆》(油画·2010 年)

美·术·点·评

2010 年的上海世博会同时也是万国建筑艺术博览会，众多艺术家用自己的画笔留下了别样的“湖光山色”。杨顺泰在《一轴四馆》创作时，挑选了一个高处俯瞰的视角，用超宽的比例，表现了左起卢浦大桥、右至南浦大桥的气势宏伟场景。画家用写实主义的创作手法，再现了上南路两侧包括中国国家馆在内的所有世博园场景，视野辽阔，气势恢宏，让观众从中感受到画家对于世博会深深的感情和祝福。

党史解读

中国2010年上海世界博览会，于2010年5月1日至10月31日在上海市举行。上海世博会是新中国成立以来我国举办的规模最大、持续时间最长的国际活动。东道主中国邀约四海宾朋，在上海浦江两岸主办了一届成功、精彩、难忘的世界博览会。在上海世博会上，“城市，让生活更美好”的主题，得到了精彩演绎；人类发展向低碳时代转变的先进理念，得到了难忘展示。上海世博会还是一次多元文明的盛会，一次和谐相处的盛会。来自五大洲的246个国家和国际组织踊跃参与了这次盛会，世界各地7300多万宾客参观了展会，“理解、沟通、欢聚、合作”的理念得到弘扬。

“一轴四馆”指的是上海世博会的世博轴、中国国家馆、世博会主题馆、世博中心和世博会文化中心五个标志性的永久建筑。“一轴四馆”不仅以美轮美奂的建筑造型吸引了众多眼球，而且更以集中运用了当今全球绿色科技成果，成为未来低碳建筑的范例。在诸多的国家馆中，中国馆自然是最受欢迎的。展馆建筑外观以“东方之冠”为构思主题，表达了中国文化的精神与气质。

刘震力：《新富春山居图》局部（国画 · 2011 年）

美 · 术 · 点 · 评

2011 年，国务院参事室、中央文史研究馆组织邀请海峡两岸画家共绘《新富春山居图》，讴歌中华民族文明同根，寄托两岸民众期望国家统一、民族团结的美好愿景。

此画作是画家刘震力参加共绘《新富春山居图》创作活动后，根据采风写生积累的素材单独创作的一幅佳作。作品用色彩丰富而又细致入微的笔墨，描绘了富春江畔桐君山段秀丽的景色。作品章法严谨而又潇洒自如；技法上既继承了传统中国的绘画技巧，又融入了现代西方的绘画技法，展现了崭新的意境，给人以赏心悦目的享受。

党史解读

600 多年前，画家黄公望留下《富春山居图》，绘尽富春山水；300 多年前，此画一度被焚为两段；60 多年前，两段画被分藏于海峡两岸。2010 年 3 月，温家宝总理在“两会”上谈起这幅著名的《富春山居图》说：“画是如此，人何以堪”，牵动了亿万中华儿女的心。2011 年 6 月，两岸的《富春山居图》合璧，在台湾故宫博物院展出，世人得以见到这幅传世之作。

传奇并未结束。2011 年 9 月，一幅古题新作的全新《富春山居图》历时一年创作完成，在人民大会堂展出。新卷长达 66 米，由两岸画家携手绘就。同是富春山水，新卷画展现了时代新貌。

《新富春山居图》的创作，积极响应了温家宝总理冀望“名画合璧，两岸归一”的倡议，促进两岸文化的全面交流与融合，意义非凡，影响深远。

2012 年 3 月的“两会”上，温家宝总理答记者问时说：台中有一位诗人叫林朝崧，他曾经写过一句诗，叫“情天再补虽无术，缺月重圆会有时”。我相信，只要全体中华儿女共同努力，祖国统一和民族振兴的大业一定能够实现，这是整个中国人的骄傲。

画家简介

齐白石（1864—1957）湖南湘潭人。曾学画于胡沁园、谭溥等，并师从王湘倚攻读诗文。历任全国美协主席、北京中国画研究会主席、北京中国画院名誉院长、中央文史研究馆馆员。1953 年获文化部授予“人民艺术家”的称号。1956 年获世界和平理事会授予国际和平奖金。入选作品为《百花与和平鸽》。

陈半丁（1876—1970）浙江绍兴人。曾师从吴昌硕等学习书画、篆刻。历任北京中国画院副院长、中国画研究会会长、中国美术家协会理事、中央文史研究馆馆员等职。入选作品为《力争上游》。

朱屺瞻（1892—1996）江苏太仓人。历任上海艺术专科学校西画系研究所主任、中国美术家协会顾问。入选作品为《荒山开垦》。

徐悲鸿（1895—1953）江苏宜兴人。早年就读于上海美专，曾留学日本、法国。历任北平艺专校长、中央美院院长、全国美协主席、中国文联常委等职。入选作品为《在世界和平大会听到南京解放的消息》。

刘海粟（1896—1994）安徽省凤阳人。自幼酷爱书画，曾创办现代中国第一所美术学校——上海国画美术院并任校长，历任南京艺术学院院长、上海美协名誉主席、中国美术家协会顾问等职。入选作品为《庆祝社会主义改造胜利》。

潘天寿（1897—1971）浙江宁海人。1920 年毕业于浙江省立第一师范。历任国立艺专校长、全国美协副主席、浙江省文联副主席、浙江美协主席、中央美院华东分院副院长、浙江美院院长等职。入选作品为《人民踊跃争缴农业税》、《丰收》。

丰子恺（1898—1975）浙江崇德人。1914 年考入浙江省立第一师范学校，从李叔同学习音乐、绘画。1921 年东渡日本，学西洋画。曾任上海中国画院院长、上海美协主席、上海市文联副主席等职。入选作品为《庆祝国庆》。

钱松喦（1899—1985）江苏省宜兴人。曾任中国文联委员、中国美术家协会常务理事和艺术顾问、江苏美协名誉主席、江苏国画院院长。入选作品为《苍山如海　残阳如血》、《延安颂》、《红岩》、《筑坝》。

林风眠（1900—1991）广东梅县人。历任北平艺专校长、杭州国立艺专校长、上海美协副主席等职。入选作品为《捕鱼》。

蒋兆和（1904—1986）四川泸州人。历任中央美术学院教授、中国美术家协会理事、中国文联委员、中国画研究院院务委员等职。入选作品为《中国人民站起来了》、《给爷爷读报》。

傅抱石（1904—1965）江西新余人。历任江苏国画院院长、全国美协副主席、江苏美协主席、江苏省书法印章研究会副会长。入选作品为《强渡大渡河》、《过黄泛区》、《煤都壮观》、《过雪山》、《苍山如海　残阳如血》、《江山如此多娇》。

李可染（1907—1989）江苏徐州人。1923 年入上海美专，1929 年入国立西湖艺术院学习，曾拜齐白石、黄宾虹先生为师。历任中央美术学院教授、中国画研究院院长、中国美术家协会副主席等职。入选作品为《长征》、《工农劳动模范北海游园》、《钟山风雨》。

叶浅予（1907—1995）浙江桐庐人。曾任中央美术学院中国画系主任、中国画研究院副院长等职。入选作品为《北平解放》、《各族人民大团结》。

李桦（1907—1995）广东人。 1926 年毕业于广州市立美术学校，曾留学日本。历任中央美术学院版画系主任、中国文联委员、中国美术家协会顾问、中国版画家协会主席。入选作品为《清算地主》。

陈少梅（1909—1954）湖南衡山人。曾任天津美协主席、天津美术学校校长等职。入选作品为《海防前哨》。

陆俨少（1909—1993）上海嘉定人。曾任上海画院画师、浙江美术学院教授、浙江画院院长等职。入选作品为《教妈妈识字》、《毛主席的指示到田头》。

江丰（1910—1982）上海人，原名周介福，曾用笔名江烽、固林等，曾参加鲁迅先生创办的木刻讲习班。历任鲁迅艺术文学院美术部主任、中央美术学院院长、文化部顾问、中国美术家协会主席、中国版画家协会名誉主席等职。入选作品为《东北抗日义勇军》、《国民党狱中的政治犯》、《清算斗争》。

黎雄才（1910—2001）广东高要人。历任广州美院副院长、中国美协理事、广东美协副主席等职。入选作品为《把余粮卖给国家》、《武汉防汛图卷》、《长江大桥速写》。

王式廓（1911—1973）山东掖县（现为莱州市）人。曾在济南爱美高中、北平京华美术学院、杭州艺专、上海美专等学校学习西画。历任中央美术学院研究部主任、中国美协常务理事等职。入选作品为《参军》、《血衣》、《井冈山会师》。

关山月（1912—2000）广东省阳江人。曾任中国美术家协会副主席、广东美协主席、广东画院院长等职。入选作品为《俏不争春》、《游击队之家》、《新开发的公路》、《绿色长城》、《江山如此多娇》。

力群（1912—2012）山西灵石人。1931 年入国立杭州艺专学习。曾任中国文联委员、中国美协常务理事、人民美术出版社副总编辑、《美术》杂志副主编、《版画》杂志主编、中国版画家协会名誉主席等。入选作品为《丰衣足食》、《人民代表选举大会》、《向李顺达应战订生产计划》。

董希文（1914—1973）浙江绍兴人。早年入苏州美专、杭州艺专、上海美专、湖南沅陵艺专、越南河内美术专科学校学习。曾任中央美术学院油画系研究室主任、中国美术家协会创作委员会委员和绘画组组长。入选作品为《开国大典》、《红军过草地》、《百万雄师过大江》、《千年土地翻了身》。

冯法祀（1914—2009）安徽庐江人。毕业于南京中央大学教育学院，师从徐悲鸿、颜文梁等名家。曾任中国油画学会顾问、徐悲鸿国际艺术研究会名誉主席、徐悲鸿艺术学院首席顾问等职。入选作品为《刘胡兰就义》、《控诉会》。

莫朴（1915—1996）江苏南京人。1933 年毕业于上海美术专科学校。曾任中央美术学院华东分院副院长、浙江美术学院院长、中国文联委员、中国美协常务理事、浙江文联副主席、浙江美协主席等职。入选作品为《南昌起义》、《清算》。

魏紫熙（1915—2002）河南遂平人。1934 年毕业与河南艺术师范学院毕业，1983 年加入中国共产党。曾任河南艺术师范学校教师、河南大学讲师、江苏省国画院画师、徐州市国画院名誉院长、中国美术家协会理事，江苏省人大代表。入选作品为《天堑通途》。

艾中信（1915—2003）上海市浦东人。1941 年毕业于中央大学艺术系。曾任中央美术学院副院长、吴作人国际美术基金会理事长、中国大百科全书总编辑委员会委员等职。入选作品为《红军过雪山》、《通往乌鲁木齐》、《夜渡黄河》。

罗工柳（1916—2004）广东开平人。1936 年考入杭州艺术专科学校，自学木刻。曾任华北联合大学文艺学院美术系主任、中央美术学院副院长、中国美术家协会常务理事、全国文联委员等职。入选作品为《地道战》、《毛泽东在延安干部会议上作整风报告》、《毛泽东同志在井冈山》、《前仆后继》。

彦涵（1916—2011）江苏连云港人。1938 年毕业于杭州艺专西画系。历届中国版画家协会副主席、中国美术家协会常务理事。入选作品为《百万雄师渡长江》、《当敌人搜山的时候》、《豆选》。

张仃（1917—2010）辽宁黑山人。历任陕甘宁边区美术家协会主席、中央美术学院实用美术系主任、中央工艺美术学院院长等职。入选作品为《鞍钢在建设中》、《哈尼族女民兵》、《在毛泽东的旗帜下前进》。

王琦1918 年生，重庆人。1937 年毕业于上海美专。历任《版画》杂志主编、《美术》杂志主编，中国版画家协会主席、中国美术家协会副主席等职。入选作品为《移山造海》。

吴冠中（1919—2010）江苏宜兴人。毕业于国立杭州艺术专科学校。曾任中国美术家协会常务理事等职。入选作品为《鸟巢》。

古元（1919—1996）广东珠海人。曾任中央美术学院院长、中国美协副主席等职。入选作品为《十月的喜讯》、《人桥》、《打过长江去》、《刘志丹和赤卫队员》。

李斛（1919—1975）四川大竹人。1946 年毕业于重庆中央大学艺术系。曾任中央美术学院人物科主任。入选作品为《十三陵水库夜景》。

石鲁（1919—1979）四川仁寿人。历任西北美术工作者协会副主任、《西北画报》社长、中国美术家协会常务理事、陕西美协主席、陕西书协主席等职。入选作品为《转战陕北》、《古长城外》、《幸福婚姻》、《打倒封建》、《南泥湾途中》。

宋文治（1919—1999）江苏太仓人。苏州美术科学校肄业。历任江苏省国画院副院长、中国美术家协会理事、江苏美协副主席等职。入选作品为《山川巨变》。

周令钊1919 年生，湖南平江人。1935 年毕业于武昌艺专师范科。曾任中央美术学院壁画系民族画室主任、中国美术家协会理事、全国邮票设计评审委员等。入选作品为《五四运动》。

程十发（1921—2007）上海松江人。曾任中国美术家协会理事、上海书法家协会名誉理事、全国文联委员、西泠印社副社长、上海中国画院院长等职。入选作品为《歌唱祖国的春天》。

韦启美(1923—2009)安徽安庆人。1942年进国立中央大学艺术系学习，曾任中央美术学院油画系教研室主任。入选作品为《模范饲养员》、《青纱帐里游击队员逞英豪》。

王盛烈(1923—2003)辽宁沈阳人。曾任中国美术家协会常务理事、辽宁中国画研究会会长、辽宁省老年书画研究会名誉会长等职。入选作品为《八女投江》、《海风》。

亚明(1924—2002)安徽合肥人。1939年参加新四军。1941年毕业于淮南艺术专科学校。历任无锡市美协主席，江苏省美术工作室主任，华东美协理事，江苏省国画院副院长，中国美协江苏分会主席，中国美协常务理事，南京大学艺术研究中心教授。入选作品为《过黄泛区》(与傅抱石合作)、《孟良崮战役》。

黄永玉1924年生，湖南省凤凰县人，出生于常德县，土家族人，曾任中央美术学院教授、版画系主任，中国美术家协会副主席。入选作品为《鲁迅先生》。

黄胄(1925—1997)河北蠡县人。1940年师从赵望云学国画。曾任中国画研究院副院长、中国美术家协会常务理事。入选作品为《井冈山的第一面旗》、《爹去打老蒋》、《载歌行》、《鞠躬尽瘁为人民》。

何孔德(1925—2005)四川人。毕业于中央美术学院马克西莫夫油画训练班。曾任中国人民革命军事博物馆美术创作室副主任。入选作品为《秋收起义》(与高泉、冀晓秋、陈玉先合作)、《古田会议》、《井冈山会师》、《广州起义》(与郑洪流合作)。

郑洪流1925年生，重庆南川人。1946年国立重庆师范美术科毕业。曾任中国人民革命军事博物馆美术创作室创作员。入选作品为《反"围剿"的伟大胜利》(与崔开玺、张文源、艾轩合作)、《广州起义》(与何孔德合作)。

高虹1926年生，河北新乐县人。中央美术学院马克西莫夫油画训练班毕业。曾任中国人民革命军事博物馆创作中心主任、全国文联委员、中国美术家协会常务理事等职。入选作品为《决战前夕》、《转战陕北》、《步调一致才能得胜利》(与彭彬、何孔德合作)。

伍必端1926年生，江苏南京人。 1945年毕业于重庆育才学校绘画组，1948年毕业于华北联合大学文艺学院美术系，1956年赴苏联列宁格勒列宾美术学院进修版画三年。历任中央美术学院版画系主任、教授。中国美术家协会理事。入选作品为《毛主席和亚非拉人民在一起》(与靳尚谊合作)。

彭彬1927年生，江苏吕四人。1953年毕业于中央美术学院专修科。曾任解放军总政文化部创作室创作员、中国人民解放军军事博物馆美术创作员。入选作品为《遵义会议》、《雄关漫道真如铁，而今迈步从头越》、《地雷战》、《步调一致才能得胜利》(与高虹、何孔德合作)。

陈其1927年生，江苏盐城人。1941年在解放军某部从事文艺工作。曾在中央美术学院专修科进修。历任华东战士社美术编辑、军区创作员、南京军区政治部创作室副主任。入选作品为《南方三年游击战争》(与陈坚合作)。

李琦(1928—2009)北京人。曾任中央美术学院中国画系主任、文化部高级职称评审委员。入选作品为《农民和拖拉机》、《毛主席走遍全国》、《我们的总设计师》、《同心曲》。

靳之林1928年生，河北滦南县人。1947—1951年就学于国立北平艺术专科学校和中央美术学院。1951—1961年任教于中央美术学院。曾任中央美术学院教授、博士生导师、学委员会顾问。入选作品为《南泥湾》。

邓澍1929年生，河北高阳人。曾任中央美术学院教授、党支部组织委员等职。入选作品为《保卫和平》、《庆祝中国共产党成立三十周年》(与侯一民合作)、《六亿神州尽舜尧》(与侯一民合作)、《八女投江》(与侯珊瑚合作)。

杨之光1930年生，广东揭西人。曾任广州美术学院副院长、中国美术家协会理事、中国画研究院院务委员等职。入选作品为《激扬文字》(与欧洋合作)、《毛主席在农民运动讲习所》、《一辈子第一回》、《九八英雄颂》、《抗非白衣战士邓练贤像》。

尹戎生(1930—2005)云南绥江人。1954年毕业于中央美术学院。曾任中央美术学院教授。入选作品为《暴风骤雨》、《夺取全国胜利》、《烧地契》。

侯一民1930年生，河北高阳人。曾任中央美院第一副院长、中国壁画学会会长、中国美术家协会常务理事、全国壁画艺术委员会主任、吴作人国际美术基金会理事长等职。入选作品为《刘少奇与安源矿工》、《毛主席和安源工人在一起》、《青年地下工作者》、《跨过鸭绿江》。

黎冰鸿(1931—1986)广东东莞人，生于越南。曾任中央美术学院华东分院院长、中国美术家协会理事、浙江美协副主席。入选作品为《南昌起义》。

詹建俊1931年生，辽宁沈阳人。1953年毕业于中央美术学院绘画系。曾任中国油画学会主席、中国美术家协会常务理事。入选作品为《狼牙山五壮士》、《试看天地翻覆》、《潮》、《毛主席在农民运动讲习所》。

方增先1931年生，浙江兰溪人。1955年毕业于中央美术学院华东分院研究生班。曾任浙江美协副主席、上海美术馆馆长、中国美术家协会常务理事、上海中国画院副院长等职。入选作品为《唤起工农千百万》、《艳阳天》。

冀晓秋1931年生，辽宁大连人。1949年参加中国人民解放军，1952年加入中国共产党。同年毕业于华北人民革命大学，1961年毕业于苏联列宁格勒列宾美术学院。曾任总政治部文工团美术组组长、总政治部文工团舞美设计、话剧团舞美队副队长。1983年获"全国三八红旗手"称号。入选作品《秋收起义》(与何孔德、高泉、陈玉先合作)。

蔡亮（1932—1995）福建厦门人。1953年毕业于中央美术学院绘画系。曾任浙江美术学院教授、浙江油画学会副会长、浙江美协理事。入选作品为《三大主力会师》（与张自嶷合作）、《延安火炬》。

张华清 1932年生，山东肥城人。曾任南京艺术学院美术系主任、中国美术家协会理事、江苏美协副主席。入选作品为《淮海战役胜利了》（与李华英合作）。

肖峰 1932年生，江苏江都人。1950年毕就读于国立杭州艺术专科学校，1960年毕业于苏联列宁格勒列宾美术学院。曾任浙江美术学院院长、中国美术家协会副主席、中国国家画院顾问等职。入选作品为《拂晓》。

刘文西 1933年生，浙江嵊州人。浙江美术学院毕业。曾任西安美院院长、中国美协副主席、陕西省文联副主席、陕西省美协副主席、延安市副市长等职。入选作品为《春天》、《解放区的天》。

李秀实 1933年生，辽宁锦州人。曾任中华美术研究院副院长、中国美术家协会理事、中国油画学会理事。入选作品为《疾风》。

任梦璋 1934年生，河北束鹿人。1953年毕业于中央美术学院油画系。曾任鲁迅美术学院副院长兼美术研究所所长、辽宁美协顾问。入选作品为《攻克锦州》、《平型关大捷》（杨为铭合作）、《清川江畔围歼战》（与鲁迅美术学院集体创作）。

靳尚谊 1934年生，河南焦作人。1957年毕业于中央美术学院马克西莫夫油画研究生班。曾任中央美术学院院长、中国美术家协会主席、中国文联副主席、中央文史研究馆馆员等职。入选作品为《党的十二月会议》、《周恩来在万隆会议上》、《我们的友谊遍天下》（与伍必端合作）。

邓家驹 1935年生，江西黎川人。1960年毕业于中央美术学院油画系。曾任天津画院副院长、天津美协副主席。入选作品为《和平解放北平》（与沈尧伊、张汝为、吴长江合作）。

崔开玺 1935年生，山东莱州人。1965年毕业于中央美术学院油画系。曾任中国油画学会理事、解放军美术书法研究院美术创作院副院长。入选作品为《北京的春天》、《长征中的贺龙与任弼时》、《反“围剿”的伟大胜利》（与郑洪流、张文源、艾轩合作）。

张自嶷 1935年生，江西萍乡人。1935年毕业于中央美院绘画系，1965年毕业于中央美院研究生班。现为浙江美院教授、中国美协会员。入选作品《三大主力会师》（与蔡亮合作）。

高泉 1936年生，安徽蚌埠人。1961年毕业于中央美院油画系。曾任中国人民革命军事博物馆美术创作室主任。入选作品为《支部建在连上》、《红军过草地》、《北上》、《攻克锦州》、《1998年夏·丰碑》（与孙立新、张庆涛合作）、《决策出兵》。

黄名芊 1936年生，江西南康人。曾任教于无锡轻工业学院造型美术专业，无锡轻工大学设计学院中国画教授。现任教育部属江南大学设计学院中国画教授，中国书画研究院名誉院长，江苏省国画院特聘画家，中国美术家协会会员，入选作品为《绿色畅想》。

吴强年 1937年生，广东高州人，1958年毕业于中央美院附中。四川省美协驻会画家。入选作品为《雷锋》。

欧洋 1937年生，江西龙南人。1960年毕业于广州美术学院。曾任中国油画学会理事、广东油画学会副主席。入选作品为《激扬文字》（与杨之光合作）。

杨为铭 1937年生，辽宁大连人。 1953年进东北美术专科学校附中，1960年毕业于鲁迅美术学院油画系并留校任教，现为雕塑系素描教员，副教授。中国美术家协会会员。入选作品为《平型关大捷》（与任梦璋合作）。

周树桥 1938年生，广东开平人。1966年毕业于广州美术学院油画系。曾任广州画院副院长。入选作品为《湖南共产主义小组》、《春风杨柳千万条》。

汤小铭 1939年生，广西桂林人。1964年毕业于广州美术学院。曾任广东美术家协会主席。现为广东画院艺术顾问，中国美协理事，中国油画学会理事，广东省美术家协会学术委员会主席等职。入选作品为《永不休战》。

路璋 1939年生，山东济南人。现为山东艺术学院教授、山东油画学会顾问。入选作品为《世纪大典》。

周思聪（1939—1996）天津宁河人。1963年毕业于中央美术学院中国画系。曾任中国美术家协会副主席、北京画院一级美术师。入选作品为《长白青松》、《人民和总理》。

赵志田 1940年生，河北晋州人。1965年毕业于中央美术学院国画系。曾任北京画院创作室主任。入选作品为《大庆工人无冬天》、《众志成城》。

刘宇一 1940年生，江苏南京人。1960年毕业于中央美术学院附中。擅长大题材油画、党和国家领导人及名人画像。历任广西人民出版社美术编辑、桂林画院画师、广西艺术学院副院长、广西书画院副秘书长。现旅居香港，为香港宇一画院院长，南京大学、东南大学、洛阳大学客座教授。入选作品为《初春》、《良宵》、《爹娘啊，爹娘》、《千禧》、《共铸乾坤》、《借火》、《奥林匹克颂（局部）之圣火祥云》（与刘浩眉合作）。

吴山明 1941年生，浙江浦江人。1964年毕业于浙江美术学院中国画系。现为中国美协理事、浙江美协副主席、西泠书画院院长。入选作品为《延安五老》。

杨力舟 1942年生，山西临猗人。1966年毕业于西安美术学院。曾任中国美术馆馆长、中国美协副主席。入选作品为《太行铁壁》（与王迎春合作）、《挖山不止》（与王迎春合作）。

王迎春 1942年生，山西太原人。1966年毕业于西安美术学院。曾任中国画研究院业务处长、中国美术家协会理事。入选作品为《太行铁壁》（与杨力舟合作）、《挖山不止》（与杨力舟合作）。

李华英 1942年生，山东肥城人。1965年毕业于南京艺术学院美术系。曾任江苏省青年美术家协会副主席、江苏省壁画研究会副会长。入选作品为《淮海战役胜利啦》（与张华清合作）。

张文源 1942年生，四川峨眉人。曾任四川美协理事、中国美协会员。入选作品为《红军反“围剿”的伟大胜利》（与崔开玺、郑洪流、艾轩合作）。

毛本华 1942年生，浙江舟山人。1957年考入北京艺术师范学院，1960年毕业于中央美术学院油画系。 曾在河南省博物馆工作。曾任河南省群众艺术馆美术工作室主任。中国油画学会会员，河南省美术家协会常务理事，河南油画学会副会长，中原工学院艺术设计系教授。国务院政府特殊津贴专家。入选作品为《焦裕禄》（与王刚、鲍璐、郝米嘉合作）。

李延声 1943年生，陕西延安人。1967年毕业于浙江美院中国画系。曾任中国画研究院艺委会副主任、中国美协理事。入选作品为《煤海盛开大庆花》。

梁岩 1943年生，河北清苑人。曾任吉林省中国画艺术委员会主任。入选作品为《申请入党》、《英雄的人民不可战胜》。

沈尧伊 1943年生，浙江镇海人。1966年毕业于中央美术学院版画系。曾任中国人民大学徐悲鸿艺术学院美术系主任、中国美术家协会理事、北京美协副主席。入选作品为《八七会议》、《遵义会议》、《沙家店之役》。

魏景山 1943年生，上海人。1965年毕业于上海美术学院油画系。曾任上海油画雕塑创作室专职画家。入选作品为《攻占总统府》（与陈逸飞合作）。

邱瑞敏 1944年生，福建龙岩人。1965年毕业于上海美专油画系。后入上海油画雕塑院从事油画创作至今。现为上海油画雕塑院副院长，国家一级美术师。入选作品《在党的一大会议上》（与陈逸飞合作）。

刘春华 1944年生，辽宁新金人。毕业于中央工艺美术学院。曾任北京出版社副总编辑、北京画院院长、北京美术家协会副主席，中国美术家协会理事等职。入选作品为《毛主席去安源》。

郭全忠 1944年生，河南宝丰人。1969年毕业于西安美术学院。曾任陕西国画院副院长、陕西美协常务理事。入选作品为《千言万语》。

高民生 1944年生，陕西西安人。1968年毕业于西安美术学院中国画系。现任西安中国画院副院长、陕西美协理事。入选作品为《西安事变》。

张汝为 1944年生，浙江镇海人。 擅长水粉画。现为中国美术家协会会员，天津美协顾问，天津画院专职画家。国家一级美术师。入选作品为《和平解放北平》（与邓家驹、沈尧伊、吴长江合作）。

陈玉先 1944年生，安徽淮南人。自学绘画。1959年参加工作，1962年参加中国人民解放军，1968年调解放军报社工作，曾任《解放军报》美术摄影组长、副主编、高级编辑。现为中国美术家协会会员。入选作品为《秋收起义》（与何孔德、高泉、冀晓秋合作）。

杨小吾 1944年生，贵州桐梓人，毕业于贵州大学艺术系。贵州中国画学会副会长、贵州省文史研究馆特聘研究员、贵州省画院名誉画师、贵州省美术家协会理事、毕节市美术家协会主席。入选作品为《情系乌蒙》。

刘大为 1945年生，山东诸城人。1968年毕业于内蒙师大美术系。现为中国文联副主席、中国美术家协会主席。入选作品为《会师井冈》（与苗再新合作）、《小米加步枪》、《晚风》。

徐芒耀 1945年生，上海人。1978年考入浙江美术学院油画系研究生班，1980年毕业后留校任教。1984年赴法国巴黎国家高等美术学院深造。1998年调任上海师范大学美术学院任院长。入选作品为《新四军——车桥之役》（与李明、何振浩合作）。

陈逸飞 （1946—2005）浙江镇海人。1965年毕业于上海美术专科学校。曾任上海画院油画雕塑创作室创作员。入选作品为《在党的一大会议上》（与邱瑞敏合作）、《攻占总统府》（与魏景山合作）、《黄河颂》、《开路先锋》。

施江城 1946年生，江苏武进人。曾任湖北美协理事、湖北美术馆馆长。入选作品为《高峡平湖图》。

陈承齐 1946年生，浙江青田人。毕业于中央美术学院油画研修班。曾任石家庄市画院院长。入选作品为《进京赶考》。

龙瑞 1946年生于成都。1966年毕业于北京工艺美术学校，1981年毕业于中央美术学院中国画系山水画研究生班，1985年调中国画研究院为专职画家，曾为该院业务处副处长，副研究员。现为全国政协委员、中国国家画院名誉院长、国家一级美术师、中国美术家协会中国画艺术委员会副主任、文化部高级职称评委会美术组主任、国家有突出贡献中青年专家。入选作品为《红旗渠》（与王珂合作）。

艾轩 1947年生，浙江金华人。曾任中国油画学会常务理事、北京画院油画创作室主任。入选作品为《三军过后尽开颜》、《有志者》、《红军反“围剿”的伟大胜利》（与崔开玺、郑洪流、张文源合作）、《热血五月·2008》（与杨飞云合作）。

杨顺泰 1947年生，浙江宁波人。历任《民主与法制》美编室主任、上海画报出版社第二编辑室主任。现任上海理工大学艺术设计学院艺术设计系主任。入选作品为《一轴四馆》。

沈嘉蔚 1948年生，浙江海宁人。1984年结业于中央美术学院，1989年初移居澳大利亚，现为职业画家。入选作品为《为我们伟大祖国站岗》、《红岩》、《红星照耀中国》、《百团大战》。

张培成 1948年生，毕业于上海大学美术学院中国画系。现为刘海粟美术馆馆长、上海美术家协会常务理事，上海市文联委员。入选作品为《五卅运动》。

韩书力 1948年生于北京。1969年中央美术学院附中毕业后赴北大荒农场劳动并坚持业余创作。1973年自愿进藏从事美术工作，1980年考入中央美术学院研究生班。1983年调西藏美协工作，中国文联会员，中国美术家协会理事，西藏文联副主席，西藏美术家协会主席，西藏大学、西藏民族学院名誉教授，国家一级美术师。入选作品为《高原祥云——和平解放西藏》。

赵建成 1949年生，山东青岛人。曾任山东省美协副主席、青岛画院院长。现为中国艺术研究院中国画院艺术委员会主任、中国国家画院国画院研究员。入选作品为《国共合作——1924·广州》、《一九四五年·重庆》。

刘震力 1949年生，辽宁省海城人。毕业于广州美术学院油画系。现为中国美术家协会理事、辽宁省美术家协会副主席。入选作品为《新富春山居图》。

施大畏 1950年生，浙江吴兴人。1986年毕业于上海大学美术学院中国画系。现任上海中国画院院长、中国美术家协会副主席、上海市文联委员、上海市美术家协会副主席。入选作品为《永生——1941年1月14日皖南》。

邓超华 1950年生，广东新会人。1989年毕业于广州职大艺术学院美术系。曾任广州军区美术创作院副院长、解放军美术创作院艺委会委员。入选作品为《胜利的日子》。

张军 1950年，生于南京，师从周韶华先生，后就读湖北美术学院。现为湖北省美术院美术馆馆长，国家一级美术师，中国美术家协会会员。湖北省美术家协会理事，武汉市文史馆馆员。入选作品为《高峡平湖图》（与施江城合作）。

孙志钧 1951年生于北京，1978年内蒙古师范大学美术系毕业，1987年中央美术学院国画系研究生毕业，获硕士学位。现为中国美术家协会会员、北京美术家协会副主席、北京工笔重彩画会理事、首都师范大学美术学院院长、教授、硕士研究生导师。入选作品为《新四军军长叶挺将军像》。

陈坚 1951年生，江苏无锡人。1975年毕业于中央美术学院油画系。后任南京军区政治部创作室美术组组长。现为国家一级美术师、中国文联全国委员、中国美术家协会理事、江苏省油画学会副会长。入选作品为《南方三年游击战争》、《共和国的将帅们》。

冯远 1952年生，上海人。浙江美术学院中国画研究生毕业。历任中国美术学院副院长、文化部艺术司司长、中国美术馆馆长、中国文联书记处书记等职。现为中国文联副主席、中国美术家协会副主席。入选作品为《星火》、《保卫黄河——义勇军进行曲》、《领袖·父亲·设计师·儿子》。

王明明 1952年生，山东蓬莱人。现北京画院院长、中国美协副主席、国务院参事室副主任。入选作品为《松风李大钊》、《刑场上的婚礼》（与蔡玉水合作）。

苗再新 1953年生，山东栖霞人。毕业于解放军艺术学院。历任中国美术家协会理事、中国书法家协会理事、中国人民武装警察部队总部文艺创作室副主任。入选作品为《梦圆时刻》、《人民子弟兵》、《会师井冈——井冈山革命斗争》（与刘大为合作）。

陈丹青 1953年生，上海人。1980年毕业于中央美术学院油画系研究生班，1982年移居美国纽约。现为浙江大学人文学院荣誉教授。入选作品为《泪水洒满丰收田》、《进军西藏》。

丁一林 1953年生，河北人。1988年毕业于中央美术学院油画系。现为中国油画学会理事、中央美术学院油画系常务副主任。入选作品为《科学的春天》。

黄发祥 1953年生，上海人。1977年毕业于中国美术学院油画系，现为中国美术学院造型基础部副教授。入选作品为《启航——中共一大会议》（与何红舟合作）。

王刚 1953年生，山东滕县人。擅长油画，水彩画。1974年毕业于郑州师范学校美术科，1982年考入广州美院油画专业进修班。入选作品为《焦裕禄》（与毛本华、鲍璐、郝米嘉合作）。

程丛林 1954年生，成都人。1982年毕业于四川美术学院油画系。1986年结业于中央美院油画系研修班。现居德国。曾任教于四川美院、中央美院、德国奥斯纳布名克大学。现为四川大学美术学院教授，研究生导师，中国美术家协会会员。入选作品为《夏夜·恢复高考的日子》。

陈绍华 1954年生，浙江上虞人。擅长工艺美术。1982年毕业于中央工艺美术学院装潢系研究生班。现为职业设计家。入选作品为《绿 · 来自您手》。

刘健 1954年生，安徽合肥人。1982年毕业于浙江美术学院中国画系，后留校任教。历任中国美术学院教授，学术委员会委员，教务长，兼浙江省美术家协会副秘书长，现为中国美术学院副院长，学院学位委员会主任，学会委员会副主任，教授，博士生导师，中国美术家协会理事、中国美术家协会秘书长。入选作品为《二七风暴》（与黄骏、花俊合作）。

吴长江 1954年生，天津汉沽人。曾任中央美术学院版画系主任。第六届中国美术家协会副主席，第五届、第六届中国美术家协会理事、中央美术学院版画系主任、中国美术家协会常务副主席、中国版画家协会常务理事。现任中国美术家协会分党组书记、常务副主席。入选作品为《和平解放北平》（与邓家驹 沈尧伊 张汝为合作）。

杨飞云 1954年生于内蒙古。1982年毕业于中央美术学院油画系，后任教于中央美术学院油画系，现为中国艺术研究院中国油画院院长，博士生导师。中国美术家协会理事、中国美术家协会油画艺委会副主任、中国油画学会副主席、北京市美术家协会副主席、中央美术学院客座教授，第十一届全国人大代表。入选作品为《热血五月 · 2008》（与艾轩等合作）。

王吉松 1954年生，哈尔滨人。1982年进修于解放军艺术学院。现为中国美术家协会会员。入选作品为《出征》。

范扬 1955年生，江苏南通人。1982年毕业于南京师范大学美术系中国画专业。现为南京书画院院长、国家画院山水研究室主任。入选作品为《支前》。

孙立新 1955年生，辽宁丹东人。1989年毕业于解放军艺术学院。现为军事博物馆美术创作室主任、中国美术家协会油画艺术委员会委员。入选作品为《平津战役——会师金汤桥》（与白展望、窦红合作）。

陈世宁 1955年生，江苏南京人。1982年毕业于南京艺术学院美术系。现任南京艺术学院美术学院院长、江苏省油画学会秘书长。入选作品为《万众一心》（与尚可、张承志、许朝晖合作）。

骆根兴 1955年生，河北深县人。1986年毕业于天津美术学院油画系。 历任国防科工委某部政治部文化干事、总装备部政治部文艺创作室专职画家，一级美术师。中国美协理事。入选作品为《西部年代》。

孔维克 1956年生于山东汶上，祖籍曲阜。擅长中国画人物画创作，工笔、写意兼能。现为山东省美术家协会副主席兼秘书长、中国美术家协会会员、国家一级美术师。入选作品为《孔繁森》。

焦小健 1956年生，安徽芜湖人。1989年中国美术学院油画系研究生毕业。现任中国美术学院油画系第三工作室导师、教授、博导，中国美协油画艺委会委员，中国油画学会理事。入选作品为《袁隆平》。

胡伟 1957年生，山东济南人。1982年毕业于中央美院中国画系。现为中国美术馆副馆长。入选作品为《陈独秀和新青年》。

蔡鸣 1957年生，江西鹰潭人。1982年毕业于江西上饶师专艺术系。现为江西师范大学美术学院副教授。入选作品为《方志敏——1935.1.29》（与王大为、马志明、苏翰宇合作）。

刘向平 1958年生，山东夏津人。曾任中国人民解放军军事博物馆美术创作室创作员，现为专业画家。入选作品为《一九三五年遵义》。

袁武 1959年生，吉林省吉林市人。1984年毕业于东北师范大学艺术系。曾任解放军艺术学院美术系副主任，现为中国美术家协会理事、北京画院副院长。入选作品为《抗联组画》。

白展望 1959年生，陕西乾县人。毕业于解放军艺术学院美术系。现为北京空军文艺创作室美术创作员。入选作品为《平津战役——会师金汤桥》（与孙立新、窦红合作）。

张敏杰 1959年生，河北唐山人。1990年中央美术学院版画系毕业，曾任河北省版画家协会会长。现为中国美术学院公共艺术学院壁画系主任、教授、研究生导师。中国美术学院学术委员会委员，中国美术家协会壁画艺术委员会委员，中国版画家协会理事。

邢俊勤 1960年生，山西人。1989年毕业于解放军艺术学院美术系。现为北京军区空军文艺创作室美术创作员、中国军事博物馆艺术家。入选作品为《澳门回归》。

王珂 1960年生，山东潍坊人。1983年毕业于曲阜师范大学美术系。历任山东省昌潍师范专科学校美术系教师、国画教研室主任、副教授，潍坊市美协主席。现任中国美术家协会会员、山东潍坊学院美术系副教授。入选作品为《红旗渠》（与龙瑞合作）。

郝米嘉 1960年生，河南大学艺术学院毕业。中原工学院服装与艺术学院教授，高级工艺美术师，河南省一级包装设计师，河南省美术家协会会员，河南省书画院特聘画家。入选作品《焦裕禄》（与毛本华、王刚、鲍璐合作）。

张江舟 1961年生，福建漳州人。1986年毕业于中山大学美术系。现为中国国家画院副院长、中国美术家协会理事。入选作品为《热血一二·九》。

马刚 1962年生，天津人。1987年毕业于中央美术学院油画系。现为中央美院附中副校长。入选作品为《毛泽东会见尼克松》、《新中国成立后，以毛泽东为核心的第一代中央领导集体》。

毕建勋 1962年生，辽宁人。鲁迅美术学院中国画系毕业。现为中央美术学院中国画系创作研究部主任、中国美协中国画艺术委员会副秘书长、国家主题性美术创作研究中心副主任。入选作品为《东方红——杨家岭1945》。

冯杰 1962年生，浙江三门人。1989年毕业于中央美术学院壁画系。现为江西书画院创作交流中心主任。入选作品为《征服珠峰》。

何士扬 1962年生，福建泉州人。1981年毕业于福建工艺美术学校，1990年毕业于浙江美术学院中国画系，1998年起任厦门大学美术系副主任，2002年调入中国美术学院任教。现任中国美术学院副教授，浙江画院、西泠书画院特聘画师、中国美术家协会会员。入选作品为《遵义之春》（与吴山明、吴激扬合作）。

蔡玉水 1963年生，山东济南人。1985年毕业于山东艺术学院美术系，现为北京画院艺术委员会委员。入选作品为《刑场上的婚礼》（与王明明合作）。

方土 1963年生，广东惠来人。1986年毕业于广州美术学院中国画系，获学士学位。现为广州画院院长、一级美术师、广东省美术家协会副主席、广州市美术家协会副主席、中国美术家协会会员、广东省青年联合会常委。入选作品为《特区开发》。

姜银 1963年生，甘肃庆阳人。毕业于中国艺术研究院研修班。现为荣宝斋、北京工美签约画家，中国艺术研究院文化艺术中心调研员，西安中国画研究院副院长。入选作品为《南梁曙光》。

何红舟 1964年生，四川成都人。中国美术学院油画系毕业，现为中国美术学院附中教师。入选作品为《启航——中共一大会议》。

李明 1966年生于郑州。1989年毕业于河南大学美术系中国画专业。现为中国美术家协会会员，河南省美协理事。入选作品为《新四军——车桥之役》（与徐芒耀、何振浩合作）。

黄骏 1966年生，浙江人。1990年毕业于中国美术学院中国画系。曾任浙江教育学院美术学系主任，现为中国美术学院视觉艺术学院副院长、浙江省美术家协会理事。入选作品为《二七风暴》（与刘健、花俊合作）。

马广群 1967年生，辽宁鞍山人。现为中国书画研究会会员、华夏名流画院副院长。

王少伦 1968年生，山东临朐县人。1995年毕业于中央美术学院油画系。现为中央美术学院副教授。入选作品为《第一届全国政协会议》、《1978年11月24日夜·小岗》。

花俊 1970年生，江苏泰州人。先后就读于中国美术学院和瑞典皇家美术学院，现为中国美术学院博士生。入选作品为《二七风暴》（与刘健、黄骏合作）。

吴激扬 1970年生，1991年毕业于中央美术学院中国画系，2000年毕业于中国美术学院中国画系研究生课程班。现为中国美术家协会会员，浙江画院专职画师，国家一级美术师。入选作品为《遵义之春》（与吴山明、何士扬合作）。

何振浩 1975年生于浙江海宁，1990年就读于中国美术学院附中。1994年就读于中国美院油画系。2002年就读于上海师范大学美术学院研究生。2005年任教于上海师范大学美术学院。入选作品为《新四军——车桥之役》（与徐芒耀、李明合作）。

施晓颉 1977年生，上海人。毕业于上海大学美术学院中国画系，结业于上海中国画院创作学习班。现为上海美术家协会成员、中国美术家协会会员。就职于上海少年儿童出版社。入选作品为《永生——1941年1月14日皖南》（与施大卫合作）。

陈雷 山东平邑人。2007年毕业于山东师范大学美术学院油画系。现为职业画家。入选作品为《青藏铁路》。

编后记

《中国共产党历史画典》一书终于付梓印刷了，这是一部集体创作的辉煌画史，也是一份集体智慧的灿烂结晶。

20 世纪的中国绘画史与中国共产党的历史有着密不可分的联系，许多优秀绘画作品直接反映了中国共产党的重大事件和重要人物。这无论从史学角度还是从画学角度来说，都是前所未有的新现象。从史学角度来说，我们除了可以通过文字去了解历史，还可以通过绘画去领悟历史，并让两者互相参照。从画学角度来看，中国共产党不断发展壮大的历史，不仅丰富了 20 世纪中国画家的创作内容，也促使画家为了更好地完成这个独特题材的创作，积极去解决一些具体问题，如技术问题、观念问题等。可以说，这是 20 世纪中国特有的一种文化现象，是中国共产党领导下的革命与建设时期的精神文化产物，是主旋律，是艺术进行曲，传递着深刻的革命道理和艺术真谛。如果没有中国共产党的集体智慧和辉煌历史，没有广大艺术家满怀真情的创作，就没有我们今天这本画典。

编写《中国共产党历史画典》的过程，实际上是我们对中国共产党历史的一个学习和研究的过程，也是我们对现当代名家名作的一个欣赏和学习的过程。通过对画作的赏析，我们能感悟到广大艺术家与党的亲密情感，从而更加热爱共产党、热爱祖国、热爱人民，更加坚定理想信念，凝聚奋进力量，开掘创作源泉。

在本书的编选过程中，我们曾努力想把在 20 世纪中国美术史上产生广泛影响，与中国共产党历史有关的脍炙人口的美术作品都收集在一起，但囿于编者的学识和视野，也考虑到不同历史时期和画家之间的作品数量平衡，还有一定数量的优秀作品未能收录其中，特别是反映近年来中国共产党辉煌成就的优秀画作，由于画家创作需要时间，作品收集也需要时间，数量上就相对少了一些，希望在修订时能有所补充。

《中国共产党历史画典》在编写过程中，得到了许多领导和专家的关心和支持。中共中央党史研究室欧阳淞主任在百忙之中应邀担任顾问，不仅对选题立意、作品选择、装帧设计等工作给予具体指导，还为本书撰写了序言。著名画家靳尚谊也担任了本书的顾问，对编选画作给予了很多支持。中国文联副主席冯远和国务院参事室副主任王明明，不仅对本书编写提供了许多积极有益的指导意见，还特地为本书写序推荐。浙江省委副秘书长舒国增、原中国美术馆副馆长杨炳延、原中国美术馆典藏部主任郑作良、中国革命军事博物馆创作室主任孙立新、中国美术学院外事处长郭建培、中国美术家协会艺委会办公室主任丁杰、湖南美术出版社副编审左汉中等，在画作编选和资料提供等方面给予大力支持。在此对为本书付出心血的各方面人士深表感谢。

参与本书编写和审读的人员，除编委会人员外，还有北京画院的仇春霞博士、清华美院的周建朋博士、中央美术学院赵玉亮硕士、中华工商时报记者席昱梅。希望这本凝聚着集体智慧和创作的画典，能得到读者的喜爱。

编者

图书在版编目（CIP）数据

中国共产党历史画典 /《中国共产党历史画典》编委会编 .
—北京：中共党史出版社，2012.9（2023.9 重印）
ISBN 978-7-5098-1859-6

Ⅰ . ①中… Ⅱ . ①中… Ⅲ . ①中国共产党—党史—画册
Ⅳ . ① D23-64

中国版本图书馆 CIP 数据核字（2012）第 228631 号

启事： 本书共收录了 200 多幅画作。我们已和大部分画作者取得联系并获得授权，但还有一定数量的画作者因种种原因没有取得联系。我们已致函中国美术家协会，请他们帮助联系。我们也恳请有关权利人联系我社，我们将按《著作权法》的相关规定支付稿酬。
（联系人：陈海平　电话：010-82517160）

书　　名：中国共产党历史画典
作　　者：《中国共产党历史画典》编委会

出版发行： 中共党史出版社
责任编辑： 吴江
责任校对： 龚秀华
责任印制： 谷智宇
社　　址： 北京市海淀区芙蓉里南街 6 号院 1 号楼　**邮编：** 100080
网　　址： www.dscbs.com
经　　销： 新华书店
印　　刷： 北京汇林印务有限公司
开　　本： 787mm × 1092mm　1/16
字　　数： 204 千字　229 幅图
印　　张： 29.5
版　　次： 2012 年 9 月第 1 版　2014 年 1 月修订
印　　次： 2023 年 9 月第 7 次印刷
书　　号： ISBN　978-7-5098-1859-6
定　　价： 98.00 元

此书如有印装质量问题，请联系中共党史出版社读者服务部　电话：010-83072535